Stefanie Speidel

Analyse endoskopischer Bildsequenzen
für ein laparoskopisches Assistenzsystem

Analyse endoskopischer Bildsequenzen für ein laparos- kopisches Assistenzsystem

von
Stefanie Speidel

Dissertation, Universität Karlsruhe (TH)
Fakultät für Informatik
Tag der mündlichen Prüfung: 23.07.2009

Impressum

Karlsruher Institut für Technologie (KIT)
KIT Scientific Publishing
Straße am Forum 2
D-76131 Karlsruhe
www.uvka.de

KIT – Universität des Landes Baden-Württemberg und nationales
Forschungszentrum in der Helmholtz-Gemeinschaft

KIT Scientific Publishing 2010
Print on Demand

ISBN: 978-3-86644-465-2

Analyse endoskopischer Bildsequenzen für ein laparoskopisches Assistenzsystem

Zur Erlangung des akademischen Grades eines

Doktors der Ingenieurwissenschaften

der Fakultät für Informatik

der Universität Fridericiana zu Karlsruhe (TH)

genehmigte

Dissertation

von

Stefanie Speidel

aus Karlsruhe

Tag der mündlichen Prüfung: 23.07.2009
Erster Gutachter: Prof. Dr.-Ing. Rüdiger Dillmann
Zweiter Gutachter: Prof. Dr. med. Carsten Gutt

Danksagung

Das Ganze ist mehr als die Summe seiner Teile.
-Aristoteles

Diese Arbeit entstand im Rahmen meiner Tätigkeit als wissenschaftliche Mitarbeiterin am Institut für Anthropomatik an der Universität Karlsruhe (TH) sowie im Graduiertenkolleg *Intelligente Chirurgie*. Sie wurde von unterschiedlichen Personen begleitet, die alle zum Gelingen beigetragen haben.

Allen voran möchte ich meinem Doktorvater Prof. Dr.-Ing. Rüdiger Dillmann für seine Unterstützung und sein Vertrauen, die hervorragenden Arbeits- und Forschungsbedingungen, seine fachlichen Anregungen und die einmalige Arbeitsatmosphäre am Lehrstuhl herzlich danken. Ebenso möchte ich mich bei Prof. Dr. med. Carsten Gutt, Leiter der Sektion *Minimalinvasive Chirurgie* am Klinikum für Allgemein-, Viszeral- und Transplantationschirurgie des Universitätsklinikums Heidelberg, für die klinische Unterstützung und die Übernahme des Korreferats bedanken. Weiterhin gebührt mein Dank Prof. Dr. rer. nat. Wilfried Juling und Prof. Dr. rer. nat. Hartmut Prautzsch für die Mitwirkung als Prüfer im Rahmen meiner Doktorprüfung.

Mein ganz besonderer Dank geht an all meine Kollegen für die tolle Arbeitsatmosphäre und die stete Hilfsbereitschaft.

Mit meinen Kollegen aus der Medizingruppe habe ich in den letzten Jahren intensiv zusammengearbeitet. Allen voran gebührt mein Dank Gunther für die abwechslungsreichen Jahre im gemeinsamen Büro, die Unterstützung in allen Lebenslagen, MediAssist, die Kuchenpausen und die unzähligen Demos ohne Hasenkostüm. Dilana danke ich für kreative Freizeitprojekte, dafür das es nie langweilig wurde, die dokumentarische Bilderflut und die unvergesslichen Konferenz- und Urlaubsreisen. Roland für seine rhetorischen Kompetenzen und das Näherbringen der österreichischen Küche. Michael für die gemeinsame Organisation der Klausurtagung und das Trackingvideo seiner Studienarbeit. Sebastian und Stefan für ihr großes Engagement und die Weiterführung von MediAssist. Ebenso gebührt mein Dank den ehemaligen Mitarbeitern Dominik und Sascha.

Weiterhin möchte ich bei meinen Kollegen aus anderen Gruppen bedanken. An erster Stelle Pedram (Doctorr, Doctorr) für seine große Hilfsbereitschaft, den fachlichen Rat und IVT. Kai und Tamim für fachliche Anregungen und Diskussionen. Tilo danke ich für die ansteckende Fotobegeisterung, die unzähligen Praxisbücher und kulinarische Diskussionen. Überdies hinaus danke ich in alphabetischer Reihenfolge Alex B., Alex K., David, Joachim, Martin D., Martin L., Niko, Paul, Peter, Stefan, Steffen, Steven, Töff und Tobias.

Weiterhin möchte ich mich herzlich bei Isa, Christine, Nela, Bea und Diana, dem Rückgrat des Instituts, deren Einsatz weit über das Erforderliche hinausgeht, bedanken. Nicht vergessen zu erwähnen möchte ich die „Ehemaligen" Markus Ehrenmann, Tobias Salb und Björn Giesler, die mich schon während meiner Studienzeit für die Thematik und das Institut begeistern konnten.

Herzlich bedanken möchte ich mich auch bei Beat, ehemals Postdoc des Graduierten-kollegs, für die medizinische Unterstützung und die Begeisterung für die Thematik. Weiterhin gebührt mein Dank Claudia und Tobias, dem jetzigen Postdoc. Mein größter Dank geht an die Studenten Julia Benzko, Michael Delles, Markus Klei-nert, Sebastian Krappe, Florent Paccault, Sebastian Röhl, Julien Senemaud und Tom Zentek, die im Rahmen von Studien- und Diplomarbeiten zur Realisierung dieser Arbeit beitrugen. Insbesondere möchte ich mich bei meinen Hiwis Sebastian Schalck und Sebastian Bodenstedt für ihr großes Engagement und ihren unermüdlichen Einsatz bedanken.

Nicht zu vergessen sind all meine Freunde, besonders aber möchte ich mich bei Steffi, Stefan und Nico für die gemeinsamen Mittagspausen und die außeruniversitäre Ablenkung bedanken.

Außerdem danke ich meinem Freund Mathias ohne den nichts so schön wäre wie es ist.

Zu guter Letzt geht mein herzlichster Dank an meine Eltern Heidrun und Günter für Ihre Unterstützung in allen Lebenslagen und die Ermutigung in all meinen Vorhaben. Das gleiche gilt auch für meinen Bruder Alexander. Deshalb widme ich Ihnen diese Arbeit.

Inhaltsverzeichnis

.

Kapitel 1

Einleitung

Die laparoskopische Chirurgie ist eine minimalinvasive Operationstechnik, bei der die Bauchhöhle und die darin befindlichen Organe behandelt werden. Sie hat in den letzten Jahren erheblich an Bedeutung im operativen Alltag gewonnen und hat sich bei vielen Eingriffen als Goldstandard etabliert. Im *American Journal of Surgery* war bereits 1991 der Satz zu lesen [DPB91]:

> *No surgical technique in recent memory has generated as much excitement and enthusiasm among general surgeons as has interventional laparoscopy . . . the access may be minimal but the operations and potential for complications are major.*

Seit der ersten laparoskopisch durchgeführten Cholezystektomie[1] 1985 von Erich Mühe [Müh85] erfolgte eine explosionsartige Verbreitung einer für lange unmöglich gehaltenen Technik. Die vielversprechenden Erfolge inspirierten zahlreiche Eingriffe sowohl in der Viszeralchirurgie als auch in anderen Disziplinen wie bspw. der Herzchirurgie, der Urologie oder der Gynäkologie. Allerdings ermöglichte erst die Schaffung der technischen Voraussetzungen, wie die Erfindung des Stablinsensystems und die Entwicklung des CCD^2-Chips, den Einsatz minimalinvasiver Techniken in der Chirurgie.

Gewöhnlich ist die Verbreitung einer neuen Technik in der Chirurgie ein langsamer Prozess, insbesondere wenn ein Umdenken und Erlernen neuer chirurgischer Techniken essentiell ist. Ein Grund für die weltweit rasche Akzeptanz sind die evidenten Patientenvorteile, wie die geringere Belastung, die schnellere Rekonvaleszenz oder das reduzierte Infektionsrisiko, sodass minimalinvasive Eingriffe von den Patienten erwünscht und bevorzugt wurden.

Ein laparoskopischer Eingriff ist eine komplexe Operation, die den Chirurgen mit zusätzlichen Schwierigkeiten und Limitationen konfrontiert und große Geschicklichkeit, Präzision und Erfahrung erfordert. Immer häufiger kommen deswegen

---

[1]Gallenblasenentfernung.
[2]engl. Charge-coupled device.

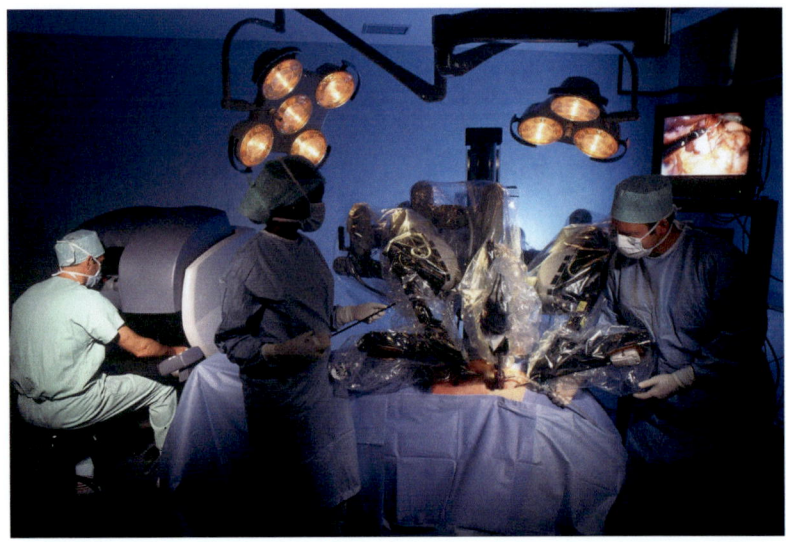

Abb. 1.1: Der *da Vinci* Telemanipulator (©2009 Intuitive Surgical, Inc.).

intraoperative Assistenzsysteme zum Einsatz, die die Genauigkeit und Operationsqualität verbessern bei gleichzeitiger Minimierung der chirurgischen Belastung und
des Patientenrisikos.

Das am häufigsten verbreitete Assistenzsystem in der laparoskopischen Chirurgie
ist der *da Vinci* Telemanipulator der Firma *Intuitive Surgical Inc.* (Abb. 1.1). Seit
der Zulassung des Manipulators im Jahre 2000 sind weltweit über 1000 Systeme
in Krankenhäusern im Einsatz. Die Anwendungen sind vielfältig und reichen von
zahlreichen laparoskopischen Eingriffen bis hin zu minimalinvasiven Operationen
in anderen chirurgischen Disziplinen. Eine Assistenz kann nicht nur mechanisch,
sondern auch rechnergestützt erfolgen. Dabei werden z. B. präoperative Planungsdaten in ein intraoperatives Szenario mithilfe von Visualisierungstechniken, wie
der *Erweiterten Realität* (ER), eingeblendet. Der Einsatz von ER-Systemen ist jedoch oft auf einen kurzen Zeitraum beschränkt, zudem stellen immer komplexere
Assistenzsysteme eine hohe Beanspruchung für den Chirurgen dar.

Wünschenswert ist daher eine kognitionsgesteuerte Assistenz, die bestimmte Tätigkeiten erkennt, die Interaktion mit den technischen Hilfsmitteln erleichtert und
in Abhängigkeit des aktuellen Operationskontextes eine Unterstützung generiert.
Zur Realisierung einer kontextbezogenen Unterstützung muss die aktuelle Operationssituation auf Basis intraoperativer Sensordaten analysiert und interpretiert
werden.

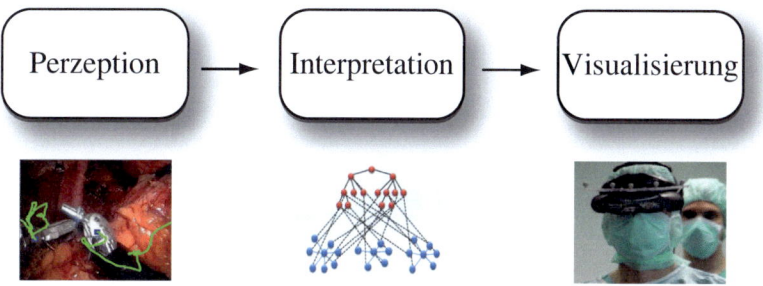

Abb. 1.2: Vereinfachtes Konzept einer kontextbezogenen Unterstützung.

Im Fokus der vorliegenden Arbeit steht die Analyse intraoperativer Sensordaten in Form von endoskopischen Bildsequenzen für eine kontextbezogene Unterstützung eines laparoskopischen Eingriffs. Im Rahmen eines minimalinvasiven Assistenzsystems spielt das Endoskop als bildgebendes System eine tragende Rolle. Ziel ist die Nutzung des Endoskops als intelligente Bildverarbeitungseinheit. Die Bildanalyse bietet die Möglichkeit, die aktuelle Operationssituation zu untersuchen und auf den gegenwärtigen Kontext zu schließen.

1.1 Fragestellung

Grundlage für eine kontextbezogene Unterstützung ist die Analyse der Operations-situation auf Basis intraoperativer Sensordaten und eines Modells des jeweiligen Eingriffs. Eine Operationssituation ist charakterisiert durch bestimmte Merkma-le, wie die ausgeführte Tätigkeit des Chirurgen, die verwendeten Instrumente und Materialien oder die behandelte Struktur.
Prinzipiell lässt sich ein kontextbezogenes Assistenzsystem in die drei Bereiche Perzeption, Interpretation und Visualisierung gliedern (Abb. 1.2). Die Perzeption akquiriert und analysiert die zur Verfügung stehenden Sensordaten, um bestimmte Situationsmerkmale zu detektieren. In einem Interpretationsschritt werden die In-formationen mit einem Modell des Eingriffs verglichen und in Abhängigkeit des zugeordneten Operationskontextes eine Visualisierung generiert.
Im Rahmen dieser Arbeit wurde die Nutzung endoskopischer Bildsequenzen für die Analyse der Operationssituation mithilfe eines Stereoendoskops untersucht. Die Arbeit ist bezüglich der Einteilung in Abbildung 1.2 hauptsächlich im Bereich der Perzeption anzusiedeln. Im Hinblick auf die angestrebte Analyse endoskopischer Bildsequenzen ergeben sich folgende Fragestellungen:

- **Wie können die Endoskopbilder für eine kontextbezogene Unterstützung verwendet werden?**

  Die Bilder eines Stereoendoskops bieten eine wichtige Informationsquelle und stehen bei jeder minimalinvasiv durchgeführten Operation zur Verfügung. Die Akquisition der Bilddaten erfordert keinen nennenswerten Aufwand oder zusätzliche Geräte, die den ursprünglichen Operationsaufbau verändern oder gar behindern würden. Ein großer Vorteil ist die Möglichkeit der markerlosen Analyse der Sequenzen, die keine zusätzliche Invasivität durch den Einsatz künstlicher Marker verursacht.

  Es existieren unterschiedliche Forschungsarbeiten, die versuchen, das Endoskop als intelligente Bildverarbeitungseinheit zu nutzen, um bestimmte Assistenzfunktionen zu realisieren (vgl. Kapitel 3). Im Rahmen einer kontextbezogenen Unterstützung steht die Detektion und Analyse sogenannter Situationsmerkmale im Vordergrund. Die Definition der Situationsmerkmale ist abhängig vom verwendeten Modellierungskonzept. Vor diesem Hintergrund muss untersucht werden, ob die Bilder dazu verwendet werden können, diese Merkmale zuverlässig zu detektieren.

- **Wie können die Bilddaten verbessert werden?**

  Bedingt durch das komplexe Anwendungsfeld haben endoskopische Bilder spezielle Eigenschaften, die die rechnergestützte Analyse erheblich erschweren. Diese Eigenschaften gelten größtenteils für alle Arten endoskopischer Bilder, einige treten aber speziell bei laparoskopischen Eingriffen auf.

  Aufgrund der Komplexität der Bilddaten und dem Einfluss verschiedener qualitätsmindernder Faktoren muss eine Untersuchung geeigneter Methoden zur Verbesserung der Darstellungsqualität erfolgen. Mögliche Bildstörungen, die zu einer erheblichen Beeinträchtigung führen, sollen mithilfe geeigneter Methoden soweit wie möglich ausgeglichen werden und eine anschließende Analyse ermöglichen.

- **Welche quantitativen und qualitativen Informationen lassen sich ableiten?**

  Im Rahmen dieser Arbeit wird ein Stereoendoskop eingesetzt, das vielfältige Möglichkeiten in Bezug auf eine 3D-Analyse der Szene bietet. Mithilfe von Stereobildern können räumliche Ausdehnungen, Oberflächenmodelle und Positionen von bestimmten Objekten und Strukturen berechnet werden. Die Generierung von Oberflächenmodellen ist insbesondere für eine intraoperative Registrierung von Weichgewebe ein wichtiger Aspekt.

  In Bezug auf qualitative Informationen lassen sich Klassifikationen, bspw. bestimmter Objekte, auf Basis von Bildern durchführen. Allerdings erfordert jegliche Art von Klassifikation ein ausreichendes Hintergrundwissen, das für gewöhnlich in einer Trainingsphase akquiriert werden muss.

Grundsätzlich müssen Methoden untersucht und entwickelt werden, die die definierten Situationsmerkmale erkennen und für das komplexe Anwendungsfeld geeignet sind. Weiterhin stellt sich die Frage, inwiefern aus bereits detektierten Situationsmerkmalen zusätzliche Informationen abgeleitet werden können.

1.2 Zielsetzung und Beitrag

Die vorliegende Arbeit beschäftigt sich mit den oben genannten Fragestellungen. Um das Potenzial der Bildanalyse insbesondere für ein kontextbezogenes Assistenzsystem aufzuzeigen, werden folgende Aspekte näher betrachtet und Lösungsansätze präsentiert:

- **Bildakquisition**

  Die Bilder werden über ein Stereoendoskop akquiriert, das Teil eines intraoperativen Assistenzsystems für die laparoskopische Chirurgie ist. Der Fokus hierbei liegt auf der Kalibrierung des Gesamtsystems, die vor der eigentlichen Bildaufnahme erfolgt [SSS+07, SSF+07].
  Des Weiteren werden endoskopische Bildsequenzen durch unterschiedliche Faktoren beeinflusst, die die optische Qualität beeinträchtigen und charakteristische Bildstörungen hervorrufen. Für eine nachfolgende rechnergestützte Analyse der Sequenzen müssen die Bilder zuerst vorverarbeitet werden, um die Bildqualität zu verbessern und eine 3D-Analyse zu ermöglichen [SSS+07, SKS+08].

- **Quantitative 3D-Analyse**

  Stereoskopische Bilder ermöglichen eine 3D-Analyse der Szene, die für ein intraoperatives Assistenzsystem ein großes Potenzial darstellt. Ein 3D-Modell kann sowohl für eine anschließende Weichgeweberegistrierung als auch für Distanzberechnungen verwendet werden. Des Weiteren können daraus Situationsmerkmale abgeleitet werden, die auf den Operationskontext schließen lassen.
  Methodisch liegt der Schwerpunkt auf der Rekonstruktion der Gewebeoberfläche und der Lokalisierung der Instrumente im Hinblick auf die Komplexität der Bildsequenzen [SKS+08, SSS+08, RSS+08].

- **Handlungsanalyse**

  Voraussetzung für eine kontextbezogene Unterstützung ist die Erkennung der chirurgischen Handlung, die durch bestimmte Merkmale gekennzeichnet ist. Die Handlungsanalyse benutzt die Bilder, um festgelegte Situationsmerkmale zu detektieren. Die Klassifikation dient als Basis für eine anschließende Situationsinterpretation.

Dafür wurden in dieser Arbeit verschiedene Methoden entwickelt, die Situationsmerkmale, wie die chirurgische Tätigkeit, die eingesetzten Instrumente und die chirurgischen Materialien, erkennen [SBS$^+$09, SZS$^+$09, SZS$^+$07].

1.3 Aufbau der Arbeit

Die vorliegende Arbeit ist in neun Kapitel gegliedert, die sich inhaltlich sowohl mit den wissenschaftlichen Grundlagen als auch mit den konkreten Beiträgen der Arbeit auseinandersetzen. Ein kurzer Überblick über die sich anschließenden Abschnitte wird im Folgenden gegeben:

- **Kapitel 2** vermittelt die notwendigen medizinischen Grundlagen und Problemstellungen, die für das weitere Verständnis der Arbeit maßgeblich sind. Zusätzlich wird ein Überblick über intraoperative Assistenzsysteme in der Laparoskopie gegeben.

- **Kapitel 3** präsentiert und diskutiert den gegenwärtigen Stand der Forschung in den relevanten Gebieten. Unterschiedliche Forschungsschwerpunkte zur Nutzung des Endoskops als intelligente Bildverarbeitungseinheit werden vorgestellt; insbesondere die Bildvorverarbeitung, die 3D-Analyse der Szene und die Interpretation chirurgischer Gesten.

- **Kapitel 4** beschreibt die gesamte Prozesskette des entwickelten kontextbezogenen Assistenzsystems, wobei auf die Analyse der endoskopischen Bildsequenzen fokussiert wird. Des Weiteren wird die experimentelle Testumgebung vorgestellt, die alle wichtigen Bestandteile für eine kontextbezogene Assistenz beinhaltet.

- **Kapitel 5** behandelt die einzelnen Aspekten der endoskopischen Bildakquisition. Diese umfassen die Eigenschaften endoskopischer Bildsequenzen, die Kalibrierung des Gesamtsystems und die Vorverarbeitung der Bilder für eine anschließende rechnergestützte Analyse.

- **Kapitel 6** widmet sich der quantitativen 3D-Analyse der Operationsszene auf Basis endoskopischer Stereobildsequenzen. Dies beinhaltet insbesondere die 3D-Rekonstruktion der Weichgewebeoberfläche und die Lokalisierung der chirurgischen Instrumente.

- **Kapitel 7** befasst sich mit der bildbasierte Analyse der chirurgischen Handlung, die sich aus der ausgeführten Tätigkeit des Chirurgen, den eingesetzten Instrumenten und den chirurgischen Materialien zusammensetzt. Es werden Methoden zur Erkennung dieser Situationsmerkmale vorgestellt.

- **Kapitel 8** erläutert die durchgeführten Experimente zur Evaluation der in Kapitel 5, 6 und 7 vorgestellten Methoden und diskutiert die Ergebnisse.

- **Kapitel 9** beinhaltet eine abschließende Zusammenfassung und einen Ausblick auf anschließende Forschungsarbeiten.

Kapitel 2

Minimalinvasive Chirurgie

Die minimalinvasive Chirurgie, auch Schlüssellochchirurgie genannt, unterscheidet sich von der konventionellen durch eine Reduzierung des Patiententraumas und dem Einsatz spezieller Instrumente und Techniken. Die Instrumente und ein Endoskop werden über kleinste Hautöffnungen oder natürliche Zugänge in den Körper eingebracht und gehandhabt. Die schonende Operationstechnik führt zu einer geringeren Belastung des Patienten mit reduzierten Risiken, einer schnelleren Rekonvaleszenz und minimierten Kosten.

Der Begriff „minimalinvasive Chirurgie" wurde 1988 für den Einsatz der Endoskopie bei operativen Eingriffen eingeführt und ist ein integraler Bestandteil der chirurgischen Technik. Der primär diagnostische Einsatz verlagerte sich innerhalb weniger Jahre durch rasante technische Fortschritte auch in den operativen Sektor. In vielen Bereichen der Chirurgie, u. a. der Viszeral-, Unfall-, Gefäß- und Herzchirurgie, haben sich minimalinvasive Techniken etabliert und werden heutzutage erfolgreich angewendet.

Der Wunsch, ins Innere des Menschen zu sehen ohne die Körperoberfläche zu schädigen, lässt sich durch Funde bis in die Antike zurückverfolgen [KH98, AFK+95, PS95]. Damals wurden röhrenförmige Instrumente, sogenannte Spekula, zur Anschauung des Inneren über natürliche Körperöffnungen verwendet.

Die moderne Endoskopie startete ihren Siegeszug 1807, als der Arzt Phillip Bozzini einen Beleuchtungsapparat bestehend aus einer Wachskerze und einen Konkavspiegel sowie den Körperöffnungen angepassten Spekula entwickelte. Der Begriff Endoskop wurde erstmals 1853 durch Antonin J. Desormeaux geprägt, der die Erfindung Bozzinis weiterentwickelte und die Kerze durch eine deutlich heller brennende Gasflamme ersetzte. 1879 konstruierte der Dresdner Arzt Maximilian Nitze zusammen mit dem Instrumentenerzeuger Josef Leiter einen Blasenspiegel mit verbesserter Prismen- und Spiegeltechnik und startete damit die Ära der modernen Endoskopie.

Die Grundlage für den Einsatz endoskopischer Techniken und die schnelle Verbreitung Ende des 20. Jahrhunderts war die Schaffung der technischen Voraussetzungen, bspw. die Erfindung der Stablinsensysteme. Das Aufkommen der CCD-Chips und

die Entwicklung von spezialisiertem Instrumentarium ebneten schließlich den Weg
für einen Einsatz in der Chirurgie.
Aktuell ist die Verbreitung der sogenannten *Natural Orifice Transluminal Endoscopic Surgery* (NOTES) zu beobachten [Bar07]. NOTES bezeichnet Eingriffe, die
ausschließlich durch natürliche Körperöffnungen über die Penetration eines Hohlor-
gans durchgeführt werden. Die Methode befindet sich im experimentellen Stadium
und birgt zahlreiche Komplikationen, jedoch wird bereits an der Entwicklung von
speziellen Instrumenten und Navigationshilfen geforscht.
Im Folgenden werden die notwendigen medizinischen Grundlagen, die für das
weitere Verständnis der Arbeit grundlegend sind, erläutert. Die einzelnen Abschnitte
beinhalten einen kurzen Überblick, der die jeweiligen wesentlichen Punkte darstellt,
für detaillierte Informationen wird auf die medizinische Fachliteratur verwiesen.
Zunächst werden die wichtigsten Bestandteile eines Endoskopiesystems zur Durchführung einer minimalinvasiven Operation präsentiert. Anschließend werden die
speziellen Anforderungen und chirurgischen Techniken eines laparoskopischen Eingriffs näher erläutert. Der letzte Abschnitt gibt einen Überblick über unterschiedliche
Assistenzsysteme in der Laparoskopie, angefangen von einfachen Endoskopführungssystemen bis hin zur robotergestützten Assistenz mithilfe der ER.

2.1 Endoskopiesysteme

Das Wort Endoskop stammt aus dem Griechischen und bedeutet soviel wie „ins Innere sehen" (endo=innen, skopein=betrachten). Das Endoskop ist ein röhrenförmiges
Instrument, das durch natürliche oder künstlich geschaffene Körperöffnungen die
Betrachtung des Inneren über ein optisches System ermöglicht. Endoskope werden
sowohl für die medizinische Diagnostik als auch für operative Eingriffe verwendet
und beinhalten ein Bild- und ein Lichtübertragungssystem sowie gegebenenfalls
Spül- und Instrumentenkanäle. Generell unterscheidet man zwischen starren und
flexiblen Endoskopen (Abb. 2.1). Flexible Endoskope übertragen Licht und Bild über
geordnete Glasfaserbündel und werden über Seilzüge gesteuert. Sie können sich aufgrund ihrer Biegsamkeit natürlichen Windungen anpassen und werden daher häufig
für diagnostische Zwecke im Gastrointestinaltrakt und Bronchialbaum eingesetzt.
Endoskope sind Teil eines komplexen Systems, das spezielles Zubehör und Instrumentarium benötigt, welches in der Regel auf einem Gerätewagen untergebracht ist
(Abb. 2.1). In der minimalinvasiven Chirurgie kommen häufig starre Endoskope zum
Einsatz, die in diesem Abschnitt näher betrachtet werden. Starre Endoskope sind
20–40 cm lang und werden bei Operationen verwendet, bei denen die Hohlräume
gut erreichbar sind oder die einen externen Zugang zu den Körperhöhlen erfordern.

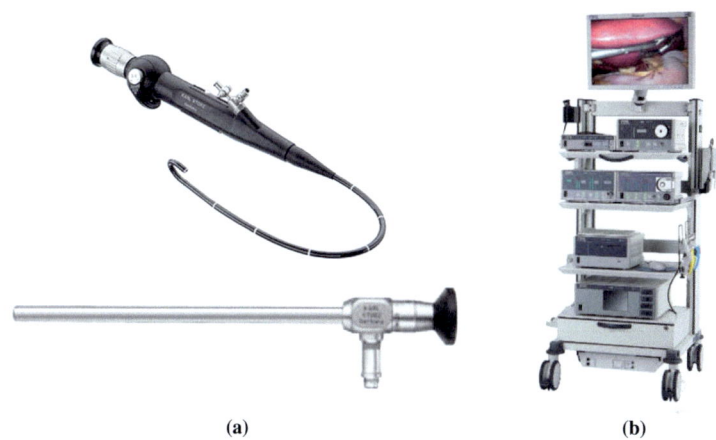

(a)   (b)

Abb. 2.1: (a) Flexibles und starres Endoskop. (b) Gerätewagen. (©Karl Storz GmbH).

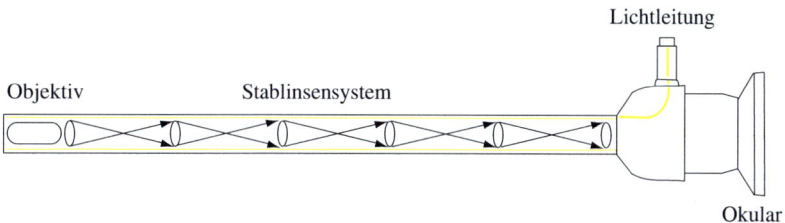

Abb. 2.2: Aufbau eines starren Endoskops.

2.1.1 Optik und Kamerasystem

Das optische System eines starren Endoskops besteht im Wesentlichen aus drei Teilen [KH98, Car06]: das Objektiv in der Endoskopspitze erzeugt ein Zwischenbild des Objektfeldes, das über das Bildweiterleitungssystem in den proximalen Teil des Endoskops transportiert wird. Abschließend kann das Bild durch ein Okular visuell betrachtet werden (Abb. 2.2). In der Videoendoskopie wird das Okularbild mithilfe eines Kamerakopfes an einen Monitor oder ein Bildverarbeitungssystem weitergeleitet.

Bei starren Endoskopen erfolgt die Bildübertragung durch sogenannte Stablinsensysteme, die im Jahre 1953 von Hopkins entwickelt wurden [AFK$^+$95]. Bei Stablinsensystemen wird das Licht an Luftlinsen gebrochen und in Stäben aus Quarzglas zum

Okular transportiert. Die Funktionsweise der Stablinsen gleicht die Nachteile der geringeren Lichtleitung aus und ermöglicht einen kleineren Optikdurchmesser. Das Linsensystem ist umgeben von einer kreisförmigen Anordnung von Lichtleitbündeln aus Glasfasern.

Das Kamerasystem besteht aus einem Kamerakopf mit CCD-Chip, einer Kamerasteuereinheit, die die Signale empfängt und weiterverarbeitet, und einem Monitor, auf dem das Bild der Kamera angezeigt wird. Neuere Generationen ermöglichen eine hochauflösende Darstellung durch den Einsatz der HD[1]-Technologie.

Die optische Qualität eines Endoskops und damit auch der Preis hängen von mehreren Faktoren ab, die sich gegenseitig beeinflussen und zum Teil konträre Charakteristiken verlangen:

- **Blickrichtung**: Die Blickrichtung bezeichnet den Winkel zwischen der mittleren Achse und der Achse des optischen Systems. Endoskope besitzen unterschiedliche Blickrichtungen (0°–120°) und lassen sich in orthograde und schräge Optiken unterteilen.

- **Bildwinkel/Brennweite**: Der Bildwinkel definiert den sichtbaren Bildausschnitt (20°–80°) und ist durch die Brennweite der Optik festgelegt.

- **Durchmesser/Länge**: Der Durchmesser starrer Endoskope reicht von zwei bis zwölf Millimeter bei einer Länge von 30–40 cm. Die Größe des Durchmessers und die Länge des Endoskops beeinflussen die Bildhelligkeit.

- **Bildhelligkeit**: Die Bildhelligkeit hängt hauptsächlich von der Größe des Durchmessers und der Länge des Endoskops ab. Je länger und schmaler das Endoskop, desto geringer die Bildhelligkeit.

- **Schärfentiefe**: Die Schärfentiefe bezeichnet die Distanz zwischen nahen und fernen Objekten, die fokussiert werden können und wird durch die Anordnung der Linsen und den Durchmesser festgelegt.

- **Vergrößerung**: Endoskope besitzen keinen festen Vergrößerungsfaktor, vielmehr ist er abhängig von der Brennweite des Endoskops und dem Abstand zum Objekt.

Die einzelnen Kriterien verlangen ein perfektes Zusammenspiel von Optik, Mechanik und Sensorik bei gleichzeitig notwendiger Miniaturisierung der einzelnen Komponenten.

Stereoskopische Systeme

Die fehlende dreidimensionale Wahrnehmung während eines minimalinvasiven Eingriffs stellt eine zusätzliche Herausforderung für den Chirurgen dar. In der Regel wird

---

[1]engl. High Definition.

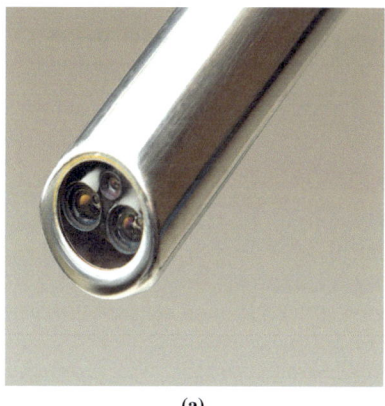
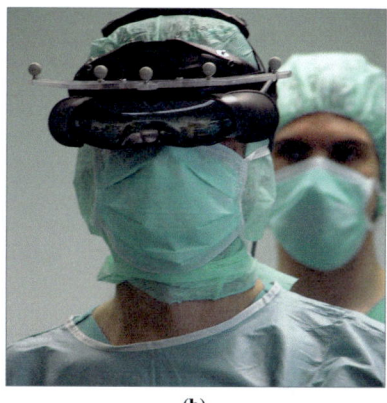

(a)   (b)

Abb. 2.3: (a) Stereoendoskop (©2009 Intuitive Surgical, Inc.). (b) Head Mounted
Display (aus [SMS+05]).

der 3D-Verlust durch die Erfahrung des Chirurgen und durch sekundäre Informationen, wie Helligkeits- und Größenunterschiede oder Bewegungseffekte, kompensiert.
Die Entwicklung und Anwendung stereoskopischer Systeme ermöglicht ein dreidimensionales Sichtfeld auf das Operationsgebiet [KPSS01].
Ein Stereoendoskop besteht aus zwei einkanaligen Optiken in einem einzelnen
Endoskop, die ein Bild der Szene aus geringfügig unterschiedlichen Perspektiven
aufnehmen (Abb. 2.3). Der Durchmesser der Kanäle wird durch die Anordnung
zweier Optiken in einem normalen Endoskop kleiner, zusätzlich verringert sich die
Lichtübertragung. Die Stereobilder werden während der Operation dem entsprechen-
den Auge des Operators dargestellt, der räumliche Eindruck entsteht durch das
natürliche Stereosehen des Betrachters.
Es existieren unterschiedliche Möglichkeiten, die eine 3D-Darstellung auf dem
Monitor oder über ein Head Mounted Display (HMD) anzeigen [Ber99]. Ältere
Verfahren wie die *Anaglyph* Technik benutzen eine Farbcodierung der einzelnen
Stereobilder für die dreidimensionale Darstellung auf dem Monitor. Zusätzlich trägt
der Chirurg eine Brille mit passenden Farbfolien.
Bei der Shuttertechnik werden die Bilder der beiden Kameras abwechselnd auf dem
Monitor dargestellt. Dabei wird zusätzlich durch einen Shutter die Polarisations-
richtung des Monitors geändert. Der Betrachter trägt eine Polarisationsbrille, die
die Teilbilder richtig zuordnet. Der Shutter kann auch in Form einer aktiven Brille
getragen werden.
Ein HMD ist ein auf dem Kopf getragenes visuelles Ausgabegerät, das am Computer
erzeugte Bilder auf einem augennahen Bildschirm darstellt oder direkt auf die

Netzhaut projiziert (Abb. 2.3). In der Regel besitzen HMDs zwei LCD-Bildschirme, die die Bilder des rechten und linken Kanals anzeigen. Beim Operationsroboter *da Vinci* wird der rechte und linke Kanal des Stereoendoskops über die Konsole visualisiert.

2.1.2 Lichtquelle und zusätzliche Geräte

Bestandteile eines Endoskopiesystems in der minimalinvasiven Chirurgie sind neben Optik und Kamerasystem auch eine Lichtquelle, eine Saug-Spül-Einheit und ein Gasinsufflator [KH98, Car06].
Um eine ausreichende Helligkeit des Operationsgebiets speziell bei endokavitären Räumen zu gewährleisten, wird für die Lichtübertragung eine Halogen- oder Xenonlampen verwendet, deren Licht einen hohen Weissanteil aufweist. Das Licht wird extern erzeugt und als Kaltlicht in ein Lichtleitbündel aus 25 000–30 000 ungeordneten Glasfasern eingekoppelt. Die einzelnen Glasfasern haben einen Durchmesser von 15–70 μm. Die Lichtübertragung mithilfe von Glasfasern nutzt die Totalreflexion des Lichtes an der Grenzfläche zwischen Kern und Mantel der einzelnen Glasfasern aus. Zusätzliche Kühlgebläse und Filter verhindern eine Wärmeübertragung und eine unzulässige Überhitzung.
Der erste Schritt eines laparoskopischen Eingriffs ist die Insufflation von Gas in den Bauchraum, um ein sogenanntes Pneumoperitoneum in der Abdominalhöhle zu erzeugen. Das Pneumoperitoneum ist für die Schaffung eines Arbeitsraums notwendig und wird über einen Gasinsufflator erzeugt und beibehalten.
Eine Saug-Spüleinheit zum Absaugen von Flüssigkeiten und Spülung des operativen Bereichs ist während eines minimalinvasiven Eingriffs unerlässlich. Zusätzlich führen Blutungen, die während einer Operation auftreten können, zu schlechteren Sichtverhältnissen. Bei einem minimalinvasiven Eingriff müssen diese abgesaugt und verschlossen werden.

2.2 Laparoskopische Chirurgie

Die laparoskopische Chirurgie ist eine minimalinvasive Operationstechnik, bei der die Bauchhöhle und die darin befindlichen Organe behandelt werden (Abb. 2.4). Zur Einführung des Endoskops und der Instrumente in die Bauchhöhle werden kleine Hautöffnungen benötigt, die mit einem sogenannten Trokar erzeugt werden. Nach dem Stich werden sie durch eine Hülse verdeckt, durch die auch das Endoskop und die Instrumente eingeführt oder gewechselt werden können [Car06].
Bevor 1985 die erste laparoskopische Cholezystektomie durchgeführt wurde, spielte das Endoskop in der Chirurgie eine untergeordnete Rolle und wurde hauptsächlich zu diagnostischen Zwecken eingesetzt. Heutzutage sind laparoskopische Eingriffe aus dem operativen Alltag nicht mehr wegzudenken und haben viele konventionel-

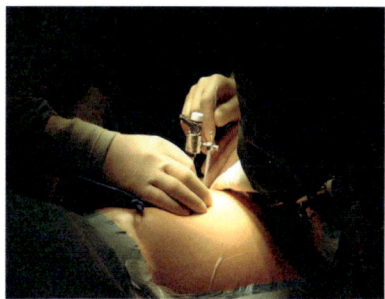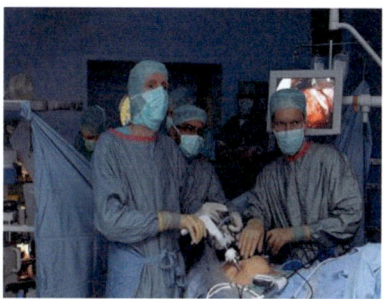

Abb. 2.4: Laparoskopischer Eingriff (©Universitätsklinikum Heidelberg).

le Techniken zum Teil ersetzt. Im folgenden Abschnitt werden die chirurgischen Herausforderungen und ergonomischen Aspekte eines laparoskopischen Eingriffs näher erläutert. Zusätzlich werden die notwendigen Instrumente für eine laparoskopische Operation, die auf spezielles Instrumentarium angewiesen ist, veranschaulicht. Die Durchführung eines solchen Eingriffs erfordert außerdem das Erlernen neuer operativer Techniken.

2.2.1 Anforderungen und Ergonomie

Ein laparoskopischer Eingriff bietet viele Vorteile für den Patienten im Vergleich zur konventionellen Chirurgie, allerdings ist der Chirurg mit zusätzlichen Herausforderungen konfrontiert [KH98]. Die veränderte Operationsumgebung und Körperhaltung resultiert in einer Umstellung gewohnter Abläufe und dem Erlernen neuer Techniken. Jedoch ist ohne die Sachkenntnis und Erfahrung konventioneller chirurgischer Techniken ein minimalinvasiver Eingriff kaum vorstellbar.
Eine große Herausforderung stellt der Verlust der räumlichen Wahrnehmung dar aufgrund der Durchführung der Operation mithilfe eines 2D-Monitors. Zusätzlich ist der Einsatz eines Stablinsensystems mit einer Vergrößerung der Szene verbunden, die die Einschätzung von Distanzen erschwert. Die Abweichung zwischen der vergrößerten, eingeschränkten zweidimensionalen Sicht und dem eigentlichen Operationsfeld erfordert ein trainiertes räumliches Vorstellungsvermögen des Chirurgen.
Ein laparoskopischer Eingriff kann nur mittels spezieller Instrumente und Geräte durchgeführt werden. Aufgrund der langen, schwer zu handhabenden Instrumente hat der Chirurg ein vermindertes taktiles Empfinden, was letztendlich zu einer Einschränkung seines Tastsinns führt. Anstatt der sonst möglichen sechs Freiheitsgrade ist die Bewegungsfreiheit der Instrumente, die über einen Trokar eingeführt werden, auf vier eingeschränkt. Aufgrund der Umkehr der ausgeführten Bewegungen kommt es zum sogenannten Drehpunkt-Effekt, eine gute Hand-Auge Koordination ist da-

her unerlässlich. Die endoskopische Bildqualität wird zusätzlich durch geräte- und anwendungsbedingte Aspekte beeinflusst, die die chirurgische Wahrnehmung beeinträchtigen. Verzerrungen aufgrund der weitwinkligen Optik, Zeilensprung Effekte oder die Helligkeit des Bildes hängen maßgeblich von der Bauweise des Endoskops und des Kamerasystems ab. Glanzlichter an feuchten Organoberflächen, Schwebepartikel oder Beeinträchtigungen aufgrund einer verschmutzten Linse sind sehr häufig in laparoskopischen Bildern vorzufinden und erfordern ein hohes Maß an Training. Die Schwierigkeiten und Limitationen verlangen vom Operateur eine große Geschicklichkeit und Übung, zusätzlich wird die Ausführung auch erheblich von den zur Verfügung stehenden Geräten und Instrumenten beeinflusst.

Aufgrund der veränderten Operationsbedingungen müssen Personen und Geräte ergonomisch positioniert werden, um einer Ermüdung des Chirurgen vorzubeugen und die Koordination zu erleichtern. Die Positionierung von Personen, Geräten und Trokaren ist abhängig von der Art des laparoskopischen Eingriffs. Das Endoskopiesystem und zusätzliche Geräte sind auf einem Turm befestigt, der aufgrund der Kabellänge des Endoskops und der Lichtquelle nah beim Patienten platziert werden muss. Ein wichtiger Aspekt ist die Anordnung der Monitore und des Endoskops zur Durchführung der Operation. Der Chirurg sollte eine Linie mit Optik und Monitor bilden, der in gerader Blick- und Arbeitsrichtung angebracht ist. Häufig wird ein zweiter Monitor angebracht, um den Kameraassistenten zu entlasten und dem OP-Personal einen besseren Blick zu ermöglichen. Der Kameraassistent hält das Endoskop oft unter dem angehobenen Arm des Chirurgen und muss auf die Einhaltung der horizontalen Ebene und die Fokussierung achten. Deshalb ist das Zusammenspiel von Kameraassistent und Chirurg ein wichtiger Faktor zur Durchführung einer erfolgreichen Operation.

Die Trokare sollten möglichst senkrecht in die Bauchdecke eingebracht werden, da eine Schräglage die Bewegungsfreiheit des Chirurgen einschränkt und zu Verletzungen führt. Des Weiteren gilt bei der Anordnung der Trokare das Triangulationsprinzip; Optiktrokar und Instrumententrokar bilden häufig ein Dreieck.

2.2.2 Laparoskopische Instrumente

Für einen laparoskopischen Eingriff werden spezielle Instrumente benötigt, deren Einsatz auch von der Art der Operation abhängt [Car06, AFK+95, PS95, KH98]. Es existiert ein großer Markt für die Entwicklung minimalinvasiver Instrumente, deren Weiterentwicklung eine beträchtliche Produktvielfalt vorbringt. Grundsätzlich unterscheidet man zwischen wiederverwendbaren und einmalig verwendbaren Instrumenten. Die Instrumente müssen möglichst lang und dünn gefertigt sein. Der Durchmesser gängiger Instrumente variiert von 1,8–12 mm, die Länge zwischen 18–45 cm. Jedes Instrument lässt sich öffnen, schließen und um 360° drehen; zusätzlich werden neue Instrumente entwickelt, die eine abwinkelbare Spitze mit mehr Freiheitsgraden besitzen.

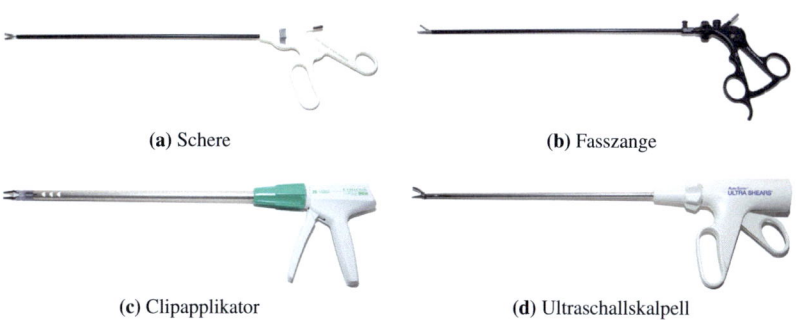

(a) Schere   (b) Fasszange

(c) Clipapplikator   (d) Ultraschallskalpell

Abb. 2.5: Minimalinvasive Instrumente.

Generell ist die Funktionalität der Instrumente mit der konventionellen Chirurgie vergleichbar, jedoch müssen zusätzliche Anforderungen aufgrund der eingeschränkten Bewegungsfreiheit, der schwierigen Handhabung und der immer kleineren Gewebestrukturen und Zugänge erfüllt werden. Präzise Gewebepräparation und Koagulation sind wesentliche Charakteristika, die minimalinvasive Instrumente erfüllen müssen. Dies wird oft durch die Anwendung der Hochfrequenzchirurgie ermöglicht.

Der dafür benötigte Hochfrequenzgenerator ist in der Regel auf dem Laparoskopieturm angebracht. Die einzelnen Instrumente wie Dissektoren, Scheren oder Fasszangen werden an den Generator angeschlossen. Durch die Umwandlung elektrischer Energie in Wärme werden die Proteine des Gewebes denaturiert. Die erzeugte Wärme hat eine Rauchentwicklung im Anwendungsgebiet zur Folge.

Man unterscheidet zwischen monopolaren und bipolaren Anwendungen. Bei monopolaren fließt der gesamte Strom durch das Gewebevolumen zwischen einer großen neutralen Elektrode, die auf der Haut des Patienten angebracht wird, und einer kleineren aktiven Elektrode am Instrument. Der Stromfluss lässt sich kaum kontrollieren und resultiert u. U. in einer lokalen Überhitzung des Gewebes.

Bei bipolaren Anwendungen hingegen fließt der Strom nur im Gewebe, das zwischen den gleichartigen Elektroden, den Spitzen, gefasst wird. Der kürzere Stromweg und die geringere Leistung erlauben eine schonendere und kontrollierbare Koagulation.

Für jeden laparoskopischen Eingriff wird ein Grundinstrumentarium benötigt, das im Folgenden beschrieben und in Abbildung 2.5 teilweise illustriert wird:

- **Dissektoren**: Dissektoren werden für die stumpfe Gewebe- und Organpräparation verwendet. Dabei wird das Gewebe gespreizt und disseziert.

- **Fasszangen**: Fasszangen werden zur Fixierung und Extraktion von Organen oder Gewebeteilen verwendet. Sie unterscheiden sich hinsichtlich ihrer Größe, Stärke des Fassens und ihres geriefelten Maulteils. Der Griff ist in der Regel arretierbar, sodass die Fixierung nicht durchgehend gehalten werden muss.

- **Scheren**: Scheren werden zur Durchtrennung und Präparierung von Gewebe eingesetzt, aber auch zum Schneiden von Fäden oder Rundstrukturen. Es
  existiert eine Vielzahl an Scheren, die sich in die Grundtypen Hakensche-
  re, unilaterale oder bilaterale Scheren und Mikrodissektionsschere einteilen
  lassen.

- **Ultraschallskalpell**: Das Ultraschallskalpell wird zur Blutstillung und Dis-
  sektion verwendet und stellt eine Alternative zu Hochfrequenzstromanwen-
  dungen dar. Dabei wird die Titanklinge des Instruments durch Ultraschall in
  Schwingung versetzt, die Koagulation erfolgt mechanisch. Das umliegende
  Gewebe wird nicht durch Hitzeeinwirkung geschädigt, zudem kommt es nicht
  zu Rauchentwicklung.

- **Nahtinstrumente**: Nahtinstrumente werden für laparoskopische Nahttechni-
  ken eingesetzt. Sie gewährleisten eine sichere Nadelfixierung, zusätzlich ist
  der Handgriff arretierbar und besitzt einen ergonomischen Axialgriff. Um
  einen intrakorporalen Knoten durchzuführen, werden in der Regel gebogene
  Nadelhalter eingesetzt, ferner kann ein Gegennadelhalter verwendet werden.

- **Clipapplikator**: Clipapplikatoren werden für die Unterbindung von Gefäßen,
  vaskularisierten Gewebesträngen und anderen Strukturen verwendet. Die Clips
  werden in geöffnetem Zustand in den Applikator geladen, bei einem Einmalin-
  strument wird automatisch nachgeladen. Es existieren resorbierbare Clips und
  Metallclips, die in der Regal aus Titan sind.

- **Retraktoren**: Retraktoren werden für das Anheben bestimmter Strukturen
  verwendet, um eine ungehinderte Sicht auf die zu präparierende Struktur zu
  gewährleisten.

2.2.3 Laparoskopische Naht- und Knotentechniken

In der Chirurgie stellen Naht- und Knüpftechniken eine elementare Methode dar,
um Anastomosen durchzuführen und Hohlorgane zu verschließen. Die prinzipielle
Technik ist in der Laparoskopie ähnlich der konventionellen Methode und die Anwendung unerlässlich, jedoch erfordert die Durchführung aufgrund der Limitationen
eine große Geschicklichkeit und eine geübte Hand-Auge-Koordination, die nur durch
langes Training akquiriert werden kann.
Laparoskopisches Nähen und Knoten wird in der Regel mit zwei Nadelhaltern und
einer halbrunden Nadel mit einem bereits angebrachten Faden durchgeführt. Das
Material und die Absorbierbarkeit des Fadens hängen vom jeweiligen Einsatz ab. Im
folgenden Abschnitt wird das laparoskopische Knoten und Nähen näher erläutert,
beide Techniken sind eng miteinander verbunden [Car06, KPSS01, PS95, AFK+95].

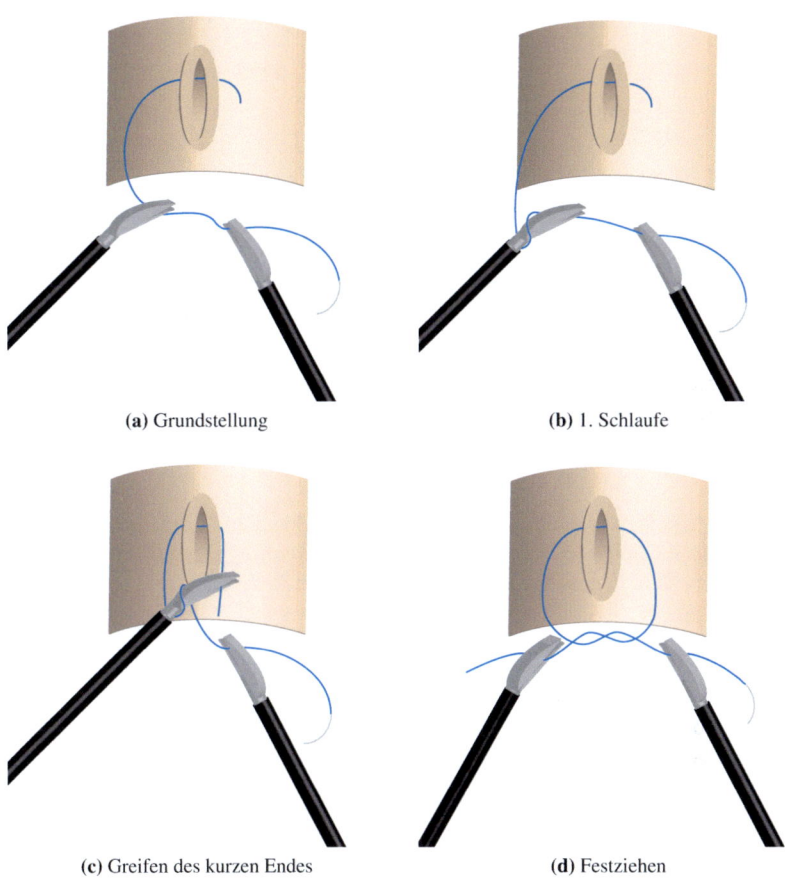

(a) Grundstellung   (b) 1. Schlaufe

(c) Greifen des kurzen Endes   (d) Festziehen

Abb. 2.6: Laparoskopisches Knoten.

Laparoskopisches Knoten

Generell lassen sich intrakorporale und extrakorporale Techniken, die für Ligaturen, Einzelkopfnähte oder am Anfang und Ende einer fortlaufenden Naht verwendet werden, unterscheiden. In der Laparoskopie ist das intrakorporale Knoten Standard, auf die Technik des extrakorporalen Knotens wird nur in Ausnahmesituation zurück-gegriffen. Intrakorporales Knoten ist eine diffizile Aufgabe und erfordert ein hohes Maß an Übung und Fertigkeit. Die Fadenlänge ist beim intrakorporalen Knoten kürzer und beträgt ungefähr 15–25 cm. Die Nadel sollte im rechten Winkel zum

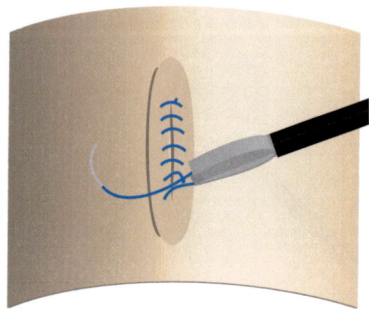

Abb. 2.7: Laparoskopisches Nähen.

Nadelhalter gefasst werden. Abbildung 2.6 veranschaulicht die einzelnen Schritte
für den ersten Knoten eines Schifferknotens. Die darauffolgenden Knoten erfolgen
dementsprechend in gleichläufiger und gegenläufiger Richtung.

Laparoskopisches Nähen

Eine fortlaufende Naht beginnt und endet mit einem oder mehreren Knoten, alternativ
kann die Naht auch mit einem Clip verschlossen werden. Das verbleibende Ende
darf nicht zu kurz sein, um einen Sicherung der Naht zu gewährleisten. Abbildung
2.7 veranschaulicht die Technik einer laparoskopischen Naht.

2.3   Assistenzsysteme in der Laparoskopie

Ein laparoskopischer Eingriff ist eine komplexe Operation, die den Chirurgen mit
zusätzlichen Herausforderungen konfrontiert. Die in Abschnitt 2.2.1 aufgezählten
Schwierigkeiten und Limitationen verlangen vom Operateur eine große Geschick-
lichkeit, Präzision und Erfahrung. Um diese Einschränkungen zu mindern und die
Operationsqualität zu verbessern, werden intraoperative Assistenzsysteme eingesetzt.
Intraoperative Assistenzsysteme ermöglichen eine Verbesserung der Genauigkeit
und reduzieren gleichzeitig die chirurgische Belastung und das Patientenrisiko. Eine
Assistenz kann mechanisch, rechnergestützt oder in Kombination beider Ansätze
erfolgen. Bei mechanischen Systemen, wie bspw. Telemanipulatoren, arbeitet der
Chirurg in Kooperation mit dem Robotersystem, das versucht, die laparoskopisch
bedingten Limitationen auszugleichen.

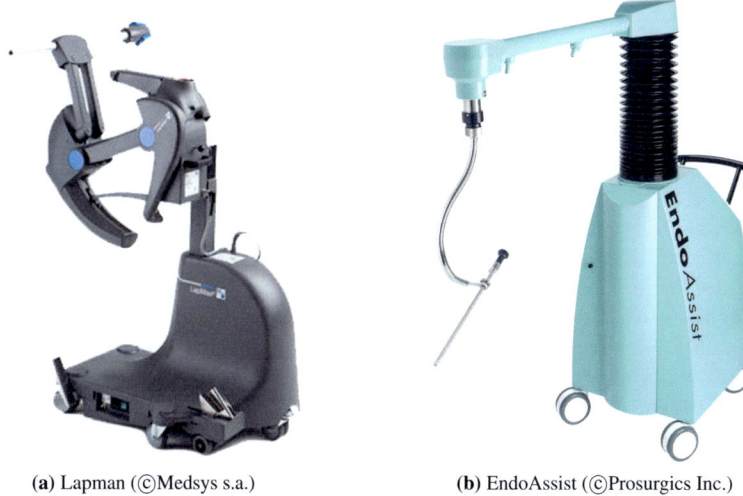

(a) Lapman (©Medsys s.a.)   (b) EndoAssist (©Prosurgics Inc.)

Abb. 2.8: Kommerzielle Endoskopführungssysteme.

Im Folgenden werden Endoskopführungssysteme und Telemanipulationssysteme in der Laparoskopie vorgestellt. Eine Aufzählung existierender Robotersysteme in der Medizin findet sich in der *Medical Robotics Database*[2] [PSS05]. Eine rechnergestützte Assistenz ermöglicht die Übertragung präoperativer Planungsdaten in ein intraoperatives Szenario mithilfe von Visualisierungstechniken wie bspw. der ER. Die Unterstützung laparoskopischer Eingriffe mittels ER ist Gegenstand des letzten Abschnitts dieses Kapitels.

2.3.1 Endoskopführungssysteme

Während eines laparoskopischen Eingriffs wird das Endoskop von einem Kameraassistenten gehalten. Die anspruchsvolle Körperhaltung resultiert oft in einer schnellen Ermüdung und einem Konzentrationsverlust des Assistenten und kann zu einem unruhigen Kamerabild führen. Darüber hinaus ist das Zusammenspiel von Chirurg und Assistent für eine qualitativ hochwertige Operation von großer Bedeutung. Der Assistent fungiert als Auge des Chirurgen und muss sowohl den nächsten Operationsschritt antizipieren als auch ein tremorfreies Kamerabild des Operationsbereichs gewährleisten.

Endoskopführungssysteme ersetzen den Kameraassistenten und versuchen die Einhaltung der horizontalen Ebene und Fokussierung über eine fest installierte Halterung

---

[2]MERODA: www.meroda.uni-hd.de.

zu regeln. Bei solchen Systemen wird das Endoskop an einer nachführbaren Halterung oder einem Roboterarm befestigt und kann je nach System über unterschiedliche Eingabemodalitäten direkt vom Chirurgen interaktiv gesteuert werden. Es existiert eine Vielzahl an kommerziellen Endoskopführungssystemen, die aktuell auf dem Markt erhältlich sind und für den Einsatz im OP zertifiziert wurden.

Das System *Lapman* [PD04] wird von der Firma *Medsys s.a.* vertrieben und besteht aus einem Manipulator, der das Endoskop hält und direkt am Patienten positioniert wird (Abb. 2.8). Über eine spezielle Kontrolleinheit, die direkt am minimalinvasiven Instrument angebracht ist, wird die Position des Endoskops vom Chirurgen gesteuert. Einen alternativen Steuerungsansatz bietet das System *EndoAssist* [AGS+02] von *Prosurgics Inc.*, bei dem der Manipulator, ein fünffacher SCARA-Arm, über Kopfbewegungen des Chirurgen bedient wird (Abb. 2.8). Der Chirurg steuert das Endoskop über einen am Kopf angebrachten Infrarotemitter, dessen Signale von einem Sensor am Monitor detektiert werden. Das Endoskopführungssystem *Freehand* ist die neueste Entwicklung der Firma. Genau wie das Vorgängersystem wird es über Kopfbewegungen des Chirurgen gesteuert, jedoch ist der Manipulator kleiner und ergonomischer. Ein zusätzliches Anzeigegerät visualisiert die initiierte Bewegung des Endoskops.

Hitachi bietet mit *Naviot* [MSWO03] ein System, das über einen Schalthebel am Instrument den optischen Zoom und die Position des Endoskops regelt.

Das System *Soloassist* [FSS+08] der Firma *AKTORmed GmbH* realisiert eine Kameranachführung über einen am Instrumentengriff befestigten Joystick. Der Manipulator besteht aus einem hydraulischen Knickarmsystem, der direkt am OP-Tisch befestigt wird.

Mehrere Steuerungsmöglichkeiten bietet das System *Viky* von *EndoControl*, das aus der universitären Entwicklung des *Light Endoscope Robot* [LCT+07] hervorgegangen ist. Das Endoskopführungssystem wird über eine Sprachkontrolle und ein Fußpedal gesteuert. Zusätzlich kann ein Instrumententracking für eine automatische Nachführung verwendet werden, diese Option ist jedoch im kommerziellen Produkt noch nicht integriert.

Im universitären Bereich existieren weitere Entwicklungen im Bereich der Endoskopführungssysteme. Das *LARS*-System [TFE+95] wurde Mitte der 90er Jahre von der Johns Hopkins Universität und IBM Research vorgestellt. Im Rahmen laparoskopischer Eingriffe fungiert der Roboterarm als Führungssystem, der über einen Joystick am Instrument bedient wird. Zusätzlich wird über ein Bildverarbeitungssystem die automatische Steuerung des Roboters ermöglicht.

Tonatiuh [MFV+07] ist ein Manipulator, der am OP-Tisch befestigt und über einen Joystick gesteuert wird. Das System befindet sich im Entwicklungszustand und wurde mithilfe von Tierversuchen evaluiert.

Ein weiteres experimentelles System ist der *Endoscopic Robot Manipulator* (ERM) [MGFL+01], der über eine Spracheingabe bedient wird. Zudem wird ein zweiter Roboterarm für Instrumente in das System integriert und über eine Telemanipulati-

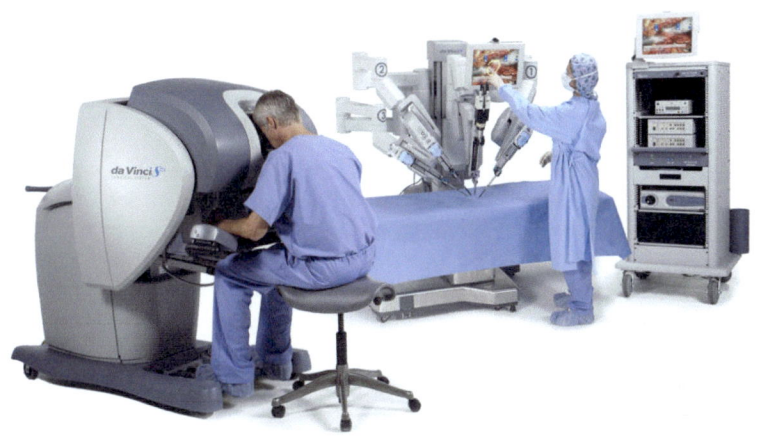

Abb. 2.9: *da Vinci* Telemanipulator (©2009 Intuitive Surgical, Inc.).

on gesteuert. Weiterhin existieren auch Systeme, die die Instrumente automatisch positionieren. Krupa et al. [KGD+03] entwickelten ein System zur automatischen Positionierung laparoskopischer Instrumente auf Basis endoskopischer Bilder. Die Instrumente sind an einem Roboterarm angebracht und projizieren Laserpunkte auf die Organoberfläche, die eine Lokalisierung und anschließende Positionierung in Bezug zum Organ ermöglichen.

2.3.2   Robotergestützte Laparoskopie

Während eines laparoskopischen Eingriffs kommen immer häufiger Telemanipulationssysteme zum Einsatz, die die laparoskopisch bedingten Schwierigkeiten ausgleichen und eine höhere Präzision ermöglichen. Ziel ist nicht den Chirurgen zu ersetzen und Prozesse zu automatisieren, sondern eine kooperative Zusammenarbeit zwischen Operateur und System zu ermöglichen.

Intuitive Surgical hat mit dem *da Vinci* Roboter [GS00] (Abb. 2.9) ein kommerzielles System für die robotergestützte minimalinvasive Chirurgie auf den Markt gebracht, das bis dato in seinen Fähigkeiten unerreicht ist. Andere kommerziell erwerbliche Systeme, wie bspw. das *Zeus* [GBW02] System, wurden von *Intuitive Surgical* übernommen oder sind nicht mehr erhältlich (vgl. *Laprotek* System [Fra03]).

Vor allem in den USA gehört das *da Vinci* System schon zum OP-Alltag vieler bekannter Krankenhäuser. Die Anwendungen sind vielfältig, in der laparoskopischen

Chirurgie wird es bspw. für die Cholezystektomie, Nephrektomie[3], Fundoplicatio[4] oder Heller Myotomie[5] eingesetzt [CTM+04]. Darüber hinaus findet es Anwendung bei minimalinvasiven Eingriffen in der Urologie, der Thoraxchirurgie, der Herzchirurgie oder der Gynäkologie [Mea05].

Das *da Vinci* System ist ein zweigeteiltes Master-Slave-System, das aus einer ergonomisch aufgebauten Steuerkonsole und einem Manipulator mit mehreren Roboterarmen besteht. An den Roboterarmen sind Instrumente und ein Stereoendoskop angebracht, die über zwei Instrumentengriffe und ein Fußpedal an der Konsole gesteuert werden. Die Bewegung der Griffe wird dabei direkt auf die Arme übertragen. Das Stereoendoskop ermöglicht eine dreidimensionale Darstellung der Szene über ein Sichtvisier an der Konsole. Eine zusätzliche Bildvorverarbeitung erhöht die Darstellungsqualität der hochauflösenden Bilder. Die Instrumente verfügen über ein spezielles Gelenk, das die Bewegung in sieben Freiheitsgraden ermöglicht. Zusätzlich ist die Bewegung im Vergleich zu herkömmlichen laparoskopischen Eingriffen nicht gespiegelt. Darüber hinaus erhöht ein Tremorfilter, der das natürliche Handzittern des Chirurgen kompensiert, die Präzision der Ausführung. Die intuitive Bedienbarkeit, die ergonomische Steuerung und das dreidimensionale Sichtfeld vereinfachen die Ausführung und stellen eine große Arbeitserleichterung für den Chirurgen dar.

Allerdings besitzt das System keine Kraftrückkopplung, sodass durch die fehlende haptische Wahrnehmung das Gewebe verletzt oder Nahtmaterialien beschädigt werden können. Zusätzlich ist die Trokarpositionierung verändert und die durchschnittliche Dauer gegenüber herkömmlichen minimalinvasiven Eingriffen angestiegen. Mehrere Studien [CTM+04, MSRW+07, LCDM04] konnten bis jetzt keinen Patientenvorteil des robotergestützten Eingriffs gegenüber der herkömmlichen laparoskopischen Chirurgie feststellen, jedoch eine erhebliche Arbeitserleichterung für den Chirurgen und eine schnellere Lernkurve. Letztendlich sind die höheren Kosten für Anschaffung und Operation und der zusätzliche Aufwand gegenüber der Arbeitserleichterung des Chirurgen bei der Anschaffung eines Systems abzuwägen. Lediglich die Prostatektomie[6] hat bis jetzt einen erwiesenen Patientenvorteil [BKM07].

Die Bestrebungen, ein Telemanipulationssystem für die robotergestützte minimalinvasive Chirurgie zu entwickeln, reichen bis in die Mitte der neunziger Jahre zurück. Zahlreiche Prototypen, die prinzipiell aus einer Steuerkonsole und einem Manipulator bestehen, wurden an verschiedenen Forschungseinrichtungen entwickelt. Im Folgenden werden einige experimentelle Telemanipulationssysteme präsentiert.

Das System *ARTEMIS* [SBNV00] des Forschungszentrums Karlsruhe und des Universitätsklinikums Tübingen ist ein abgeschlossenes Forschungsprojekt. Das System besitzt eine Bedienstation mit dreidimensionaler Bildwiedergabe und Joysticks zur Steuerung des Manipulators. Der Manipulator beinhaltet ein Endoskopführungs-

---

[3]Nierenentfernung.
[4]Antirefluxchirurgie.
[5]Operative Muskelspaltung.
[6]Prostataentfernung.

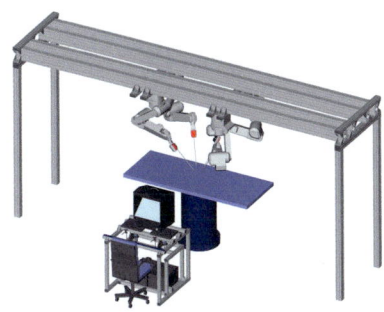 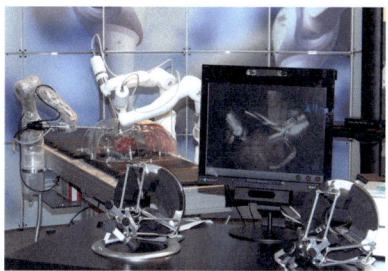

(a) *ARAMIS* (aus [May08]). (b) *MIROSURGE* (Bild: DLR).

Abb. 2.10: Telemanipulatoren für die robotergestützte Laparoskopie.

system und zwei Roboterarme für die Instrumente. *EndoXiroB* [MEGG04] ist aus einer Kooperation zwischen französischen Forschungseinrichtungen und der Industrie entstanden. Der Manipulator des Master-Slave-Aufbaus besteht aus einer Parallelogramm-Kinematik. Die speziell entwickelten Instrumente beinhalten einen Kraftsensor, der direkt an der Spitze eingebaut ist.

Ein weiteres, bereits abgeschlossenes Forschungsprojekt, ist der Berkeley/UCSF Telemanipulator [CWTS01]. Das System besitzt zwei Roboterarme mit taktilen Sensoren, die eine Kraftrückkopplung ermöglichen.

Das System *ARAMIS* der TU München und des Deutschen Herzzentrums München [MNK+07] besitzt vier Arme, die an der Decke montiert werden (Abb. 2.10). Die Steuerkonsole besteht aus zwei Phantom-Eingabegräten, einem dreidimensionalen Display für die Bilder des Stereoendoskops und einem Fußpedal. Das System besitzt eine Kraftrückkopplung, die eine haptische Wahrnehmung mithilfe der am System angebrachten *da Vinci* Instrumente, die um Kraftsensoren erweitert wurden, ermöglicht. Zusätzlich ist die Automatisierung spezieller Aufgaben vorgesehen.

Das deutsche Zentrum für Luft- und Raumfahrt (DLR) entwickelt in Zusammenarbeit mit industriellen und medizinischen Partnern das Telemanipulationssystem *MIROSURGE* [HNJ+08], das für eine Vermarktung als kommerzielles Produkt vorgesehen ist (Abb. 2.10). Das System besteht aus drei Telemanipulatoren für Instrumente, die mit Kraft-Momentensensoren für eine haptische Wahrnehmung ausgestattet sind, und einem Stereoendoskop. An der Konsole werden dem Chirurgen sowohl die dreidimensionale Szene als auch die Kräfte der einzelnen Instrumente präsentiert.

2.3.3 Erweiterte Realität in der Laparoskopie

Der Begriff *Erweiterte Realität* (ER) bezeichnet Techniken zur rechnergestützten Ergänzung der realen Welt durch Einblendung virtueller Informationen. Der Einsatz der ER in der Chirurgie bietet großes Potenzial für eine intraoperative Unterstützung

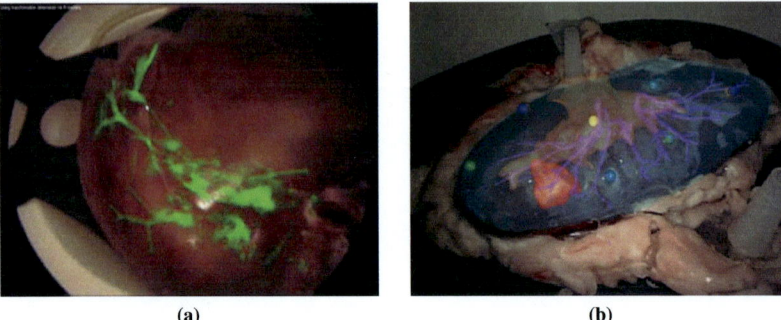

(a)   (b)

Abb. 2.11: Erweiterte Realität in der Laparoskopie: (a) Einblendung der Lebergefäße (aus [FMHN08], ©2005 IEEE). (b) Überlagerung virtueller Daten (aus [TGS+09], ©2009, mit Erlaubnis von Elsevier).

des Chirurgen durch Visualisierung verdeckter Risikostrukturen oder eines Tumors aus präoperativen Planungsdaten. Speziell in der laparoskopischen Chirurgie ermöglicht die Einblendung verdeckter Strukturen die Minderung der Limitationen und die Erweiterung der chirurgischen Fähigkeiten.

Ein ER-System besitzt laut Azuma et al. [ABB+01] drei grundlegende Eigenschaften. Zum einen müssen virtuelle Objekte in einer realen Umwelt visualisiert werden. Des Weiteren ist für die Überlagerung realer und virtueller Objekte eine intraoperative Registrierung der Daten erforderlich. Weiterhin sollten Möglichkeiten zur Interaktion gegeben und das System echtzeitfähig sein. Besonders in der laparoskopischen Chirurgie ist die Einblendung präoperativ gewonnener Daten in die chirurgische Szene aufgrund deformierbarer Organe problematisch. Die Registrierung der Daten erfordert ein aktuelles, intraoperativ gewonnenes Modell der Weichgewebeszene.

Fuchs et al. präsentieren in [FLR+98] ein brillenbasiertes ER-System für die 3D-Visualisierung während eines laparoskopischen Eingriffs. Für die Darstellung der Oberfläche wurde ein spezielles 3D-Laparoskop entwickelt, das mittels strukturiertem Licht eine Rekonstruktion ermöglicht.

Eine intraoperative Visualisierung für minimalinvasive Eingriffe an der Leber wird in [SSS+03] vorgestellt. Präoperative CT-Daten, die mithilfe einer speziellen Planungssoftware segmentiert wurden, werden während des Eingriffs über am Patienten angebrachte Marker und anatomische Landmarken registriert und mit der laparoskopischen Sicht überlagert.

In [BCG+01] wird eine intraoperative Überlagerung rigider Strukturen mit einem Laparoskop vorgestellt. Der Schwerpunkt der Arbeit liegt auf der Kalibrierung des Endoskops und der echtzeitfähigen Visualisierung. Die intraoperative Registrierung erfolgt anhand eines optischen Trackingsystems und Markern an Patient und Endoskop. Bei Hayashibe et al. [HSN$^+$02] wird das intraoperative Modell, das für die Registrierung mit präoperativen Daten genutzt wird, mithilfe eines speziellen Laserscan-Endoskops erstellt. Die 3D-Rekonstruktion und Visualisierung der Oberfläche erleichtert die Navigation während eines laparoskopischen Eingriffs.

Feuerstein et al. präsentieren in [FMHN08] ein ER-System für die optimale Trokarplatzierung und Planung bei laparoskopischen Leberresektionen (Abb. 2.11). Für die Erstellung eines intraoperativen Modells wird ein mobiler C-Arm und ein Laparoskop genutzt, deren Positionen über ein optisches Trackingsystem bestimmt werden. Die Registrierung mit präoperativen Daten, die für die Portplatzierung benötigt wird, erfolgt anhand von künstlichen Markern, die am Patienten angebracht werden.

Im Rahmen einer laparoskopischen Nephrektomie mit dem *da Vinci* System entwickelten Sua et al. [SVA$^+$09] eine ER-Visualisierung präoperativer CT-Daten. Die Registrierung der stereoskopischen Bilder mit dem präoperativen Modell wird mittels eines angepassten *ICP*[7]-Algorithmus [BM92] und einer bildbasierten Merkmalsverfolgung durchgeführt.

Baumhauer et al. präsentieren in [BSMS$^+$08, TGS$^+$09] ein ER-System für die Weichgewebenavigation bei einer laparoskopischen Nephrektomie, das die Tumorposition oder Risikostrukturen einblendet (Abb. 2.11). Die präoperativen Daten werden mithilfe eines mobilen C-Arms und Navigationsnadeln, die im Organ angebracht und über das Endoskop verfolgt werden, registriert.

Um robotergestützte *da Vinci* Eingriffe am schlagenden Herzen zu erleichtern, präsentieren Devernay et al. [DMCM01] ein ER-System zur Einblendung der Koronararterien. Auf Basis von Koronarographie und CT-Daten wird ein zeitvariantes 3D-Modell des Herzens erstellt, das mit der intraoperativ rekonstruierten Oberfläche registriert wird. Das intraoperative Modell wird anhand der Stereoendoskopbilder generiert.

Die Visualisierung präoperativer Patientenmodelle auf dem *da Vinci* System wird von Hattori et al. in [HSH$^+$03] vorgestellt. Die Registrierung erfolgt auf Basis intraoperativ gemessener Punkte auf dem Organ, deren Position über einen Sensor akquiriert wird, allerdings wird die Weichgewebedeformation nicht berücksichtigt.

Die Einblendung von intraoperativen Ultraschallbildern in das Laparoskop des *da Vinci* Systems wird in [LBK$^+$05] präsentiert. Der Ultraschallkopf ist in einem speziellen Instrument integriert und wird mit dem Laparoskop registriert, um eine Visualisierung zu ermöglichen.

Die Integration eines Ultraschallgeräts in ein laparoskopisches ER-System wird auch von Nakamoto et al. [NSM$^+$02] angestrebt. Die Kombination eines magnetischen und optischen Trackingsystems ermöglicht die Registrierung der Ultraschall- und der Endoskopbilder.

Um die haptischen Limitationen des *da Vinci* Systems auszugleichen, präsentieren Akinbiyi et al. [ARS$^+$06] ein ER-System zur Unterstützung des laparoskopischen

---

[7]engl. Iterative Closest Point.

Knotens. Während des Knotens werden die an den modifizierten Instrumenten anliegenden Kräfte visualisiert, die Anzahl der losen Knoten und gerissenen Fäden konnte damit verringert werden.

2.4 Zusammenfassung

Minimalinvasive Eingriffe sind heutzutage ein wichtiger Bestandteil der Chirurgie und aus dem klinischen Alltag nicht mehr wegzudenken. Seit dem ersten Eingriff Mitte der 80er Jahre erfolgte eine schnelle flächendeckende Verbreitung, die zu einer raschen Weiterentwicklung der Technik führte. Für die Durchführung einer Operation ist der Chirurg auf spezialisierte Geräte und Instrumente angewiesen. Zusätzlich müssen neue Techniken und der Umgang mit den erforderlichen Geräten und Instrumenten neu erlernt werden.

Überdies hinaus ist der Chirurg mit zahlreichen Herausforderungen und Limitationen konfrontiert, die große Geschicklichkeit, Präzision und Erfahrung voraussetzen. Um diese Einschränkungen zu mindern und die chirurgischen Fähigkeiten zu erweitern, werden intraoperative Assistenzsysteme eingesetzt. Die vorgestellten Assistenzsysteme lassen sich in mechanische und rechnergestützte Systeme einteilen, angefangen von einfachen Endoskopführungssystemen bis hin zur robotergestützten Assistenz mithilfe der ER.

Im Bereich der robotergestützten minimalinvasiven Chirurgie wird das *da Vinci* System in vielen Kliniken weltweit eingesetzt. Die vorgestellten rechnergestützten Arbeiten fokussieren größtenteils auf die Einblendung virtueller Objekte in die Operationsszene. Im Bereich der laparoskopischen Chirurgie ist dies allerdings immer noch eine große Herausforderung und eine komplexe Aufgabe aufgrund des deformierbaren Weichgewebes. Die erforderliche intraoperative Registrierung der Daten benötigt ein aktuelles, intraoperativ gewonnenes Modell der Weichgewebeszene, um dieses mit den präoperativen Daten zu überlagern.

Kapitel 3

Stand der Forschung

Die rechnergestützte Chirurgie ist eine recht junge Wissenschaft, die in den letzten Jahren erheblich an Bedeutung gewonnen hat. Der Begriff rechnergestützte Chirurgie wird mit Systemen oder Anwendungen assoziiert, die bspw. der Operationsplanung, der Datenerfassung, der robotergestützten Chirurgie oder der intraoperativen Assistenz mithilfe der ER dienen.

Besonders in der minimalinvasiven Weichgewebechirurgie bieten computerbasierte Methoden ein großes Potenzial und sind Gegenstand zahlreicher wissenschaftlicher Forschungsarbeiten. Immer häufiger kommen Assistenzsysteme zum Einsatz, die die Einschränkungen einer minimalinvasiven Operation reduzieren, die Operationsqualität erhöhen und das Patientenrisiko senken.

Für ein minimalinvasives Assistenzsystem benötigt man intraoperative Sensordaten, die bspw. in Form der Endoskopbilder zur Verfügung stehen. Das Endoskop kann als intelligentes Bildverarbeitungssystem genutzt werden, das sowohl zur Verbesserung der Darstellungsqualität als auch für dreidimensionale Berechnungen und darauf aufbauenden Assistenzfunktionen beiträgt. Zusätzlich bietet die Bildanalyse die Möglichkeit, die aktuelle Operationssituation zu untersuchen, Situationsmerkmale zu detektieren und auf den gegenwärtigen Kontext zu schließen.

Die Analyse endoskopischer Bildsequenzen beinhaltet unterschiedliche Forschungsschwerpunkte, die für die Arbeit untersucht wurden und im Folgenden separat vorgestellt werden. Komplette Assistenzsysteme für die Laparoskopie sind nicht Gegenstand dieses Kapitels; sie wurden in Abschnitt 2.3 präsentiert.

Der erste Teil des Kapitels beschäftigt sich mit der Verbesserung endoskopischer Bildsequenzen, insbesondere die Detektion und Rekonstruktion von Glanzlichtern, die eine rechnergestützte Verarbeitung der Bilder erheblich erschweren. Anschließend werden unterschiedliche Ansätze für die bildbasierte 3D-Analyse der Operationsszene vorgestellt, die unter dem Begriff *Quantitative Endoskopie* zusammengefasst sind. Ein weiterer Schwerpunkt dieses Kapitels beschreibt Forschungsarbeiten im Bereich der Analyse und Bewertung minimalinvasiver Gesten. Die Analyse der Gesten wird in der Regel im Rahmen von Trainingssystemen für die Bewertung der

Ausführung eingesetzt, bietet aber auch großes Potenzial für ein kontextbezogenes Assistenzsystem.

3.1 Bildverarbeitung in der Endoskopie

Endoskopische Bildsequenzen weisen unterschiedliche qualitätsmindernde Merkmale auf, deren Ursachen sich in geräte- und anwendungsbedingte Aspekte unterteilen lassen (vgl. Abschnitt 5.1). Die verschiedenen Leistungsmerkmale eines Endoskops, wie Schärfentiefe oder Lichtstärke, erfordern zum Teil gegensätzliche Anforderungen, die Einfluss auf die optische Qualität haben. Beispielsweise haben Endoskope in der Regel eine weitwinklige Kameraoptik, um einen möglichst großen Teil der Operationsszene darzustellen, jedoch führt dies zu extremen Verzerrungen. Aufgrund des Einsatzfeldes innerhalb des menschlichen Körpers entstehen weiterhin Bildstörungen wie Glanzlichter oder Schwebepartikel. Diese unterschiedlichen Einflüsse erschweren nicht nur die rechnergestützte Analyse der Bilder, sondern stellen auch eine Beeinträchtigung für den Chirurgen dar.

Vogt et al. präsentieren in [VKNS03] ein System, das die Bildqualität während eines minimalinvasiven Eingriffs erhöht. Der Einsatz unterschiedlicher Bildverarbeitungsmethoden für den Ausgleich von Schwebepartikeln, Farbfehlern oder Verzerrungen in Echtzeit führt zu einer verbesserten Bilddarstellung, die von den Chirurgen bevorzugt wurde.

Glanzlichter, die aufgrund von Reflexionen auf feuchten Organoberflächen und metallischen Instrumenten entstehen, stellen einen der größten Störfaktoren in endoskopischen Bildern dar und erschweren die rechnergestützte Analyse erheblich. Der Fokus dieses Abschnitts liegt im Bereich der Glanzlichtbearbeitung in endoskopischen Bildern.

Es existieren unterschiedliche Reflexionsmodelle, die für die Detektion von Glanzlichtern benutzt werden können. Ein Beispiel ist das dichromatische Reflexionsmodell für inhomogene Oberflächen, das für unterschiedliche Anwendungen außerhalb der Endoskopie zur Glanzlichtdetektion angewendet wurde [KSK88, BB88, PSLS98]. Das dichromatische Reflexionsmodell ist eine Erweiterung des gebräuchlichen monochromatischen Modells und ermöglicht die Darstellung der Pixelfarbe als Linearkombination der Oberflächen- und Glanzlichtfarbe. Der Einsatz des dichromatischen Modells erweist sich jedoch für minimalinvasive Bilder, insbesondere laparoskopische, als ungeeignet [VPS+02]. Die Randbedingungen sind oft nicht erfüllt, da die Reflexionseigenschaften des menschlichen Gewebes nicht dem Modell entsprechen und das Licht im Bauchraum rötlich erscheint.

Im Folgenden werden unterschiedliche Ansätze für eine automatische Glanzlichtbearbeitung minimalinvasiver Bilder vorgestellt. Die Glanzlichtbearbeitung beinhaltet die automatische Detektion und anschließende Rekonstruktion der segmentierten Regionen.

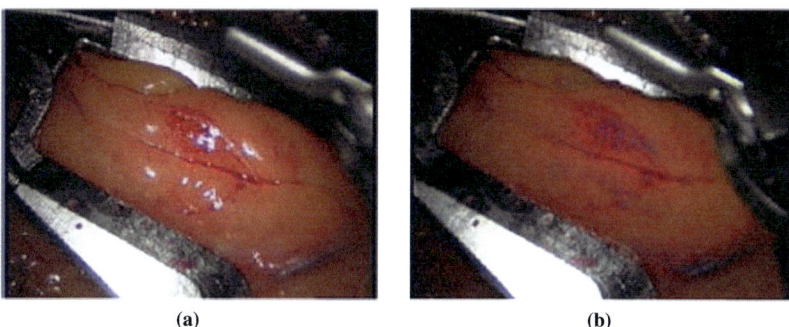

(a)   (b)

Abb. 3.1: Detektion und Rekonstruktion von Glanzlichtern auf der Herzoberfläche aus [SY05]: (a) Originalbild. (b) Rekonstruktion. (©2005 IEEE)

Für die robotergestützte minimalinvasive Herzchirurgie ist eine Synchronisation der Instrumente mit der Herzbewegung wünschenswert. Die Herzbewegung kann mithilfe der Endoskopbilder geschätzt werden, indem stabile Bildmerkmale in der Sequenz verfolgt werden. Im Rahmen der bildbasierten Schätzung der Herzbewegung ist die Detektion und Rekonstruktion von Glanzlichtern von besonderer Bedeutung. Um die Gewebestruktur auf der Herzoberfläche, die infolge von Glanzlichtern verfälscht wird, wiederherzustellen, schlagen Gröger et al. [GSOH01] einen einfachen schwellwertbasierten Ansatz zur Detektion vor. Für die Rekonstruktion wurden ein Verfahren mithilfe des Strukturtensors und ein iteratives Auffüllen durch anisotropische Diffusion evaluiert. Beide Methoden haben sich als eine geeignete Rekonstruktionsmethode erwiesen, jedoch ist der Strukturtensor unter Laufzeitkriterien vorzuziehen.

Stoyanov et al. präsentieren in [SY05] ebenfalls einen Ansatz im Hinblick auf die Schätzung der Herzbewegung. Um die Struktur unter den Glanzlichtern zu rekonstruieren, wird eine sogenannte temporale Registrierung mit Freiformflächen durchgeführt. Unter Berücksichtigung chromatischer und zeitlicher Randbedingungen können diffuser und spekulärer Lichtanteil getrennt werden (Abb. 3.1).

Eine Glanzlichtsubstitution durch sogenannte Lichtfelder wird in [VPH+02] vorgestellt. Lichtfelder ermöglichen die Berechnung neuer Ansichten einer Szene basierend auf den vorhandenen Bilddaten, jedoch ohne die Notwendigkeit geometrischer Informationen. Durch ein einfaches Schwellwertverfahren wird eine Glanzlichtmaske berechnet, die als Vertrauenskarte im Lichtfeld verwendet wird und mit deren Hilfe die Pixel ersetzt werden. Das Verfahren wird zur Erhöhung der Bildqualität während eines minimalinvasiven Eingriffs eingesetzt.

Um die Operationsinstrumente besser zu segmentieren, präsentieren Saint-Pierre et al. [SPBGC07] ein Verfahren zur Glanzlichtdetektion basierend auf der Histogrammanalyse der Bilder. Die segmentierten Glanzlichter werden anschließend mithilfe eines *Inpainting*-Algorithmus [OBMC01] rekonstruiert. Moreno et al. [ZMG06] entwickelten eine automatische Glanzlichtsegmentierung für die Diagnose von Gebärmutterhalskrebs in Cervigrammen. Die Glanzlichter werden über eine wahrscheinlichkeitsbasierten Segmentierung detektiert und mit einer einfachen Mittelung rekonstruiert, eine detaillierte Beschreibung befindet sich in Abschnitt 5.4.

3.2 Quantitative Endoskopie

Der Begriff *Quantitative Endoskopie* wird mit Methoden assoziiert, die dreidimensionale Berechnungen in endoskopischen Bildern durchführen. Die Bildsequenzen werden häufig von einem monokularen Endoskop akquiriert, aufgrund der weiten Verbreitung des *da Vinci* Systems stehen jedoch immer häufiger Stereobilder zur Verfügung. Die 3D-Analyse basierend auf Farbbildern ist ein weites Forschungsgebiet und stellt eine große Herausforderung dar, die durch die Besonderheiten endoskopischer Bilder zusätzlich erschwert wird. Dieser Abschnitt fokussiert auf die bildbasierte, dreidimensionale Analyse der Endoskopszene, die zum einen die Rekonstruktion der Oberfläche als auch die Positionsbestimmung der Instrumente beinhaltet.

3.2.1 Intraoperative Modellgenerierung

Die Einblendung präoperativer Daten mittels ER ist bei minimalinvasiven Eingriffen durch die zum Teil sehr große Deformation des Weichgewebes erheblich erschwert. Die Weichgewebedeformation aufgrund von Instrumenten-Gewebe Interaktion und der Atmung des Patienten erfordert eine echtzeitfähige Anpassung des präoperativ erstellten Modells. Die Visualisierung wird durch eine intraoperative Registrierung der präoperativen Patientendaten mit einem aktuell akquirierten 3D-Modell ermöglicht. Bei minimalinvasiven Eingriffen stehen die Bilder eines Endoskops zur Verfügung, die für die Generierung eines intraoperativen Modells verwendet werden können. Dabei wird aus monokularen oder stereoskopischen Bildern die Oberfläche der betrachteten Szene rekonstruiert. Die bildbasierte Rekonstruktion benötigt keine zusätzlichen Modifikationen, die den Aufbau im OP beeinträchtigen oder eine zusätzliche Invasivität verursachen würden. Zusätzlich kann durch die Rekonstruktion der Oberfläche auch eine Bewegungsschätzung erfolgen, die bei robotergestützten Eingriffen am Herzen für eine Stabilisierung der Instrumente von großer Bedeutung ist. Die 3D-Rekonstruktion der Gewebeoberfläche auf Basis von Bildsequenzen ist ein komplexes Forschungsfeld mit vielfältigen Lösungsansätzen [SHB99, TV98]. Generell lassen sich bei der bildbasierten Rekonstruktion sogenannte *Struktur aus X* Methoden unterscheiden.

Struktur aus Schattierungen

Struktur aus Schattierungs[1]-Techniken rekonstruieren die Szene aus Schattierungen und Helligkeitsverteilungen der betrachteten Oberflächen. Es existieren unterschiedliche Ansätze [FT00, DO96, DCY03], um eine minimalinvasive Szene mittels dieser Technik zu modellieren. Die Komplexität der Endoskopbilder erschwert jedoch den Einsatz solcher Methoden im minimalinvasiven Bereich. Die Weichgewebeoberfläche erfüllt oft nicht die Voraussetzungen für die Anwendung dieser Technik, bspw. eine uniforme, kontinuierliche Oberfläche mit wenig Textur und einer gleichmäßigen Krümmung.

Struktur aus Bewegung

Ein weiterer Ansatz für eine 3D-Modellierung stellen sogenannte *Struktur aus Bewegungs*[2](SfM)-Methoden dar. Die Gewinnung eines Tiefeneindrucks durch Bewegung ist vom Menschen her bekannt und ermöglicht ein breiteres Sichtfeld für den Chirurgen.

Dabei werden stabile, natürliche Bildmerkmale in der Sequenz verfolgt und für eine 3D-Rekonstruktion benutzt. Falls die Position des Endoskops nicht bekannt ist, kann sie gleichzeitig anhand der rekonstruierten Merkmale berechnet werden. Die Schätzung der Endoskopbewegung erfordert allerdings eine rigide Oberfläche, die bei Weichgewebe nur in besonderen Bereichen gegeben ist. Grundsätzlich eignet sich diese Technik besonders bei einer rigiden Oberfläche und einem bewegtem Endoskop. Viele Ansätze ermitteln jedoch die Endoskopposition über ein externes Trackingsystem. Im Folgenden werden verschiedene SfM Ansätze für unterschiedliche Anwendungen im Bereich der minimalinvasiven Chirurgie vorgestellt.

Bei einer Rekonstruktion durch natürliche Bildmerkmale ist deren Stabilität in endoskopischen Bildsequenzen von besonderer Bedeutung. Mit dieser Thematik beschäftigen sich Mountney et al. [MLT+07], die unterschiedliche Merkmalsdeskriptoren im Hinblick auf die Verwendung bei der Deformationsschätzung einer Weichgewebeoberfläche evaluieren. Die Ergebnisse zeigten, dass für minimalinvasive Bildsequenzen sogenannte *Spin*, *SIFT*[3], *SURF*[4], *GIH*[5] oder *GLOH*[6] Deskriptoren am geeignetsten waren.

Um die Oberfläche der Darmwand zu rekonstruieren, verwenden Thormählen et al. [TBM02] einen klassischen SfM Ansatz, bei dem die Struktur und die Endoskopbewegung geschätzt werden. Gleichzeitig werden die berechneten 3D-Punkte vernetzt und texturiert, um eine möglichst vollständige Oberfläche zu erhalten.

---

[1]engl. Structure from Shape.
[2]engl. Structure from Motion.
[3]engl. Scale Invariant Feature Transform.
[4]engl. Speeded Up Robust Features.
[5]engl. Geodesic-Intensity Histogram.
[6]engl. Gradient Location Orientation Histogram.

Hu et al. [HPE$^+$07] benutzen das *da Vinci* Stereoendoskop, um die Oberfläche eines Herzens mithilfe der SfM Methode zu ermitteln. Fehlende Punkte und Ausreißer werden über einen speziellen Optimierungsagenten gesondert bearbeitet. Für die Registrierung von Wirbelknochen während eines minimalinvasiven Wirbelsäuleneingriffs benutzen Wengert et al. [WCD$^+$06, WDB$^+$07] die Bilder eines Endoskops, um ein intraoperatives Modell zu erzeugen. Im Gegensatz zum klassischen SfM-Ansatz wird die Position des Endoskops über ein optisches Trackingsystem bestimmt. Die rekonstruierte Oberfläche wird mithilfe des *ICP*-Algorithmus registriert.

In [VKZ$^+$04, FKW$^+$05] verwenden Vogt et al. die SfM-Methode für die Erzeugung von Lichtfeldern mit einem Endoskop, dessen Position über ein Trackingsystem bekannt ist. Die rekonstruierten Merkmale der Oberfläche werden vernetzt und für das Rendern des Lichtfelds verwendet, um anschließend eine Registrierung mit präoperativ gewonnenen Daten durchzuführen.

Mountney et al. präsentieren in [MSDY06] ein System, das basierend auf wenigen stabilen Merkmalen die Position des Endoskops schätzt. Es wird eine sogenannte *Simultane Lokalisierung und Kartierung* (SLAM) durchgeführt. SLAM und SfM bezeichnen denselben Ansatz, jedoch liegt der Fokus bei SLAM auf der Schätzung der Endoskopposition anhand weniger Merkmale und nicht auf der Generierung eines Oberflächenmodells.

In [WMIH08] stellen Wang et al. eine Methode zur robusten Schätzung der Endoskopbewegung und Rekonstruktion der Oberfläche vor. Dafür wurde ein Schätzer, der sogenannte *Adaptive Scale Kernel Consensus*, entworfen, der eine stabile Merkmalsverfolgung und Ausreißerdetektkion ermöglicht.

Die Verfolgung einiger weniger Merkmalen in einer Bildsequenz wird von Stoyanov et al. [SMD$^+$05, SY07] zur Schätzung der Herzbewegung eingesetzt. Ziel ist eine Bewegungskompensation für robotergestützte Operationen am schlagenden Herzen. Anhand der akquirierten Stereoendoskopbilder werden die 3D-Punkte der detektierten Merkmale mithilfe einer iterativen Registrierung auf dem bewegten Herzen verfolgt und auf die Deformation geschlossen.

Um das Bild während einer robotergestützten Operation zu stabilisieren, verwenden Gröger et al. [GH06] texturbasierte Merkmale für die Schätzung der Bewegung. Die Merkmale werden über einen intensitätsbasierten Korrelationsvergleich verfolgt und dienen als Basis für die Berechnung eines Bewegungsfeldes, das für die Stabilisierung benutzt wird.

Der Einsatz von SfM Techniken bei minimalinvasiven Bildsequenzen birgt einige Schwierigkeiten. Die Oberfläche der zu rekonstruierenden Szene ist in einigen Bereichen oft sehr homogen und schwach texturiert, sodass entweder keine oder zu wenige stabile Merkmale detektiert werden können. Für die Bewegungsstabilisierung sind u. U. einige wenige Merkmale ausreichend, für eine Vernetzung und Rekonstruktion der Oberfläche allerdings nicht. Einige Ansätze verwenden auch eine sogenannte

Bündeloptimierung[7] um die Genauigkeit zu erhöhen, jedoch erfüllt das Verfahren die gewünschten Echtzeitanforderungen im Allgemeinen nicht. Zusätzlich wird die Position des Endoskops oft über ein Trackingsystem bestimmt, da ein klassischer SfM Ansatz bei bewegtem Endoskop und Weichgewebeoberfläche für die Rekonstruktion nicht geeignet ist.

Struktur aus Stereo

Korrelationsbasierte Ansätze berechnen die 3D-Oberfläche auf Basis von Stereobild-paaren und lassen sich in *Struktur aus Stereo*[8]-Verfahren einteilen. Im Gegensatz zu merkmalsbasierten Ansätzen wird die Oberfläche bei korrelationsbasierten Methoden nahezu vollständig rekonstruiert. Endoskopische Stereobildpaare stehen mit dem Aufkommen der robotergestützten Chirurgie, insbesondere des *da Vinci* Systems, immer häufiger im OP zur Verfügung. Die im Folgenden vorgestellten Arbeiten benutzen alle die Bilder des *da Vinci* Stereoendoskops für eine Rekonstruktion der Oberfläche.

Um eine Registrierung von CT-Daten mit stereoskopischen Bildern durchzuführen, entwickelten Vagvolgyi et al. [VHTS08] eine Stereorekonstruktion für endosko-pische Bilder. Der optimierte Ansatz basiert auf dem Prinzip des dynamischen Programmierens und liefert eine dichte Tiefenkarte, aus der eine dreidimensionale Punktwolke berechnet wird.

Mourgues et al. präsentieren in [DMCM01, MDCM01] eine korrelationsbasierte Stereorekonstruktion, um ein 3D-Modell des Herzens zu erhalten. Zusätzlich werden die im Bild sichtbaren minimalinvasiven Instrumente detektiert und aus dem 3D-Modell entfernt. Die Rekonstruktion wird für eine Registrierung mit präoperativen Daten verwendet, um zusätzliche Informationen wie bspw. die Lage der Koronararterien einzublenden.

Die Schätzung der Herzbewegung anhand von Merkmalen, wie im vorigen Abschnitt beschrieben, wurde von Stoyanov et al. [SDY05] auch mithilfe eines korrelations-basierten Ansatzes evaluiert. Die Komplexität der Szene und die fehlende Textur bereiten klassischen korrelationsbasierten Methoden jedoch Schwierigkeiten, sodass für die Schätzung der Bewegung der merkmalsbasierte Ansatz bevorzugt wurde.

Lau et al. [LRC+04, BCD+05] verwenden jedoch für die Schätzung der Herzbewe-gung mit dem Ziel der Bewegungskompensation ein korrelationsbasiertes Verfahren. Ein speziell entwickelter Algorithmus rekonstruiert eine dichte Tiefenkarte, die als eine algebraische Oberflächenfunktion, bspw. ein Spline, repräsentiert wird. Die Be-rechnung der Tiefenkarte wird somit auf eine Parameterschätzung der algebraischen Funktion reduziert.

Die Eigenschaften endoskopischer Bilder, insbesondere die homogene und schwach texturierte Oberfläche, stellen auch für korrelationsbasierte Ansätze eines der Haupt-

---

[7]engl. Bundle Adjustment.
[8]engl. Structure from Stereo.

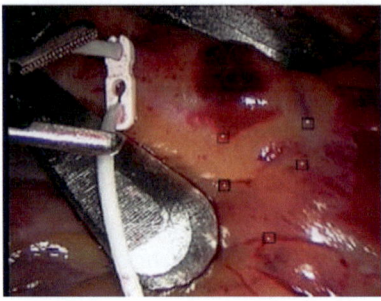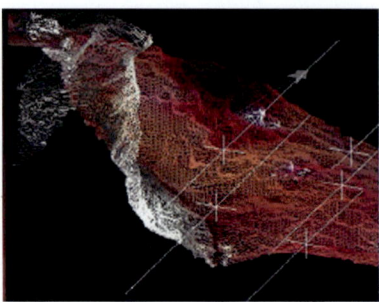

Abb. 3.2: Kombination der Methoden für die Rekonstruktion der Herzoberfläche
aus [LSSY08] (©2008 Springer).

probleme dar. Eine Kombination der unterschiedlichen zuvor beschriebenen Methoden zur Schätzung der Weichgewebedeformation präsentieren Lo et al. in [LCS$^+$08, LSSY08]. Die Ergebnisse der Methoden werden mithilfe eines probabilistischen Frameworks kombiniert, um die Vorteile der einzelnen Verfahren auszunutzen und eine genauere Rekonstruktion zu erhalten (Abb. 3.2).

3.2.2 Verfolgung der Operationsinstrumente

Die Positionsberechnung und Verfolgung der Operationsinstrumente wird oft für eine automatische Kameranachführung während eines Eingriffs eingesetzt. Die Kameraführung bei minimalinvasiven Operationen erfordert ein perfektes Zusammenspiel von Chirurg und Assistent und stellt eine ermüdende Aufgabe dar. Eine automatische Kameranachführung basierend auf der Instrumentenbewegung ist daher ein großer Vorteil. Durch die dreidimensionale Positionsbestimmung der Instrumente lassen sich auch wichtige Informationen über die Instrumenten-Gewebe Interaktion oder den Abstand zu bestimmten Risikostrukturen ableiten.

Die Bilder eines Endoskops eignen sich für eine automatische Positionsbestimmung und Verfolgung der Instrumente. Wesentlich hierbei sind Echtzeitfähigkeit und Robustheit gegenüber wechselnden Beleuchtungsverhältnissen und den Besonderheiten der endoskopischen Bildfolgen.

Es existieren zahlreiche Ansätze, die mithilfe von künstlichen Markern die Position der Instrumente bestimmen [CAL96, GQAH97, ZP02, KK04, TTMD07]. Künstliche Marker stellen jedoch eine zusätzliche Modifikation der Instrumente dar, die unter OP-Gesichtspunkten nur bedingt eingesetzt werden können. In den folgenden Abschnitten werden verschiedene markerlose Ansätze vorgestellt, die basierend auf den Bilddaten eines Endoskops die Instrumente verfolgen.

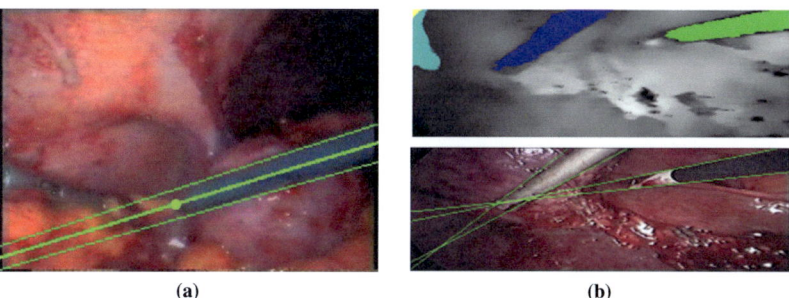

(a)   (b)

Abb. 3.3: Verfolgung der Instrumente: (a) Detektion der Instrumentenspitze aus [Vor05]. (b) Segmentierung der Instrumente aus [DNM07] (©2007 Springer).

Formbasierte Segmentierung

Minimalinvasive Instrumente besitzen eine eindeutige geometrische Form, die sich deutlich vom Hintergrund abhebt und für eine Segmentierung verwendet werden kann. Climent et al. [CM04] wenden die Hough-Transformation an, um parallele Linien, die ein Instrument beschreiben, zu detektieren. Zusätzlich wird Bewegungsinformation aus der Bildsequenz berechnet, um zwischen unterschiedlichen Instrumenten und falsch klassifizierten Kandidaten zu unterscheiden. Die Segmentierung soll für ein Endoskopführungssystem eingesetzt werden.

Im Rahmen eines ER-Assistenzsystems in der minimalinvasiven Wirbelsäulenchirurgie segmentieren Windisch et al. [WCG05] die Operationsinstrumente in den Bildern. Das extreme Verhältnis von Länge der Konturen und Durchmesser der Instrumente wird genutzt, um mithilfe eines Bayes-Klassifikators die detektierten Linien im Bild als Instrumente zu markieren.

Voros et al. [VOC06] entwickelten eine automatische Kameranachführung für ein robotergestütztes Endoskopführungssystem. Basierend auf der bekannten Trokarposition der Instrumente wird der Suchbereich innerhalb des Bildes eingeschränkt. Eine anschließende Formanalyse berechnet die Konturen und Hauptachse der Instrumente im Bild und ermöglicht eine Detektion der Instrumentenspitze auf der Achse (Abb. 3.3).

Farb- und formbasierte Segmentierung

Zusätzlich zur Form bietet auch eine Farbanalyse des Bildes wichtige Informationen für die Segmentierung der Instrumente innerhalb eines Endoskopführungssystems [DKK04]. Lee et al. [LUWW94] trainieren einen Bayes-Klassifikator, um zwischen Instrument und Hintergrund zu unterscheiden. Eine anschließende Formanalyse der klassifizierten Regionen ermöglicht die Detektion der Instrumente im Bild, zusätzlich wird die Position der Instrumente aus dem vorigen Bild für eine robuste und vollständige Segmentierung verwendet.

Im Gegensatz dazu verwenden McKenna et al. [MCF05] die Ergebnisse eines Bayes-Klassifikators für die Verfolgung der Instrumente mit einem Partikelfilter. Partikelfilter - auch als *Condensation*-Algorithmus bezeichnet [IB98] - werden häufig in der Bildverarbeitung für die Verfolgung von Objekten eingesetzt.

Kim et al. [KHL05] entwickelten einen zweistufigen Partikelfilter in Kombination mit einem angepassten Farbmodell der Instrumente, um die Position der Instrumentenspitze möglichst robust und in Echtzeit zu berechnen.

Im Hinblick auf die Klassifikation von Instrumenten-Gewebe Interaktion verfolgen Lo et al. [LDY03] die Instrumente ebenfalls mit einem Partikelfilter, der auf Basis eines Bayes-Klassifikators und eines Polygonmodells die Position der Instrumentenspitze schätzt.

Doignon et al. präsentieren in [DNM07] einen Algorithmus, der basierend auf einem speziellen Farbkriterium potentielle Kandidaten segmentiert, die mithilfe einer anschließenden Formanalyse klassifiziert werden (Abb. 3.3). Die Segmentierung wird für die automatische Positionierung der Instrumente während einer robotergestützten Operation benötigt.

Eine bildbasierte Verfolgung der Instrumente stellt eine große Herausforderung dar, insbesondere ist für einen intraoperativen Einsatz die Echtzeitfähigkeit und die Robustheit gegenüber wechselnden Beleuchtungsverhältnissen notwendig. Zudem erschweren schnelle Instrumentenbewegungen und eine verschmutze Spitze eine zuverlässige Segmentierung.

3.3 Analyse minimalinvasiver Gesten

Minimalinvasive Gesten sind einzelne chirurgische Tätigkeiten, wie bspw. Knoten, Nähen oder Schneiden, die zur Durchführung eines minimalinvasiven Eingriffs von entscheidender Bedeutung sind. Die Analyse und Bewertung chirurgischer Gesten hat in den letzten Jahren erheblich an Bedeutung gewonnen. Das Erlernen minimalinvasiver Techniken verlangt ein hohes Maß an Training und ist generell ein langsamer Prozess, bei der die chirurgische Fertigkeit aufgrund unterschiedlicher Kriterien bewertet wird. Jedoch ist dies ein subjektiv geprägter Vorgang und erfolgt oft anhand visueller Beurteilung durch einen Experten.

Die Erkennung der ausgeführten Geste bietet auch große Vorteile für ein kontextbezogenes Assistenzsystem, um die aktuelle Situation zu analysieren. Jede ausgeführte Tätigkeit besitzt ein charakteristisches Bewegungsmuster, das für eine Erkennung und Bewertung eingesetzt werden kann.

Es existieren unterschiedliche Trainingssysteme, die auf Basis kinematischer Parameter, wie bspw. die Position und Orientierung der Instrumente, einfache Bewe-

gungsanalysen durchführen [MMD$^+$03, CMS$^+$06, CSO$^+$02, VOH$^+$03, PLD$^+$02].
Die Sensordaten werden entweder direkt vom Trainingssystem ausgegeben oder
über ein Trackingsystem akquiriert. Die Analyse zielt in der Regel nicht auf die
Erkennung der Tätigkeit ab, sondern auf die Bewertung anhand einfacher Metriken,
wie bspw. die Anzahl der Handbewegungen oder die einzelnen Geschwindigkeiten.
Die Erkennung und Bewertung der Ausführung erfordert objektive Metriken, die vor
allem über stochastische Modelle akquiriert werden können. Im folgenden Abschnitt
liegt der Schwerpunkt auf der Erkennung und Bewertung minimalinvasiver Gesten
anhand der Instrumententrajektorie mithilfe stochastischer Modelle. Der Einsatz
solcher Modelle erfordert die Abbildung der ausgeführten Bewegung auf ein vorab
erstelltes Modell der Tätigkeit.

Hidden Markov Modelle (HMM) sind eine weit verbreitete statistische Methode, die
erfolgreich zur Sprach- und Schrifterkennung oder im Bereich der Bioinformatik
eingesetzt werden. Weiterhin wurden HMMs auch im Kontext der Mensch-Maschine
Interaktion für die Klassifikation menschlicher Bewegungen angewendet. Des Weiteren ermöglicht die Existenz effizienter Algorithmen den Einsatz von HMMs für die
Erkennung minimalinvasiver Gesten basierend auf der ausgeführten Bewegung.
Murphy et al. präsentieren in [MVYO03] ein System, das einfache Bewegungen, die
zur Erfüllung einer bestimmten Aufgabe notwendig sind, erkennt und bewertet. Die
Bewegungen werden in einer virtuellen Umgebung mithilfe haptischer Instrumente
ausgeführt. Für jede einzelne Bewegung wird ein separates HMM trainiert, sodass
die Aufgabe in Teilgesten, die für eine Analyse benutzt werden, zerlegt wird. Zusätzlich kann die Ausführung der Aufgabe bewertet werden, wobei die Anzahl der
ausgeführten Gesten zur Erfüllung der Aufgabe als Kriterium verwendet wurde.
Die Forschungsarbeiten von Rosen et al. [RBC$^+$06, RHRS01] analysieren laparoskopische Tätigkeiten mithilfe eines speziell entwickelten Systems (*BLUEDragon*
[RBC$^+$02]), das die Kinematik und Dynamik der minimalinvasiven Instrumente
erfasst. Gleichzeitig werden die Sensordaten mit den aufgenommenen Videodaten
synchronisiert. Für die Modellierung werden Markov Modelle eingesetzt, die für
die Zerlegung der ausgeführten Tätigkeit und die Bewertung benutzt werden. Das
System kann anhand einer Lernkurve, die mit einem Expertenmodell verglichen
wird, die unterschiedlichen Ausführungen bewerten.
Bei Megali et al. [MSTD06] steht die Bewertung der ausgeführten chirurgischen
Gesten im Vordergrund. Auf einem laparoskopischen Simulator werden einfache
Übungen aufgezeichnet und mithilfe von HMMs modelliert. Auf Basis eines trainierten Expertenmodells wurde eine spezielle Metrik entwickelt, die es erlaubt, die
ausgeführte Bewegung mit dem Referenzmodell zu vergleichen und objektiv zu
bewerten.
Die Modellierung chirurgischer Gesten auf Basis von HMMs wird auch bei Dosis et al. [DBG$^+$05] eingesetzt. Insgesamt werden drei laparoskopische Aufgaben,
u. a. laparoskopisches und robotergestütztes Nähen, modelliert und erkannt. Die
Erkennungsrate erreichte bei allen zu klassifizierenden Aufgaben über 90 Prozent.

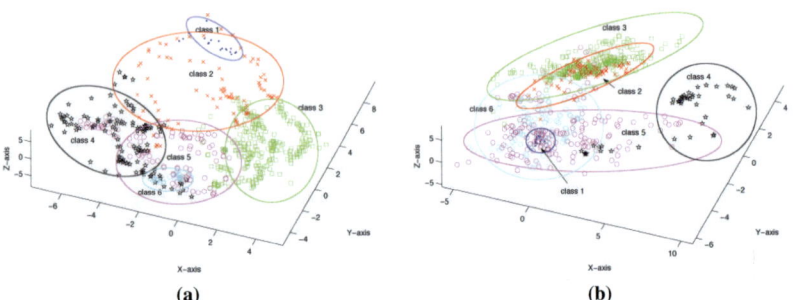

Abb. 3.4: Ergebnis der Diskriminanzanalyse bei der Erkennung chirurgischer Gesten (aus [LSYH06]): (a) Daten eines Experten. (b) Daten eines fortgeschrittenen Anfängers.

Die Analyse chirurgischer Gesten beschränkt sich nicht nur auf die Modellierung mit HMMs. Lin et al. [LSYH06] analysieren und segmentieren die Bewegungsdaten des *da Vinci* Systems bei der Ausführung von robotergestütztem Nähen. Im Laufe der Verarbeitungskette werden die Dimensionen der Eingangsmerkmale mithilfe einer Diskriminanzanalyse reduziert (Abb. 3.4) und ein einfacher Bayes-Filter für die Klassifikation verwendet. Die Bewegungsdaten werden in einzelne Sequenzen zerlegt, die Erkennungsrate liegt bei über 90 Prozent. Zusätzlich kann ein Anfänger von einem Experten unterschieden werden. Die Arbeiten von Lin wurde in [RLV$^+$08] erweitert, indem unterschiedliche statistische Methoden evaluiert wurden, um eine größere Variabilität in der Bewegung zu ermöglichen.

Um laparoskopische Tätigkeiten wie bspw. Knoten zu automatisieren, präsentieren Mayer et al. [MAK03] ein System bestehend aus zwei Phantomen, die an zwei Kuka-Roboterarmen mit minimalinvasiven Instrumenten gekoppelt sind. Die ausgeführte Bewegung eines Benutzers wird anhand signifikanter Merkmale automatisch in einzelne Primitive zerlegt. Diese Primitive können kombiniert werden, um eine automatische Ausführung zu ermöglichen.

Stochastische Modelle, wie bspw. HMMs, bieten ein großes Potenzial für die Bewertung der Ausführung anhand objektiver Metriken. Zusätzlich werden sie für eine Segmentierung in charakteristische Teilsequenzen und Erkennung der Ausführung verwendet. Die Erkennungsraten von HMMs bei minimalinvasiven Gesten haben noch nicht den Standard wie bspw. bei der Spracherkennung erreicht, jedoch lassen sich weitere Sensordaten integrieren. Insbesondere ergeben sich durch das Aufkommen des *da Vinci* Systems neue Möglichkeiten der Datenakquisition.

3.4 Zusammenfassung

Die präsentierten Forschungsansätze demonstrieren, dass die Nutzung des Endoskops als intelligente Bildverarbeitungseinheit großes Potenzial für die intraoperative
Assistenz besitzt. Auch hinsichtlich der Analyse chirurgischer Gesten eröffnen sich
neue Möglichkeiten, insbesondere für eine kontextbezogene Assistenz. Der in den
letzten Jahren verstärkte Forschungsaufwand in diesen Bereichen ermöglicht den
Einsatz dieser Methoden über den universitären Bereich hinaus.

Besonders die steigende Verbreitung des *da Vinci* Operationsroboters, der sich für
intraoperative Assistenzfunktionen besonders eignet, führt zu einer Entwicklung
von Methoden, die sich speziell für den Einsatz auf diesem System eignen. Die
Surgical Assistant Workstation [VDD+08] der Johns Hopkins Universität ist ein
solches Framework, das speziell für die Integration neuer Assistenzfunktionen auf
einem Telemanipulator wie dem *da Vinci* entwickelt wurde.

Der Forschungsbedarf ist trotz vielversprechender Ansätze dennoch evident, um die
weiterhin zahlreichen Probleme in diesem Bereich zu lösen. Die Besonderheiten endoskopischer Bildfolgen erschweren die Anwendung einer Vielzahl an Algorithmen
für die rechnergestützte Analyse. Für ein intraoperatives Assistenzsystem ist natürlich
auch der Echtzeitaspekt der einzelnen Methoden von besonderer Bedeutung.

Insbesondere ist in der Weichgewebechirurgie die Registrierung mit präoperativen
Daten ein bisher unzureichend gelöstes Problem. Aufgrund der Gewebedeformationen erfordert die Einblendung präoperativ gewonnener Modelle in die chirurgische
Szene eine Registrierung der Daten mit einem aktuellen, intraoperativ akquirierten
3D-Modell.

In diesem Zusammenhang liegt der Fokus in den folgenden Kapiteln auf drei grundlegenden Aspekten, die im Hinblick auf eine kontextbezogene Assistenz auf Basis bild-
basierter Situationsmerkmale essentiell sind. Als erstes werden die endoskopische
Bildakquisition und insbesondere die Bildvorverarbeitung für eine anschließende
rechnergestützte Analyse näher betrachtet. Des Weiteren wird mit der quantitativen
3D-Analyse der Szene die Grundlage für ein intraoperatives 3D-Modell geschaffen
und wichtige Informationen für eine Unterstützung akquiriert. Zuletzt werden auf
Basis der 3D-Analyse und der Bilder Methoden für die Klassifikation der Instrumente, der chirurgischen Materialien und der chirurgischen Gesten untersucht, um
letztendlich eine kontextbezogene Assistenz zu ermöglichen.

Kapitel 4

Kontextbezogene Assistenz in der Laparoskopie

Der Einsatz eines intraoperativen Assistenzsystems in der minimalinvasiven Chirurgie zielt auf eine Verbesserung der Operationsqualität und eine Minimierung der chirurgischen Belastung ab. In den vorigen Kapiteln wurden zahlreiche Beispiele einer intraoperativen Unterstützung, sowohl mechanisch als auch rechnergestützt, präsentiert. Zunehmende Forschungsaktivitäten im Bereich der Bildgebung, der robotergestützten Chirurgie und der intraoperativen Navigation eröffnen vielfältige Möglichkeiten, die eine intelligente Anwendung und Fusion erfordern. Im Hinblick auf den OP-Einsatz ist eine kognitionsgesteuerte Mensch-Maschine-Schnittstelle wünschenswert, die bestimmte Tätigkeiten erkennt, die Interaktion mit den technischen Hilfsmitteln erleichtert und in Abhängigkeit des aktuellen Operationskontextes eine Unterstützung generiert.

Ein kontextbezogenes Assistenzsystem generiert bei Bedarf eine geeignete Unterstützung, die zu einem bestimmten Zeitpunkt benötigt wird und gleicht redundante und unzureichende Informationen aus. Um den aktuellen Operationskontext zu bestimmen und eine kontextbezogene Visualisierung zu ermöglichen, muss die aktuelle Operationssituation mithilfe intraoperativer Sensordaten analysiert und interpretiert werden.

Im folgenden Kapitel wird das kontextbezogene Assistenzsystem *MediAssist*[1] vorgestellt, welches die aktuelle Operationssituation anhand endoskopischer Bildsequenzen analysiert, mithilfe einer Wissensbasis interpretiert und den Chirurgen durch eine kontextbezogene Einblendung unterstützt. Im Rahmen dieser Arbeit wurde die Nutzung endoskopischer Bildsequenzen für die Analyse der Operationssituation untersucht.

Zu Beginn wird die gesamte Prozesskette des Systems präsentiert, wobei die Analyse der endoskopischen Bildsequenzen detaillierter betrachtet wird. Anschließend wird die experimentelle Testumgebung vorgestellt, die alle wichtigen Bestandteile

---

[1]engl. Medical Assistance for Intraoperative Skill Transfer.

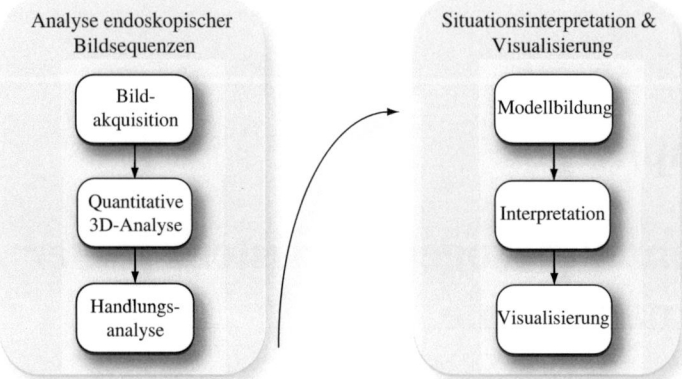

Abb. 4.1: Prozesskette einer kontextbezogenen Unterstützung: *MediAssist*.

eines kontextbezogenen Assistenzsystems beinhaltet und für die Entwicklung und Evaluation von Methoden eingesetzt wurde.

4.1   Prozesskette

Eine Operationssituation ist das Ergebnis des Zusammenspiels aller eingriffsrelevanten Aspekte zu einem bestimmten Zeitpunkt und wird über ein Handlungs- und Zustandsmodell definiert. Beide Modelle beinhalten sogenannte Situationsmerkmale, die die Operationssituation charakterisieren und deren Kenntnis auf den Kontext schließen lässt. Die Situationsmerkmale werden anhand der zur Verfügung stehenden intraoperativen Sensordaten erfasst und detektiert.

Das Handlungsmodell beschreibt die Handlung des Chirurgen und setzt sich aus der Tätigkeit des Chirurgen, den eingesetzten Instrumenten, den chirurgischen Materialien und der behandelten anatomischen Struktur zusammen. Das Zustandsmodell beschreibt den Zustand des Patienten zu einem bestimmten Zeitpunkt. Um letztendlich auf den Operationskontext zu schließen, wird die analysierte Operationssituation interpretiert, mit dem geplanten Operationsablauf verglichen und einem bestimmten Teilstück zugeordnet.

Voraussetzung für eine kontextbezogene Unterstützung ist die Analyse der aktuellen Situation. Dabei werden Situationsmerkmale des Handlungs- und Zustandsmodells mithilfe der Endoskopbilder detektiert und analysiert. Die Prozesskette des Gesamtsystems ist in Abbildung 4.1 veranschaulicht und gliedert sich in die Analyse der Bildsequenzen und der anschließenden Situationsinterpretation und kontextbezoge-

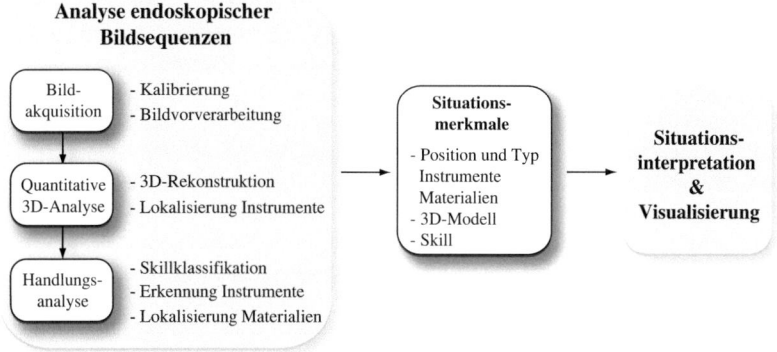

Abb. 4.2: Analyse endoskopischer Bildsequenzen.

nen Visualisierung. Die Analyse der Bildsequenzen besteht aus der intraoperativen Bildakquisition, einer anschließenden 3D-Analyse der Sequenzen und einer Handlungsanalyse, die die Ergebnisse der quantitativen Analyse und die Bilder nutzt. Ergebnis der Bildanalyse sind Situationsmerkmale, wie Position und Typ der Instrumente und der chirurgischen Materialen, ein dreidimensionales Oberflächenmodell und die ausgeführte Tätigkeit des Chirurgen.

Die einzelnen Situationsmerkmale werden in einem Modell der Operationssituation zusammengefasst und mithilfe einer Wissensbasis interpretiert. Daraufhin wird eine geeignete Visualisierung zur Unterstützung des Chirurgen generiert. Beide Aspekte werden in den folgenden Abschnitten näher betrachtet, jedoch liegt der Schwerpunkt auf der Analyse der Bildsequenzen.

4.1.1 Analyse endoskopischer Bildsequenzen

Im Rahmen dieser Arbeit wurde die Nutzung endoskopischer Bildsequenzen für ein kontextbezogenes Assistenzsystem untersucht. Hierzu werden charakteristische Situationsmerkmale, wie die ausgeführte Tätigkeit des Chirurgen, die verwendeten Instrumente, die chirurgischen Materialien und ein dreidimensionales Modell der Szene, ermittelt. Die Prozesskette der Analyse lässt sich in drei Schritte unterteilen: Bildakquisition, quantitative 3D-Analyse und Handlungsanalyse (Abb. 4.2).

Bildakquisition

Die Bildakquisition erfolgt über ein Stereoendoskop, dessen Pose über passive Marker eines optischen Trackingsystems bestimmt wird. Sie beinhaltet sowohl die

Kalibrierung des Gesamtsystems, die vor der eigentlichen Bildaufnahme durchgeführt wird, als auch Methoden zur Verbesserung der Bildqualität. Die Kalibrierung des Gesamtsystems teilt sich auf in die Kalibrierung des Stereoendoskops und eine sogenannte Hand-Auge Kalibrierung [SSS[+]07, SSF[+]07].

Endoskopische Bildsequenzen werden durch unterschiedliche Faktoren beeinflusst, die die optische Qualität beeinträchtigen und charakteristische Bildstörungen hervorrufen. Für eine nachfolgende rechnergestützte Analyse der Sequenzen müssen die Bilder zuerst vorverarbeitet werden, um die Bildqualität zu verbessern und eine 3D-Analyse zu ermöglichen. Dies beinhaltet sowohl Methoden zur Rauschunterdrückung und Stereoverarbeitung als auch die Bearbeitung von Glanzlichtern, die bei endoskopischen Bildern durch Reflexionen auf feuchten Gewebeoberflächen häufig entstehen [SSS[+]07, SKS[+]08].

Quantitative 3D-Analyse

Der zweite Schritt der Prozesskette beinhaltet eine markerlose 3D-Analyse der stereoskopischen Bildsequenzen. Die quantitative Analyse besteht aus einer dynamischen Rekonstruktion der Weichgewebeoberfläche und der Lokalisierung der Instrumentenspitze.

Die Einblendung präoperativ gewonnener Daten in die chirurgische Szene erfordert eine Registrierung mit einem aktuellen, intraoperativ gewonnenen 3D-Modell. Das intraoperative Modell der Weichgewebeoberfläche wird über eine bildbasierte, dreidimensionale Rekonstruktion generiert. Zusätzlich können Distanzen oder die Position bestimmter Objekte akquiriert werden. Die dynamische Rekonstruktion basiert auf dem Prinzip der hybriden rekursiven Korrespondenzanalyse und liefert eine dichte Tiefenkarte [RSS[+]08].

Mithilfe der Stereobilder lässt sich auch die Instrumentenspitze lokalisieren und verfolgen. Die Position der Instrumente im Raum ist von zentraler Bedeutung, bspw. um den Abstand zu bestimmten Risikostrukturen zu berechnen oder die Trajektorie der Instrumente zu klassifizieren. Dafür wurde eine bildbasierte, markerlose Verfolgung der Instrumente entwickelt, die basierend auf Farb- und Forminformation die Instrumentenspitze detektiert [SSS[+]08].

Handlungsanalyse

Die Analyse der chirurgischen Handlung benutzt die Bilder, um Situationsmerkmale wie die chirurgische Tätigkeit, die Instrumente und die chirurgischen Materialien zu erkennen. Die Klassifikation dient als Basis für eine anschließende Situationsinterpretation.

Die Klassifikation der chirurgischen Tätigkeit, die sogenannten Skills, verwendet die Trajektorie der Instrumente, um mithilfe eines *Hidden Markov* basierten Ansatzes auf die ausgeführte Tätigkeit zu schließen. Chirurgische Skills sind Tätigkeiten wie

Knoten, Nähen oder Schneiden, die anhand von Vorführungen erfahrener Chirurgen eingelernt wurden [SZS+09].
Für die bildbasierte Erkennung der Instrumente wurde eine erscheinungsbasierte Methode gewählt, bei der die Instrumente durch mehrere Bilder in einer Datenbank repräsentiert werden. Auf Basis der Instrumentenform, die mithilfe von Farb- und Forminformationen in den Bilddaten segmentiert wird, erfolgt die Bestimmung des Instrumententyps [SBS+09].
Während eines minimalinvasiven Eingriffes werden unterschiedliche chirurgische Materialien wie Clips, Netze, Nahtmaterial oder Tupfer eingesetzt. Aufgrund der Komplexität der Materialien und Bildsequenzen wurde für die Lokalisierung ein Detektor für jede einzelne Objektkategorie entwickelt [SZS+07].

4.1.2   Situationsinterpretation und Visualisierung

Die Analyse der Bildsequenzen liefert Situationsmerkmale, die für die anschließende Situationsinterpretation und Visualisierung genutzt werden. Um eine Interpretation durchzuführen, werden Methoden und Modelle zur Beschreibung der aktuell vorliegenden Operationssituation benötigt. In Abhängigkeit des Interpretationsergebnisses wird eine definierte Unterstützung generiert. Die Prozesskette lässt sich in drei Schritte unterteilen: Modellbildung, Interpretation und kontextbezogene Visualisierung.

Modellbildung

Die Modellbildung führt eine Abstraktion der benötigten Daten in Abhängigkeit des gewählten Repräsentationsformalismus durch. Um ein Modell der Operationssituation zu erstellen, muss das Wissen über den chirurgischen Eingriff gesammelt und formal repräsentiert werden
Dafür wurde eine Ontologie für den jeweiligen Eingriff erstellt, anhand derer die Situation in das Handlungs- und Zustandsmodell abgebildet wird. Das Modellierungskonzept benutzt etablierte Wissensrepräsentationen und verwendet standardisierte Beschreibungsformalismen zur Anwendung von Schlussfolgerungsalgorithmen im Rahmen des Interpretationsprozesses. Das entwickelte Modellierungskonzept wird für die Repräsentation von Operationssituationen verwendet [SBS+07, SSMS+07].

Interpretation der Operationssituation

Das Interpretationsverfahren kombiniert theoretisches Wissen in Form einer Ontologie und die praktische Erfahrung des Chirurgen in Form einer Falldatenbank, um auf den Kontext der aktuellen Situation zu schließen.
Dafür wird das Konzept des fallbasierten Schließens eingesetzt, das für die Ermittlung des ähnlichsten Falls ein Fallermittlungsnetz unter Einbeziehung der Ontologie verwendet. Hierdurch können Hypothesen des aktuell vorliegenden Operationsabschnitts erstellt und überprüft werden [SBB+09, SSS+08].

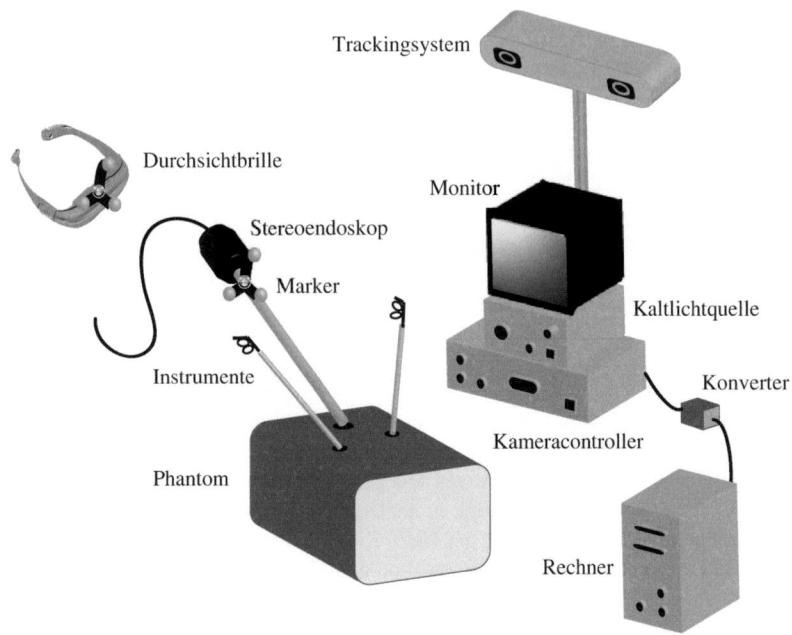

Abb. 4.3: Experimentelle Testumgebung.

Kontextbezogene Visualisierung und Interaktion

Auf Basis der erkannten Situation wird eine geeignete Visualisierung angestoßen. Dafür wird ein modellbasierter Ansatz zur Generierung einer Visualisierung für unterschiedliche Situationen, wie bspw. Gefahrensituationen oder Schnittplanungen, verwendet. Zusätzlich wurden Möglichkeiten zur Interaktion realisiert, die durch eine geeignete Benutzerschnittstelle zugänglich sind [SSP+08, SSS+08].

4.2 Experimentelle Testumgebung

Die im Rahmen der Arbeit entwickelten Methoden wurden in einer experimentellen Testumgebung, die einem minimalinvasiven Operationsaufbau nachempfunden ist, evaluiert. Der vorklinische Aufbau besteht aus einem Stereoendoskop, einem optischen Trackingsystem, einer Durchsichtbrille, verschiedenen Operationsinstrumenten und einem Patientenphantom. Abbildung 4.3 veranschaulicht die einzelnen

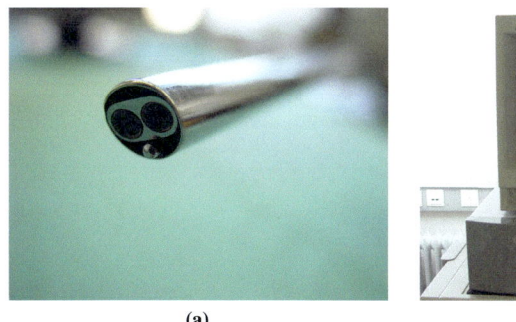

(a)   (b)

Abb. 4.4: (a) Stereoendoskop. (b) Kamerasystem.

Komponenten, die im Folgenden näher beschrieben werden. Details zu den technischen Daten der verwendeten Sensorik befinden sich im Anhang A.

Stereoendoskop, Kamerasystem und Lichtquelle

Die Testumgebung beinhaltet ein Stereoendoskop, ein Kamerasystem und eine Lichtquelle der Firma *Richard Wolf GmbH*, die auf einem Endoskopturm angeordnet sind (Abb. 4.4). Das Endoskop besteht aus zwei Stablinsensystemen, deren Blickrichtung um 25° geneigt ist, und hat einen Durchmesser von 10 mm.
Das Kamerasystem besteht im Wesentlichen aus einem Kamerakopf mit zwei integrierten CCD-Chips für linken und rechten Kanal, einem Kameracontroller, der die Signale empfängt und weiterverarbeitet und einem Monitor, auf dem das Bild der Kamera angezeigt wird.
Der Kameracontroller liefert zwei Videosignale, die mithilfe von Video-zu-Firewire Konvertern der Firma *The Imaging Source GmbH* digitalisiert werden und für eine anschließende rechnergestützte Verarbeitung zur Verfügung stehen. Die Konverter gewährleisten eine maximale Auflösung von 768×576 Pixel und übertragen 25 Einzelbilder pro Sekunde (fps[2]). Um die notwenige Bandbreite zu gewährleisten, werden die Konverter an eine jeweils eigene IEEE 1394-PCI-Karte angeschlossen.
Die Beleuchtung erfolgt über eine Kaltlichtquelle, die eine Halogen-Spiegellampe besitzt. Das Licht wird über einen flexiblen Lichtleiter zur Spitze des Endoskops transportiert.

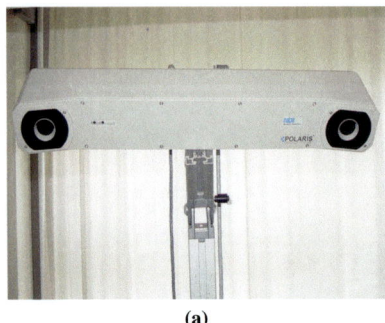 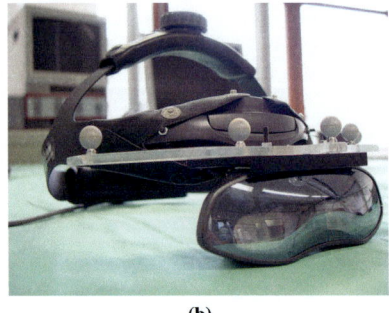

(a)   (b)

Abb. 4.5: (a) Polaris Trackingsystem. (b) Durchsichtbrille.

Trackingsystem und Durchsichtbrille

Das *Polaris* Trackingsystem der Firma *Northern Digital Inc.* wird für medizinische Anwendungen eingesetzt und ist fest am Endoskopturm installiert (Abb. 4.5). Es besteht aus einer vorab kalibrierten Stereokameraanordnung und einer Kontrolleinheit zur Datenverarbeitung. Mithilfe der Stereokamera wird die Pose von Trackingkörpern, die entweder aus retroreflektierenden Kugeln (passiv) oder Infrarotlicht emittierende Dioden (aktiv) bestehen, bestimmt. Insgesamt können bis zu drei aktive und bis zu neun passive Trackingkörper erkannt werden.

Die Visualisierung von virtuellen Objekten mittels ER erfolgt über eine *Sony Glasstron* Durchsichtbrille (LDI-D100be) (Abb. 4.5). Eine dreidimensionale Visualisierung wird durch Anzeige des linken und rechten Bildkanals des Endoskops erzeugt und kann mit zusätzlicher Information überlagert werden.

Patientenphantom und Instrumente

Die Testumgebung beinhaltet ein Patientenphantom mit verschiedenen Organmodellen vor einem realistischen Hintergrund (Abb. 4.6). Zusätzlich können auch anatomische Strukturen tierischen Ursprungs verwendet werden. Des Weiteren stehen unterschiedliche Instrumente zur Verfügung, u. a. ein Greifer, ein Koagulator, eine Schere, ein Clipapplikator und ein Skalpell (Abb. 4.6).

4.3   Zusammenfassung

Eine kontextbezogene Unterstützung benötigt mehrere Komponenten, die sich den Bereichen Perzeption, Interpretation und Visualisierung zuordnen lassen. Um eine

---

[2]engl. frames per second.

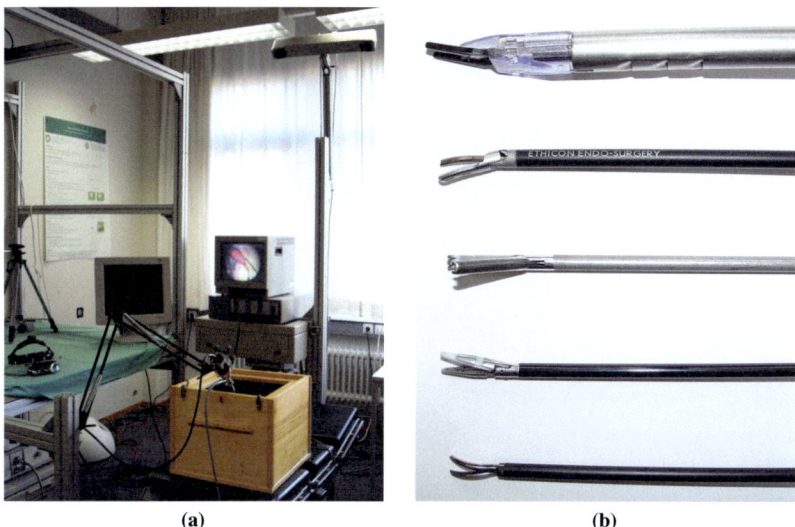

(a)   (b)

Abb. 4.6: (a) Testumgebung mit Phantom. (b) Instrumente (Von oben: Clipapplikator, Skalpell, Greifer, Koagulator, Schere).

kontextbezogene Visualisierung zu ermöglichen, muss die aktuelle Operationssituation auf Basis intraoperativer Sensordaten analysiert und interpretiert werden. Die vorgestellte Prozesskette des kontextbezogenen Assistenzsystems *MediAssist* gliedert sich in die Analyse der Bildsequenzen und der anschließenden Situationsinterpretation und Visualisierung. Die Analyse der Bildsequenzen resultiert in sogenannten Situationsmerkmalen, die anhand einer 3D-Analyse der Szene und einer Handlungsanalyse bestimmt werden. Die einzelnen Situationsmerkmale werden in einem Modell der Operationssituation zusammengefasst und mithilfe einer Wissensbasis interpretiert, woraufhin eine geeignete Visualisierung generiert wird. Für das kontextbezogene Assistenzsystem wurde eine experimentelle Testumgebung realisiert, die für die Entwicklung und Evaluation der benötigten Methoden verwendet wurde.

Kapitel 5

Endoskopische Bildakquisition

Die endoskopische Bildakquisition erfolgt über ein Stereoendoskop und umfasst den ersten Schritt der Prozesskette. Im folgenden Kapitel werden die einzelnen Aspekte der endoskopischen Bildakquisition vorgestellt. Bedingt durch das komplexe Anwendungsfeld werden zuerst die Eigenschaften endoskopischer Stereobilder analysiert und die Grundlagen der Stereoendoskopie erläutert. Ein wichtiger Schritt für die Bildakquisition ist die Kalibrierung des Gesamtsystems, die vor der Bildaufnahme erfolgt. Eine nachfolgende rechnergestützte Analyse der Bildsequenzen erfordert die Vorverarbeitung jedes Bildpaares im Hinblick auf eine Qualitätsverbesserung und Stereoanalyse.

5.1 Eigenschaften endoskopischer Bilder

Aufgrund der Komplexität endoskopischer Stereobilder und dem Einfluss verschiedener Faktoren, die die rechnergestützte Analyse erheblich erschweren, erfolgt im Vorfeld eine Untersuchung der qualitätsmindernden Merkmale. Die in den nächsten Abschnitten beschriebenen Eigenschaften und Faktoren (Abb. 5.1, 5.2) gelten größtenteils für alle Arten endoskopischer Bilder, einige treten aber speziell bei laparoskopischen Eingriffen und der eingesetzten Optik auf. Sie lassen sich in geräte- und anwendungsbedingte Aspekte unterteilen.

Gerätebedingte Aspekte

Die optische Qualität endoskopischer Bilder ist abhängig von unterschiedlichen Leistungsmerkmalen (vgl. Abschnitt 2.1). Diese Qualitätsmerkmale verlangen zum Teil gegensätzliche Anforderungen und beeinflussen sich aufgrund physikalischer Gesetzmäßigkeiten gegenseitig. Im Folgenden werden wesentliche Auswirkungen bedingt durch das optische System erläutert:

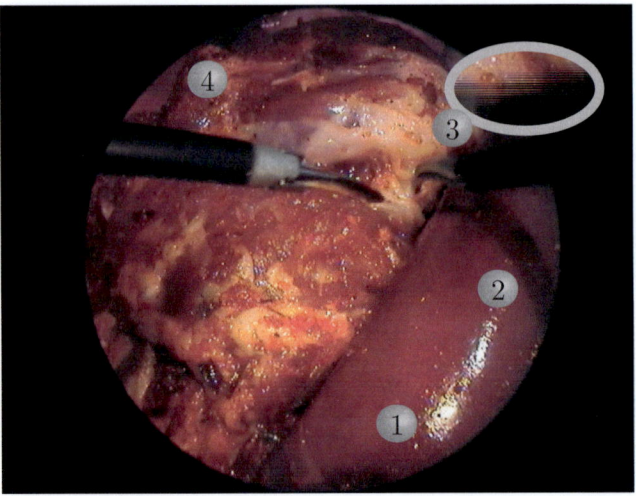

Abb. 5.1: Eigenschaften endoskopischer Bilder: 1 = Glanzlichter, 2 = Schatten, 3 = Zeilensprung Effekte, 4 = Lichtverlust.

- **Verzerrung**

  Endoskope zeichnen sich meist durch eine weitwinklige Kameraoptik aus, um einen möglichst großen Bildausschnitt darstellen zu können. Charakteristisch für eine weitwinklige Optik ist eine kleine Brennweite, die mit zunehmendem Abstand vom Fokus zu extremen Verzerrungen führt. Die Verzerrung ist abhängig von der Linsenkrümmung und erschwert bspw. die Gewinnung metrischer Informationen oder die Einblendung virtueller Daten.

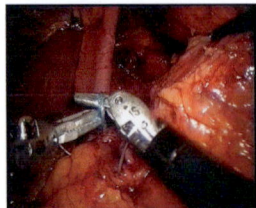 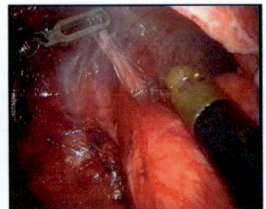 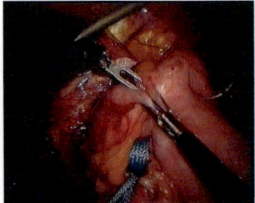

Abb. 5.2: Beispiele typischer Einflüsse: Glanzlichter, Homogene Texturen, Zeilensprung, Rauch, Farbfehler, Lichtverlust.

- **Peripherer Lichtverlust und Überbelichtung**

Die Beleuchtung spielt bei einem Bildverarbeitungssystem eine zentrale Rolle. Bei Endoskopen befindet sich die Lichtquelle direkt an der Linse, das Licht wird über Glasfaserbündel übertragen. Je länger und schmaler das Endoskop gebaut ist, desto kleiner ist die Bildhelligkeit. Effekte wie das sogenannte *Vignetting* resultieren in einem verminderten Lichttransfer durch die Peripherie und treten aufgrund unterschiedlicher Formate von Bild und CCD-Chip auf. Des Weiteren kann es zu sogenannten *Blooming*-Effekten kommen, bei dem ein Pixel zu stark belichtet wird und seine Ladungsmenge an die angrenzenden Pixel weitergibt. Dies kann insbesondere bei stark glänzenden Objekten wie einem metallischen Instrument oder einer Nadel auftreten.

- **Zeilensprung Effekte**

Zum Auslesen des CCD-Chips des Endoskops ist das sogenannte Zeilensprungverfahren weit verbreitet. Bei dieser Technik werden zuerst die geraden und anschließend die ungeraden Zeilen ausgelesen, das vollständige Bild setzt sich aus beiden Halbbildern zusammen. Das Abtastverfahren wurde zur Verringerung des Bildflimmerns in der Fernsehtechnik entwickelt, allerdings kommt es oft zu Bewegungsartefakten und Bildunschärfe besonders an Kanten wie bspw. bei einem Instrument im Bild. Neuere Endoskopsysteme arbeiten mit dem sogenannten *Progressive-Scan* Verfahren, bei dem die beschriebenen Artefakte nicht auftreten.

Anwendungsbedingte Aspekte

Bedingt durch das laparoskopische Einsatzfeld entstehen charakteristische Bildstörungen und Beeinträchtigungen, die die rechnergestützte Verarbeitung der Bilder erheblich erschweren. Insbesondere durch die Position der Lichtquelle direkt an der Linse verändert sich die Szenenbeleuchtung bei einer Bewegung des Endoskops fortlaufend.

- **Glanzlichter**

Als Glanzlichter werden überbelichtete Stellen im Bild bezeichnet, die an feuchten Gewebeoberflächen oder metallischen Instrumenten auftreten. Dieser Effekt wird zusätzlich aufgrund der Position der Lichtquelle verstärkt. Glanzlichter sind Bildstörungen, bei der die Farbe und die Struktur des Gewebes oder des Instruments in diesem Bereich nicht erkannt werden.

- **Schatten**

Die Position der Lichtquelle beeinflusst auch die Entstehung von Schatten, die sich auf dem Hintergrund abzeichnen. Diese können zu Problemen führen, da sie sich vom Hintergrund abheben und annähernd die Form der Instrumente haben oder wichtige Strukturen verfälschen.

- **Homogene und periodische Texturen**

  Menschliches Gewebe zeichnet sich durch homogene und periodische Texturen aus, die die Gewinnung metrischer Informationen beeinträchtigen. Die Suche nach korrespondierenden Punkten, die für eine 3D-Rekonstruktion benötigt werden, wird erheblich erschwert.

- **Rauchentwicklung und Schwebepartikel**

  Die Aufnahmen können auch durch Rauchentwicklung und Schwebepartikel beeinflusst werden, die beim Einsatz der Elektrokoagulation oder bei Ultraschallskalpellen durch Verbrennen von Gewebe entstehen. Ist die Verunreinigung zu stark, muss das Gas ausgetauscht werden damit der Chirurg weiter operieren kann.

- **Farbfehler**

  Farbfehler können aufgrund von Blutungen auftreten, die zu einer Rotfärbung des Bildes und Verfälschung von Strukturen führen. Zusätzlich wird bei einem Stereoendoskop das linke und rechte Bild durch verschiedene Kameras aufgenommen. Dies resultiert in Abweichungen der Pixelintensitäten korrespondierender Punkte aufgrund der unterschiedlichen Perspektive oder Fertigung des CCD-Chips.

- **Verschmutzte oder beschlagene Linse**

  Oft ist die endoskopische Sicht durch eine verschmutzte oder beschlagene Linse beeinträchtigt. Das Beschlagen der Linse wird durch Flüssigkeiten im Körperinneren und durch Unterschiede der Außen- und Körpertemperatur hervorgerufen. Es existieren unterschiedliche Ansätze, bspw. kann die Linse durch eine spezielle Oberflächenbehandlung präpariert oder das Endoskop erhitzt werden.

5.2 Stereoendoskopie

Für die Analyse von Bildsequenzen eines Stereoendoskops ist das Verständnis der mathematischen Modelle und der Geometrie einer Stereoanordnung von grundlegender Bedeutung. Das folgende Kapitel gibt eine kurze Einführung in die geometrischen Grundlagen, weiterführende Details finden sich in zahlreichen Büchern [HZ00, TV98, AGD07, Sch05].

5.2.1 Erweitertes Kameramodell

Die Aufnahme eines Bildes ist die Projektion einer dreidimensionalen Szene auf eine zweidimensionale Bildebene. Die Abbildung einer räumlichen Szene durch eine Kamera wird über ein mathematisches Modell beschrieben, das auf dem Prinzip

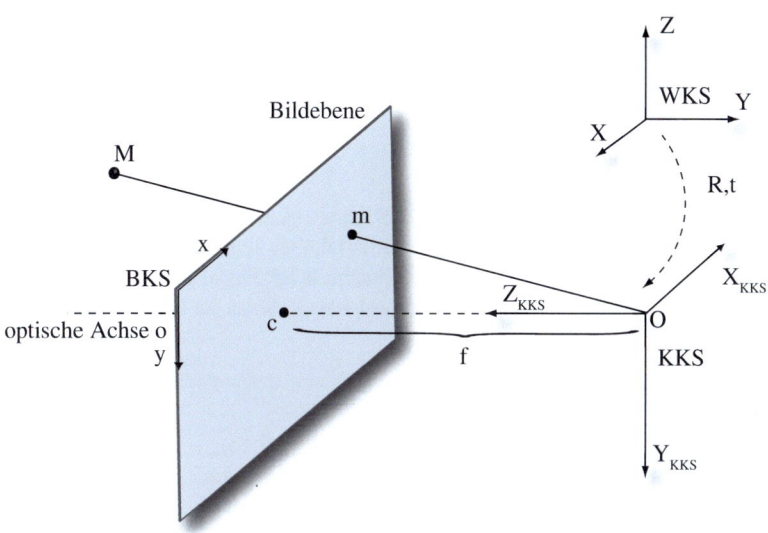

Abb. 5.3: Lochkameramodell: Projektion eines 3D-Punktes M auf den 2D-Bildpunkt m über das Projektionszentrum O. WKS: Weltkoordinatensystem. KKS: Kamerakoordinatensystem. BKS: Bildkoordinatensystem.

der Zentralprojektion basiert. Ein einfaches, aber durchaus geeignetes Modell um die Abbildungseigenschaften einer Kamera zu modellieren, stellt das sogenannte Lochkameramodell dar (Abb. 5.3). Es beschreibt eine Zentralprojektion der 3D-Szenenpunkte in die 2D-Bildebene über ein punktförmiges Projektionszentrum O. Der Abstand zwischen Projektionszentrum und Bildebene wird als Brennweite f bezeichnet. Die optische Achse o ist die zur Bildebene orthogonal verlaufende Gerade durch das Projektionszentrum. Der Schnittpunkt der optischen Achse mit der Bildebene resultiert im sogenannten Bildhauptpunkt c. Ein beliebiger Punkt $M = (X, Y, Z)$ im 3D Raum wird nun auf den Bildpunkt $m = (x, y)$ folgendermaßen abgebildet:

$$\begin{pmatrix} x \\ y \end{pmatrix} = \frac{f}{Z} \begin{pmatrix} X \\ Y \end{pmatrix}.$$ (5.1)

Durch die Transformation von euklidischen zu projektiven Vektorraum lässt sich
Gleichung 5.1 mithilfe homogener Koordinaten als lineare Transformation darstellen:

$$
\begin{pmatrix} X \\ Y \\ Z \\ 1 \end{pmatrix} \longmapsto \begin{pmatrix} fX \\ fY \\ Z \end{pmatrix} = \begin{bmatrix} f & 0 & 0 & 0 \\ 0 & f & 0 & 0 \\ 0 & 0 & 1 & 0 \end{bmatrix} \begin{pmatrix} X \\ Y \\ Z \\ 1 \end{pmatrix} \tag{5.2}
$$

wobei $\tilde{M} = (X, Y, Z, 1)$ und $\tilde{m} = (x, y, 1)$ die homogenen Koordinaten der Punkte
M und m beschreiben. Ein Kameramodell beinhaltet verschiedene physikalische
und geometrische Parameter, die sich in intrinsische und extrinsische Parameter
aufteilen lassen. Diese Kameraparameter werden im Rahmen der Kamerakalibrierung
bestimmt.

Intrinsische Kameraparameter

Die intrinsischen Parameter beschreiben die geometrischen, optischen und digita-
len Eigenschaften einer Kamera und sind abhängig von der Kamerabauweise. Das
im vorigen Abschnitt beschriebene Lochkameramodell beinhaltet als einzigen intrinsischen Parameter die Brennweite f. Das Lochkameramodell vereinfacht die
Darstellung optischer Systeme, erfasst aber die Abbildungseigenschaften realer Ka-
meras nur unzureichend. Mithilfe von zusätzlichen intrinsischen Parametern wird das
Modell erweitert, um Eigenschaften von CCD-Kameras hinreichend zu modellieren.
Die Bildkoordinaten werden in Bezug eines Bildkoordinatensystems (BKS) dar-
gestellt, dessen Ursprung üblicherweise nicht im Bildhauptpunkt liegt. Um den
Bildpunkt in Bezug auf ein beliebig ausgerichtetes BKS zu berechnen, ist eine
Verschiebung in Abhängigkeit der Koordinaten des Bildhauptpunktes erforderlich.
Zusätzlich sind bei CCD-Kameras die Pixel nicht quadratisch, sondern rechteckig.
Dadurch wird eine horizontale (k_x) und vertikale (k_y) Skalierung benötigt, welche
die Umrechnung von Millimetern in Pixel vornimmt. Die Brennweite ergibt sich
daher zu $f_x = fk_x$ und $f_y = fk_y$. Gleichermaßen wird der Bildhauptpunkt auch in
Pixelkoordinaten $c = (c_x, c_y)$ angegeben.
Somit ergibt sich die Projektion eines 3D-Punktes auf die Bildebene zu:

$$
\begin{pmatrix} X \\ Y \\ Z \\ 1 \end{pmatrix} \longmapsto \begin{pmatrix} f_x X + Z c_x \\ f_y Y + Z c_y \\ Z \end{pmatrix} = \begin{bmatrix} f_x & 0 & c_x & 0 \\ 0 & f_y & c_y & 0 \\ 0 & 0 & 1 & 0 \end{bmatrix} \begin{pmatrix} X \\ Y \\ Z \\ 1 \end{pmatrix}. \tag{5.3}
$$

Die intrinsischen Parameter können in der Kamerakalibrierungsmatrix K zusammengefasst werden:

$$
K = \begin{bmatrix} f_x & 0 & c_x \\ 0 & f_y & c_y \\ 0 & 0 & 1 \end{bmatrix}.
$$

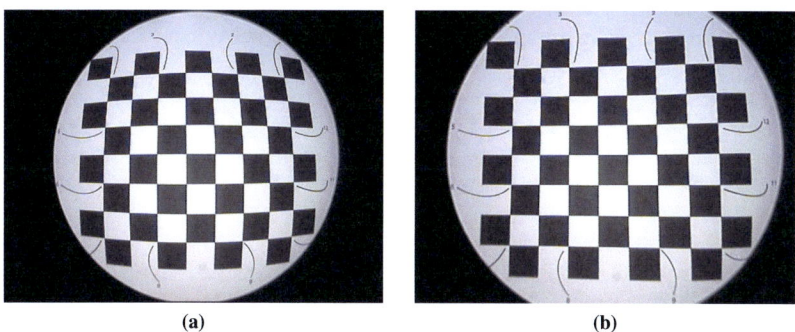

(a)   (b)

Abb. 5.4: Entzerrungsbeispiel: (a) Originalbild des Endoskops. (b) Entzerrtes Endoskopbild.

Damit ergibt sich die Projektion eines 3D-Punktes auf die Bildebene zu:

$$s\tilde{m} = K[I|0]\tilde{M} \tag{5.4}$$

wobei s einen Skalierungsfaktor beschreibt und $[I|0]$ eine Matrix, die aus der 3×3
Identitätsmatrix I und einem 3D-Spaltenvektor besteht.

Extrinsische Kameraparameter

Im Allgemeinen werden 3D-Punkte nicht bezügliche des Kamerakoordinatensystems
(KKS), sondern bezüglich eines Weltkoordinatensystems (WKS) angegeben. Die
extrinsischen Parameter beschreiben die Position und Orientierung des KKS relativ
zu einem WKS. Mittels einer Koordinatentransformation bestehend aus Rotation R
und Translation t lässt sich ein Punkt M_{WKS} im WKS bezüglich des KKS angeben:

$$M_{KKS} = RM_{WKS} + t.$$

Somit lässt sich die Abbildung eines 3D-Punktes im WKS auf die Bildebene mithilfe
der Projektionsmatrix P formulieren:

$$s\tilde{m} = \underbrace{K[R|t]}_{=P}\tilde{M}. \tag{5.5}$$

Verzerrung der Linsen

Durch die Krümmung der Linse entstehen nichtlineare Verzerrungen, die besonders
bei kleinen Brennweiten und mit zunehmendem Abstand vom Bildfokus verstärkt
auftreten. Um diese Verzerrung zu modellieren, muss das Kameramodell hinreichend
um weitere intrinsische Parameter erweitert werden.

Generell unterscheidet man zwischen der radialen und tangentialen Verzerrung. Die radiale Verzerrung resultiert aus einer fehlerhaften Krümmung der Linsen und ergibt eine radiale Verschiebung ausgehend vom Bildfokus. Die tangentiale Verzerrung ist eine Deformation, die senkrecht zum radial verzerrten Punkt verläuft und aufgrund von dezentrierten Linsen auftritt. Im Vergleich zur radialen ist der Einfluss der tangentialen Verzerrung oft vernachlässigbar, erhöht aber die Präzision des Verzerrungsmodells.

Für die Modellierung gibt es unterschiedliche Ansätze, im Folgenden wird das Verzerrungsmodell von Heikkilä [HS97] beschrieben, das im Rahmen der Kamerakalibrierung zum Einsatz kommt. Die Verzerrung wird mathematisch durch die Einführung einer zusätzlichen, nichtlinearen Transformation der unverzerrten, normalisierten Bildkoordinaten $m_n = (x_n, y_n)$ in die verzerrten Bildkoordinaten $m_d = (x_d, y_d)$ durchgeführt. Als Basis für nachfolgende Berechnungen dienen die normalisierten Bildkoordinaten:

$$\begin{pmatrix} x_n \\ y_n \end{pmatrix} = \begin{pmatrix} X_{KKS}/Z_{KKS} \\ Y_{KKS}/Z_{KKS} \end{pmatrix}. \tag{5.6}$$

Mithilfe der radialen (d_1, d_2) und tangentialen (d_3, d_4) Verzerrungsparameter lässt sich die Verzerrung des Punktes (x_n, y_n) modellieren. Die verzerrten Koordinaten (x_d, y_d) berechnen sich in Abhängigkeit der unverzerrten (x_n, y_n) und des Radius $r = \sqrt{x_n^2 + y_n^2}$ aus:

$$\begin{pmatrix} x_d \\ y_d \end{pmatrix} = (1 + d_1 r^2 + d_2 r^4) \begin{pmatrix} x_n \\ y_n \end{pmatrix} + \begin{pmatrix} d_3(2x_n y_n) + d_4(r^2 + 2x_n^2) \\ d_3(r^2 + 2y_n^2) + d_4(2x_n y_n) \end{pmatrix}. \tag{5.7}$$

Letztendlich müssen die verzerrten Koordinaten auf die Bildebene projiziert werden:

$$\tilde{m} = K \begin{pmatrix} x_d \\ y_d \\ 1 \end{pmatrix}.$$

Die Berechnung des entzerrten Bildes ist für viele Anwendungen hilfreich und kommt im Rahmen der Bildvorverarbeitung zum Einsatz (Abb. 5.4). Für die Umkehrung von Gleichung 5.7 wird vorab eine Lookup-Tabelle, die für jeden Bildpunkt den korrespondierenden verzerrten enthält, erstellt. Für die Berechnung des Pixelwertes wird eine bilineare Interpolation verwendet.

5.2.2 Geometrie eines Stereosystems

Die Stereoendoskopie verwendet eine zweikanalige endoskopische Optik, die es ermöglicht, aus einem zweidimensionalen Bildpaar Informationen über die räumliche Struktur und die Entfernung zu Objekten zu erhalten. Bei der Betrachtung eines Stereokamerasystems sind die geometrischen Beziehungen zwischen beiden Kameras von grundlegender Bedeutung, um die 3D-Struktur einer Szene zu rekonstruieren.

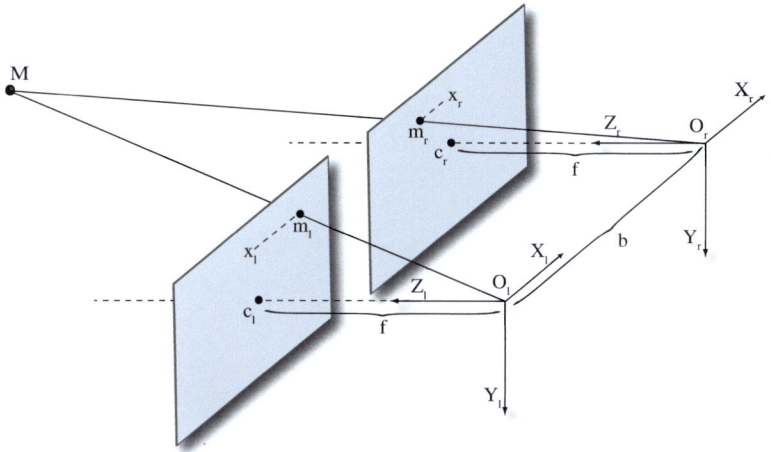

Abb. 5.5: Achsenparalleles Stereosystem: Der Abstand zwischen den optischen
Zentren wird als stereoskopische Basis b bezeichnet, die Tiefe eines 3D-
Punktes wird aus der Disparität korrespondierender Punkte berechnet.

Das Stereoverfahren ist ein passives Triangulationsverfahren, bei der mithilfe von
Dreiecksbeziehungen die gesuchte Distanz berechnet wird. Abbildung 5.5 veranschaulicht den Aufbau einer achsenparallelen Stereokameraanordnung. Der Abstand
zwischen den Achsen wird als stereoskopische Basis b bezeichnet. Die unterschiedliche Perspektive der Kameras resultiert in einer horizontalen Verschiebung der
Abbildungen eines 3D-Punktes in der jeweiligen Bildebene. Diese Verschiebung
wird als Disparität d bezeichnet und stellt ein Maß für die Tiefe eines 3D-Punktes in
einem achsenparallelen Stereosystem dar. Die Tiefe Z eines 3D-Punktes lässt sich in
Abhängigkeit von d unter der Verwendung des Strahlensatzes berechnen:

$$Z = f\frac{b}{d} \qquad (5.8)$$

wobei $d = x_r - x_l$.

Epipolargeometrie

Die Bildebenen eines Stereosystems sind generell nicht parallel angeordnet. Die
epipolare Geometrie beschreibt die intrinsische projektive Geometrie einer konvergenten Stereoanordnung und ist abhängig von den intrinsischen Parametern und der
relativen Lage der Kameras.

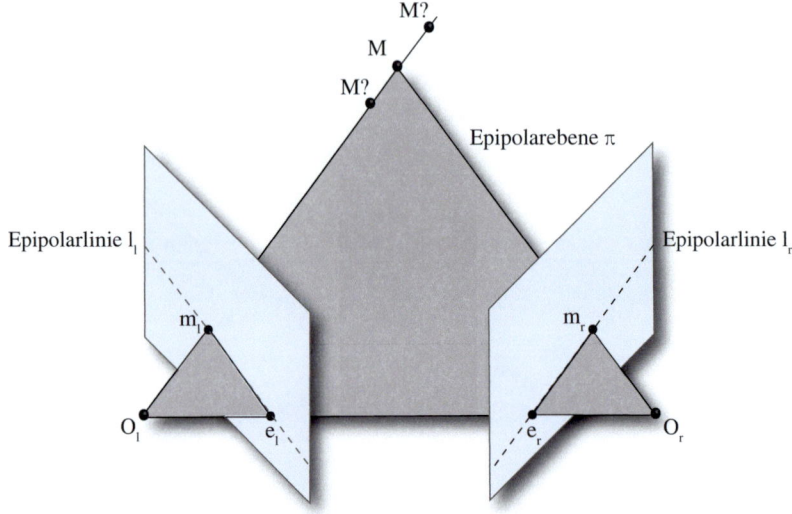

Abb. 5.6: Epipolargeometrie einer konvergenten Stereoanordnung.

Die geometrischen Beziehungen zwischen einem 3D-Punkt und dessen Projektion auf die beiden Bildebenen wird in Abbildung 5.6 veranschaulicht. Der Szenenpunkt M liegt auf dem Sehstrahl, der vom optischen Zentrum O der jeweiligen Kamera durch den Bildpunkt m verläuft. Wie aus der Skizze hervorgeht, befinden sich alle möglichen Korrespondenzen eines Bildpunktes der linken Bildebene auf der jeweiligen Epipolarlinie in der rechten Bildebene.

Die Epipolarlinie ist die Schnittgerade der von den beiden optischen Zentren und dem Szenenpunkt aufgespannten Epipolarebene π mit den jeweiligen Bildebenen. Die stereoskopische Basis schneidet die Bildebenen in den sogenannten Epipolen e, die auch als Projektion der optischen Zentren in die andere Bildebene aufgefasst werden. Der Sehstrahl eines 3D-Punktes ergibt durch Projektion in die andere Bildebene die entsprechende Epipolarlinie. Folglich muss für jeden Bildpunkt in der einen Kamera eine Epipolarlinie existieren, auf der alle möglichen Korrespondenzpunkte liegen. Die Korrespondenzsuche zwischen zwei Bildern kann daher auf die Epipolarlinien beschränkt werden.

Die mathematische Beschreibung der epipolaren Geometrie spiegelt sich in der sogenannten Fundamentalmatrix F wieder. Die Beziehung zwischen zwei korrespondierenden Punkten m_l und m_r in der linken und rechten Bildebene wird über die

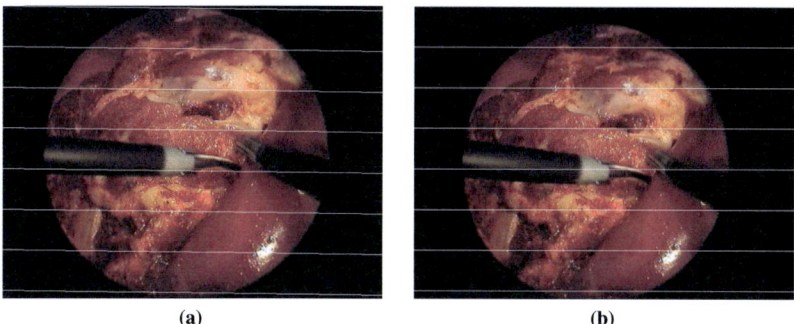

(a)   (b)

Abb. 5.7: Rektifiziertes Bild mit Epipolarlinien: (a) Originalbild des Endoskops. (b) Rektifiziertes Endoskopbild.

sogenannte Epipolargleichung mittels der Fundamentalmatrix beschrieben:

$$m_r^T F m_l = 0.$$

Mithilfe der Fundamentalmatrix lässt sich auch die entsprechende Epipolarlinie eines Bildpunktes m in der anderen Bildebene berechnen:

$$l_l = F^T m_r \qquad (5.9)$$
$$l_r = F m_l. \qquad (5.10)$$

Bei einem kalibrierten Stereosystem ergibt sich die Fundamentalmatrix zu:

$$F = K_r^{-T} [t]_\times R K_l^{-1} \qquad (5.11)$$

wobei R und t die Lage der rechten Kamera bezüglich der linken beschreiben. Die schiefsymmetrische Matrix $[t]_\times$ wird verwendet, um das Kreuzprodukt zweier Vektoren als Matrixmultiplikation auszudrücken. Die Fundamentalmatrix lässt sich auch ohne Kenntnis der Kameraparameter auf Basis von mindestens sieben Punktkorrespondenzen berechnen [HZ00].

Rektifizierung

Um eine konvergente Stereokameraanordnung in ein achsenparalleles System zu überführen und somit die Stereoanalyse zu vereinfachen, wird eine sogenannte Rektifizierung durchgeführt. Die Rektifizierung berechnet eine Transformation T für jede Bildebene, sodass alle Epipolarlinien horizontal verlaufen und korrespondierende Bildpunkte die gleiche y-Koordinate besitzen (Abb. 5.7).

Voraussetzung für die nachfolgend dargestellte Rektifizierungsmethode aus [FTV00] ist die Kenntnis der intrinsischen und extrinsischen Parameter der Stereoanordnung. Bei der Rektifizierung werden die Kamerasysteme um ihre optischen Zentren mithilfe der Rotationsmatrix R_{rect} rotiert, bis die Bildebenen koplanar liegen. Die daraus resultierenden Projektionsmatrizen P_{rect} unterscheiden sich nur durch ihre Orientierung, die Position ist unverändert:

$$P_{rect\_l} = K[R_{rect}| - R_{rect}O_l] \qquad P_{rect\_r} = K[R_{rect}| - R_{rect}O_r]. \qquad (5.12)$$

Die jeweiligen Projektionsmatrizen lassen sich kompakter als $P_{rect} = [Q_{rect}|\tilde{q}_{rect}]$ darstellen, wobei Q_{rect} eine 3×3 Matrix und $\tilde{q}_{rect}$ einen 3D-Vektor beschreibt. Die Rotationsmatrix $R_{rect} = [e_1^T, e_2^T, e_3^T]^T$ ergibt sich unter Verwendung der zuvor beschriebenen Bedingungen aus:

$$e_1 = \frac{b}{\|b\|} \qquad e_2 = \frac{1}{\sqrt{b_x^2 + b_y^2}}[-b_y, b_x, 0]^T \qquad e_3 = e_1 \times e_2 \qquad (5.13)$$

wobei der Vektor b sich aus $b = O_r - O_l$ berechnet. Die gesuchte Transformation T_l eines Bildpunktes $\tilde{m}_l$ in der linken Bildebene in die rektifizierte Bildebene resultiert aus:

$$\tilde{m}_{rect\_l} = \underbrace{Q_{rect\_l}Q_l^{-1}}_{=T_l}\tilde{m}_l. \qquad (5.14)$$

Die Transformation für die rechte Bildebene ergibt sich analog.

5.3 Kalibrierung des Systems

Die Kalibrierung des Gesamtsystems teilt sich auf in die Kalibrierung des Stereoendoskops und eine sogenannte Hand-Auge Kalibrierung. Die einzelnen Koordinatensysteme des Gesamtsystems, die im Rahmen der Kalibrierung und weiterer Anwendungen eine zentrale Rolle spielen, sind in Abbildung 5.8 dargestellt. Bei der Kalibrierung des Stereoendoskops werden die intrinsischen und extrinsischen Parameter der einzelnen Linsen sowie die Anordnung des Stereosystems bestimmt. Um die Pose des Endoskops bezüglich des WKS zu erhalten, wird ein Marker angebracht, dessen Pose über das optische Trackingsystem berechnet wird. Für die Gewinnung metrischer Informationen aus Bildsequenzen oder die Überlagerung virtueller Daten benötigt man jedoch die Pose des optischen Zentrums bezüglich des WKS, die über eine Hand-Auge Kalibrierung ermittelt wird.

5.3.1 Kalibrierung des Stereoendoskops

In Abschnitt 5.2.1 wurde das erweiterte Lochkameramodell vorgestellt, das die Projektion einer 3D-Szene auf eine Bildebene beschreibt. Um metrische Informationen

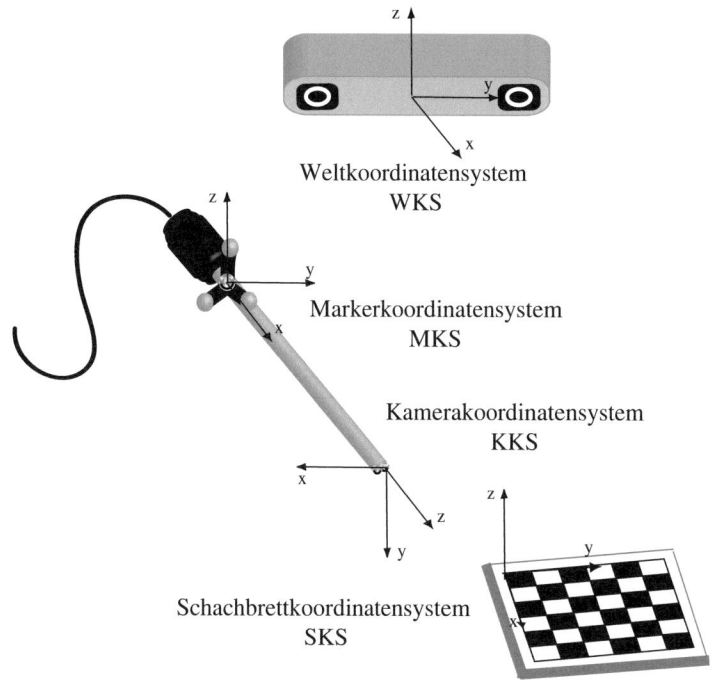

Abb. 5.8: Definition der einzelnen Koordinatensysteme.

aus Bildern extrahieren zu können, müssen die intrinsischen und extrinsischen Parameter des Modells, die vorab nicht bekannt sind, im Rahmen der Kalibrierung bestimmt werden. Bei der Schätzung der Kameraparameter wird ein bekanntes, ausgemessenes Kalibrierobjekt, bspw. ein Schachbrett, aus unterschiedlichen Positionen aufgenommen (Abb. 5.9).

Die intrinsischen und extrinsischen Parameter werden anhand von 3D-Punkten auf dem Schachbrett und den korrespondierenden Projektionen auf der Bildebene berechnet. Die Kameraparameter des mathematischen Modells werden dabei so optimiert, dass die Abweichung der projizierten 3D-Punkte und der korrespondierenden 2D-Punkte möglichst gering ist. Bei der Kalibrierung des Stereoendoskops muss zusätzlich noch die relative Anordnung beider Kameras bestimmt werden. Im Anschluss an die Kalibrierung der linken und rechten Linse wird mithilfe der extrinsischen Parameter, die für jede Kamerapose ermittelt wurden, die Lage der

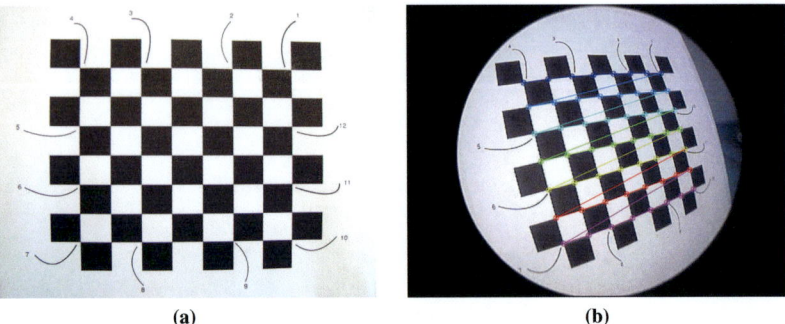

(a)   (b)

Abb. 5.9: Kalibrierung: (a) Verwendetes Schachbrett. (b) Kantendetektion während des Kalibriervorgangs [Ope09].

rechten Kamera bezüglich der linken berechnet. Die Besonderheiten eines Stereoendoskops stellen zusätzliche Herausforderungen an den Kalibrierprozess. Die extreme Verzerrung der Linsen erfordert ein möglichst präzises Verzerrungsmodell, um die Nichtlinearitäten auszugleichen. Zusätzlich erschwert der kleine Abstand zwischen den Linsen des Stereoendoskops die Schätzung der stereoskopischen Basis b.

Die Kalibriermethode von Zhang [Zha00], die für das Stereoendoskop benutzt wird, benötigt lediglich die Aufnahmen eines Schachbrettmusters aus mindestens zwei unterschiedlichen Kameraposen. Die Ecken des Musters werden in jeder Aufnahme über einen Kantendetektor (Abb. 5.9) ermittelt, um die Relativbewegung zwischen den Bildpunkten der einzelnen Aufnahmen zu bestimmen. Die Koordinaten der korrespondierenden 3D-Punkte sind bezüglich des Schachbrettkoordinatensystems (SKS) gegeben. Folglich beziehen sich die resultierenden extrinsischen Parameter jeder Aufnahme auf das SKS. Zuerst werden die intrinsischen und extrinsischen Parameter mittels Korrespondenzen zwischen 3D-Schachbrettpunkten und 2D-Bildpunkten anhand einer geschlossenen Lösung bestimmt. Die radialen und tangentialen Verzerrungsparameter werden gemäß Abschnitt 5.2.1 miteinbezogen. Eine anschließende nichtlineare Optimierung des Rückprojektionsfehlers erhöht die Genauigkeit der berechneten Parameter. Die einzelnen Schritte werden in den folgenden Abschnitten näher erläutert.

Geschlossene Lösung

Unter der Annahme, dass sich die Ebene des Schachbretts bei $Z = 0$ des SKS befindet, folgt aus der Projektionsgleichung 5.5, dass ein 3D-Punkt auf dem Schachbrett und der korrespondierende 2D-Punkt auf der Bildebene über eine Homographie H

verbunden sind:

$$s\tilde{m} = H\tilde{M} \quad \text{mit} \quad H = K \begin{bmatrix} r_1 & r_2 & t \end{bmatrix} \tag{5.15}$$

wobei r_i die i-te Spalte der Rotationsmatrix R darstellt. Die Schätzung der 3×3 Matrix H aus 3D-2D Korrespondenzen basiert auf einem Maximum-Likelihood Kriterium und wird in [Zha00] detailliert beschrieben. Für die Berechnung einer analytischen Lösung wird die Matrix B folgendermaßen definiert:

$$B = K^{-T}K^{-1} = \begin{bmatrix} \frac{1}{f_x^2} & 0 & \frac{-c_x f_y}{f_x^2 f_y} \\ 0 & \frac{1}{f_y^2} & -\frac{c_y}{f_y^2} \\ -\frac{c_x f_y}{f_x^2 f_y} & -\frac{c_y}{f_y^2} & \frac{c_x^2 f_y^2}{f_x^2 f_y^2} + \frac{c_y^2}{f_y^2} + 1 \end{bmatrix}. \tag{5.16}$$

B ist symmetrisch und wird durch einen 6D-Vektor $b = [B_{11}, B_{12}, B_{22}, B_{13}, B_{23}, B_{33}]^T$ beschrieben. Die Beziehung zwischen H und B wird abgeleitet zu:

$$h_i^T B h_j = v_{ij}^T b$$

wobei die i-te Spalte von H als $h_i = [h_{i1}, h_{i2}, h_{i3}]^T$ definiert ist und

$$v_{ij} = [h_{i1}h_{j1}, h_{i1}h_{j2} + h_{i2}h_{j1}, h_{i2}h_{j2}, h_{i3}h_{j1} + h_{i1}h_{j3}, h_{i3}h_{j2} + h_{i2}h_{j3}, h_{i3}h_{j3}]^T.$$

Die Rotationsachsen r_1 und r_2 sind orthonormal, sodass für die Berechnung der intrinsischen Parameter folgende Randbedingungen genutzt werden können:

$$\begin{bmatrix} v_{12}^T \\ (v_{11} - v_{22})^T \end{bmatrix} b = 0. \tag{5.17}$$

Durch die Aufnahme von n Bildern des Schachbretts erhält man ein lineares Gleichungssystem:

$$Vb = 0$$

wobei V eine $2n\times6$ Matrix beschreibt. Bei mindestens drei Aufnahmen gibt es eine eindeutige Lösung für b, die sich aus dem Eigenvektor von $V^T V$ mit dem kleinsten Eigenwert ergibt. Aus der Schätzung von b werden die intrinsischen Parameter der Kalibrierungsmatrix K folgendermaßen berechnet:

$$c_y = (B_{12}B_{13} - B_{11}B_{23})/(B_{11}B_{22} - B_{12}^2) \tag{5.18}$$

$$\lambda = B_{33} - [B_{13}^2 + c_y(B_{12}B_{13} - B_{11}B_{23})]/B_{11} \tag{5.19}$$

$$f_x = \sqrt{\lambda/B_{11}} \tag{5.20}$$

$$f_y = \sqrt{\lambda B_{11}/(B_{11}B_{22} - B_{12}^2)} \tag{5.21}$$

$$c_x = -B_{13}f_x^2/\lambda \tag{5.22}$$

Weiterhin ergeben sich die extrinsischen Parameter für jede Aufnahme aus:

$$r_1 = \lambda K^{-1} h_1 \qquad (5.23)$$
$$r_2 = \lambda K^{-1} h_2 \qquad (5.24)$$
$$r_3 = r_1 \times r_2 \qquad (5.25)$$
$$t = \lambda K^{-1} h_3 \qquad (5.26)$$

mit $\lambda = 1 / |K^{-1} h_1|$. Aufgrund verrauschter Daten erfüllt die berechnete Rotations-matrix R nicht die Bedingungen einer idealen Rotationsmatrix. Die Schätzung einer geeigneten Matrix erfolgt durch Minimierung der Frobenius Norm der Differenz zwischen berechneter und idealer Matrix.

Nichtlineare Optimierung

Um die Genauigkeit der geschätzten Parameter zu erhöhen, wird eine Optimierung mittels des Maximum-Likelihood Kriteriums durchgeführt. Die zu minimierende Funktion wird mithilfe des Rückprojektionsfehlers der n einzelnen Bilder und der k Punkte auf dem Schachbrett definiert:

$$\sum_{i=1}^{n} \sum_{j=1}^{k} \left| m_{ij} - \hat{m}(K, d_1, d_2, d_3, d_4, R_i, t_i, M_j) \right|^2 \qquad (5.27)$$

wobei $\hat{m}(K, d_1, d_2, d_3, d_4, R_i, t_i, M_j)$ die Projektion des Punktes M in Bild i unter Berücksichtigung der Linsenverzerrung beschreibt. Die Minimierung ist ein nicht-lineares Optimierungsproblem, das mithilfe der *Levenberg-Marquardt* Methode [HZ00] gelöst wird. Für die Minimierung wird eine Initialisierung der intrinsischen und extrinsischen Parameter benötigt, die über die geschlossene Lösung ermittelt wurde. Die Verzerrungsparameter werden am Anfang auf null gesetzt.

5.3.2   Hand-Auge Kalibrierung

Der Begriff Hand-Auge Kalibrierung stammt ursprünglich aus dem Bereich der Robotik und bezeichnet die Kalibrierung eines Systems, bei dem eine Kamera (Auge) am Endeffektor eines Roboters (Hand) angebracht ist. Bei der Hand-Auge Kalibrierung wird die relative Pose zwischen Roboterarm und Kamera berechnet, um sogenannte Sensor-Aktor Aufgaben durchzuführen. Dafür muss eine Transformation von Kamerakoordinatensystem in Roboterkoordinatensystem erfolgen.

Ähnliche Probleme stellen sich auch bei Anwendungen, bei der eine Kamera mit einem optischen Trackingsystem kombiniert wird, wie dem beschriebenen laparo-skopischen Assistenzsystem. Am Endoskop ist ein Marker angebracht, dessen Pose über das optische Trackingsystem bestimmt wird. Für eine bildbasierte Analyse benötigt man allerdings die Pose des optischen Zentrums der Linse in Bezug auf das WKS. Diese Problemstellung ist vergleichbar mit der Hand-Auge Kalibrierung, in

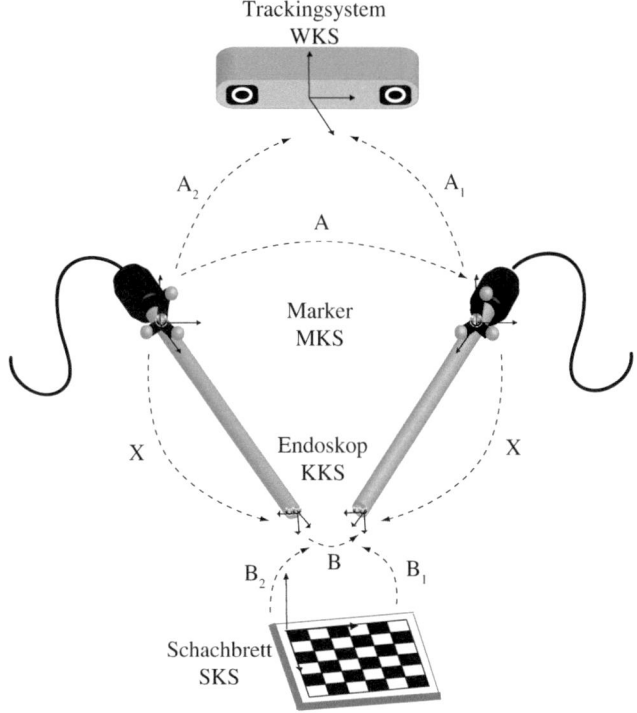

Abb. 5.10: Prinzip der Hand-Auge Kalibrierung.

diesem Fall wird der Roboter durch ein optisches Trackingsystem ersetzt. Für die Berechnung der rigiden Transformation X von Marker zu optischen Zentrum wird das Endoskop bewegt und die Bilder eines Schachbretts werden an unterschiedlichen Positionen aufgenommen (Abb. 5.10). Die relative Bewegung zwischen den einzelnen Aufnahmen wird gespeichert, wobei die zu berechnende Transformation X konstant bleibt. Die Aufnahmen des Schachbretts dienen auch gleichzeitig zur Kalibrierung des Endoskops. Die Posen A_1 und A_2 des Markers erhält man über das optische Trackingsystem, B_1 und B_2 sind die extrinsischen Parameter der unterschiedlichen Aufnahmen des Endoskops und werden während der Kamerakalibrierung berechnet. Die relative Bewegung ergibt sich zu $A = A_2 A_1^{-1}$ und $B = B_2^{-1} B_1$. Die Transformation X kann in Abhängigkeit von A und B in der folgenden Form dargestellt werden:

$$AX = XB. \tag{5.28}$$

Üblicherweise werden die Transformationen als homogene Matrizen beschrieben, sodass sich eine Matrix und eine Vektor Gleichung ergibt:

$$R_A R_X = R_X R_B \qquad (5.29)$$

$$(R_A - I)t_X = R_X t_B - t_A \qquad (5.30)$$

Für die Berechnung von X werden mindestens zwei relative Bewegungen benötigt, wobei die Rotationsachsen nicht parallel sein dürfen. Die zahlreich existierenden Lösungsansätze lassen sich in zwei unterschiedliche Vorgehensweisen klassifizieren, bei denen die gesuchte Rotation und Translation entweder nacheinander oder gleichzeitig bestimmt werden. Im Folgenden wird ein Ansatz basierend auf dualen Quaternionen näher beschrieben, dessen Ergebnisse bei der Evaluation unterschiedlicher Methoden am zuverlässigsten waren. Um die Robustheit zu optimieren, erfolgt eine Auswahl geeigneter Bewegungspaare mithilfe einer Vektorquantisierung.

Hand-Auge Kalibrierung mithilfe dualer Quaternionen

Daniilidis [Dan99] stellte als erster einen linearen Algorithmus vor, um die Rotation und Translation simultan zu schätzen. Dieser Ansatz basiert auf dualen Quaternionen, die eine Erweiterung von Quaternionen mittels dualer Zahlen darstellen. Quaternionen repräsentieren Rotationen und können daher nur die Orientierung eines Objektes im Raum beschreiben [Han05]. Im Gegensatz zu Quaternionen ermöglichen duale Quaternionen eine einheitliche Darstellung der Pose eines Objektes, indem die reellen Werte durch Dualzahlen ersetzt werden. Die erste Dualzahl enthält Winkelwert und Verschiebungsgröße, die restlichen drei Dualzahlen beschreiben eine beliebige, gerichtete Gerade im Raum, bezüglich der die Rotation und Translation erfolgt. Ein duales Einheitsquaternion $\breve{q}$ besteht aus einem Quaternion q, das die Rotation beschreibt und einem dualen Einheitsquaternion q', das die Translation umfasst:

$$\breve{q} = q + \varepsilon q'. \qquad (5.31)$$

q ist ein Einheitsquaternion, das keinen dualen Teil beinhaltet und eine Rotation um die Achse n um dem Winkel θ beschreibt:

$$q = (\cos\frac{\theta}{2}, \sin\frac{\theta}{2}n).$$

q' setzt sich aus einem Quaternion für die Translation $(0,t)$ und einem Quaternion q für die Rotation zusammen:

$$q' = \frac{1}{2}tq.$$

Das duale Einheitsquaternion $\breve{q}$ kann als Verknüpfung eines dualen Einheitsquaternions für die Translation und eines Quaternions für die Rotation ausgedrückt werden:

$$\check{q} = (1, \varepsilon \frac{t}{2}) q.$$

Mithilfe der dualen Quaternionen kann die Gleichung der Hand-Auge Kalibrierung kompakt formuliert werden:

$$\check{a} = \check{q} \check{b} \bar{\check{q}} \tag{5.32}$$

wobei $\check{a}$ die Bewegung des Markers, der fest am Endoskop angebracht ist und $\check{b}$ die Bewegung des optischen Zentrums des Endoskops beschreibt. Die rigide Transformation X zwischen beiden ist unbekannt und wird durch das duale Einheitsquaternion $\check{q}$ beschrieben. Um die gesuchte Transformation zu berechnen, erhält man ausgehend von Gleichung 5.32 ein lineares Gleichungssystem, das nach q und q' aufgelöst werden muss:

$$\underbrace{\begin{pmatrix} a - b & [a+b]_\times & 0_{3\times1} & 0_{3\times3} \\ a' - b' & [a'+b']_\times & a - b & [a+b]_\times \end{pmatrix}}_{=S} \begin{pmatrix} q \\ q' \end{pmatrix} = 0. \tag{5.33}$$

Der gesuchte Vektor ist 8-dimensional, die Matrix S hat die Dimensionen 6×8. Für die Lösung des Systems sind mindestens zwei Bewegungen mit unterschiedlichen Rotationsachsen notwendig. Falls nun $n \geq 2$ Bewegungspaare vorliegen, wird eine $6n \times 8$ Matrix T aufgestellt:

$$T = \begin{pmatrix} S_1^T & S_2^T & \dots & S_n^T \end{pmatrix}^T.$$

Um dieses Gleichungssystem zu lösen, wird eine Singulärwertzerlegung[1] (SVD) angewendet und man erhält $T = U\Sigma V^T$. Die letzten beiden Singulärvektoren v_7 und v_8, die nahezu den Singulärwerten null entsprechen, spannen den Nullraum von T auf. Der Vektor (q^T, q'^T), der $T(q^T, q'^T)^T = 0$ löst, ist eine Linearkombination von $v_7^T = (u_1^T, v_1^T)$ und $v_8^T = (u_2^T, v_2^T)$:

$$\begin{pmatrix} q \\ q' \end{pmatrix} = \lambda_1 \begin{pmatrix} u_1 \\ v_1 \end{pmatrix} + \lambda_2 \begin{pmatrix} u_2 \\ v_2 \end{pmatrix}. \tag{5.34}$$

Die beiden verbleibenden Unbekannten λ_1 und λ_2 können mithilfe der Nebenbedingung, dass $\check{q}$ ein duales Einheitsquaternion beschreibt, berechnet werden. Die Parameter der Hand-Auge Transformation können direkt aus $\check{q}$ berechnet werden: die Rotationsmatrix R_X erhält man direkt aus q, die Translation ergibt sich aus $t_X = 2q'\bar{q}$.

---

[1] engl. Singular Value Decomposition.

Auswahl geeigneter Bewegungspaare

Für die Berechnung der rigiden Transformation X sind mindestens zwei Bewegungspaare notwendig, deren Achsen nicht parallel sind. Die Robustheit der Hand-Auge
Kalibrierung kann erhöht werden, indem die Bewegungspaare optimal gewählt
werden.
Bei vielen Anwendungen und insbesondere beim Endoskop ist die Bewegung bei
der Aufnahme kontinuierlich. Das hat zur Folge, dass bei aufeinanderfolgenden
Bewegungspaaren die Pose sich nur minimal ändert und sich Translation und Rotation kaum unterscheiden. Eine zeitliche Verarbeitung der Bewegungspaare ist
deshalb ungeeignet, sodass Schmidt et al. [SVN04] eine Methode vorschlagen, die
Bewegungspaare für die Kalibrierung optimal zu wählen.
Kriterien für die Datenauswahl sind der Ausschluss paralleler Rotationsachsen und
die Größe des Rotationswinkels. Eine Vorauswahl relativer Bewegungspaare wird
aufgrund des Rotationswinkels θ_i getroffen. Dieser sollte größer als ein bestimmter
Schwellwert θ_t und kleiner als $180 - \theta_t$ bzw. größer als $180 + \theta_t$ und kleiner als
$360 - \theta_t$ sein. Die optimalen Bewegungspaare werden aus dieser Vorauswahl mithilfe
einer Vektorquantisierung bestimmt.
Die Vektorquantisierung teilt eine Datenmenge in Gruppen ein, indem eine Menge
eingehender Merkmalsvektoren auf eine deutlich geringere Anzahl an Prototypvektoren abgebildet werden. Der Vektorquantisierer wird durch ein Codebuch charakte-
risiert, das aus den gesuchten Prototypvektoren besteht. Die Prototypvektoren bilden
Repräsentanten für die Merkmalsvektoren, die durch ein Abstandsmaß auf diese
Vektoren abgebildet werden. Das Codebuch wird mithilfe des LBG[2]-Algorithmus
[LBG80] erzeugt (vgl. Abschnitt 7.1.1), als Trainingsvektoren steht die Menge
der relativen Bewegungen zur Verfügung. Jede Rotationsachse wird mithilfe des
Codebuchs einer Gruppe zugeordnet und die Distanz zum Prototypvektor dieser
Gruppe berechnet. Die Rotationsachse einer Gruppe mit dem kleinsten Abstand zum
Prototypvektor, die einer relativen Bewegung entspricht, wird für die Hand-Auge
Kalibrierung ausgewählt. Zusätzlich wird eine Ausreißerelimination mithilfe eines
$RANSAC$[3]-Ansatzes, wie in [SVN03] beschrieben, vorgenommen.

5.4   Endoskopische Bildvorverarbeitung

Ziel der Bildvorverarbeitung ist eine Verbesserung der Bildqualität für eine nachfolgende rechnergestützte Analyse. Die in Abschnitt 5.1 beschriebenen Bildstörungen
führen zu einer erheblichen Beeinträchtigung, die mittels geeigneter Methoden soweit wie möglich ausgeglichen werden sollen. In den nächsten Abschnitten wird
die Detektion und Rekonstruktion von Glanzlichtern in endoskopischen Bildern

---

[2]Linde-Buzo-Gray.
[3]engl. Random Sample Consensus.

detailliert beschrieben. Zusätzliche Bildverarbeitungsmethoden, die im Rahmen der Vorverarbeitung zum Einsatz kommen, werden im Folgenden kurz dargestellt, eine detaillierte Beschreibung findet sich bspw. in [AGD07, SHB99]. Um Bildrauschen oder kleine Fluktuation zu unterdrücken, erfolgt zuerst eine Glättung mithilfe eines Gaußfilters. Ein anschließender Histogrammausgleich erhöht den Bildkontrast, insbesondere in Bildbereichen mit ähnlichen Farbwerten, die häufig in Endoskopbildern auftreten. Für die nachfolgende quantitative 3D-Analyse wird jedes Stereobildpaar zusätzlich rektifiziert und entzerrt (vgl. Abschnitt 5.2.1 und 5.2.2).

5.4.1 Glanzlichter

Glanzlichter treten besonders häufig in Endoskopbildern auf feuchten Organoberflächen und metallischen Instrumente auf. Zusätzlich befindet sich die Lichtquelle des Endoskops direkt an der Kameralinse; Blickrichtung und Lichtrichtung sind daher identisch. Charakteristisch für Glanzlichter ist die hohe Intensität der Bildpixel, da das Licht in Richtung der Kamera reflektiert wird und von der Oberfläche nicht absorbiert werden kann. Glanzlichter erschweren und verfälschen viele Bildverarbeitungsprozesse, wie bspw. die Bildsegmentierung oder Stereobildverarbeitung. Sie sind als Störungen im Bild anzusehen, die eine Detektion und je nach Anwendungsfeld eine Rekonstruktion der Region erfordern. Der Einsatz eines Reflexionsmodells, wie bspw. das dichromatische Reflexionsmodell, ist für die Detektion von Glanzlichtern in einem intraoperativen Szenario ungeeignet. Im Folgenden wird ein Verfahren zur Detektion von Glanzlichtern und Methoden zur Rekonstruktion vorgestellt, die im Rahmen der Bildvorverarbeitung zum Einsatz kommen. Details zu Entwurf und Umsetzung des Verfahrens sind in [SSS⁺08, Kle08] dokumentiert.

Detektion von Glanzlichtern

Glanzlichter erscheinen in endoskopischen Bildern als scharf abgegrenzte, helle Flächen. Die Segmentierung und Modellierung der Glanzlichter ist in der Regel keine triviale Aufgabe, da sich auch helle Pixel im Bild befinden die nicht unbedingt zu einer Glanzlichtregion gehören. Es wird der in [ZMG06] beschriebene Ansatz verfolgt, zuerst mögliche Kandidaten zu bestimmen, die Glanzlichter sowie helle Pixel enthalten können. Innerhalb dieser Kandidatenregionen werden über eine wahrscheinlichkeitsbasierte Modellierung Glanzlichter und helle Bildpunkte unterschieden.

Klassifikation der Kandidaten Glanzlichter erscheinen als scharf abgegrenzte Punkte hoher Intensität (I) und geringer Sättigung (S) (Abb. 5.11). Alle Pixel, die die Bedingung

$$I \geq 0{,}45 \cdot I_{max} \qquad S \leq 0{,}26 \cdot S_{max} \qquad (5.35)$$

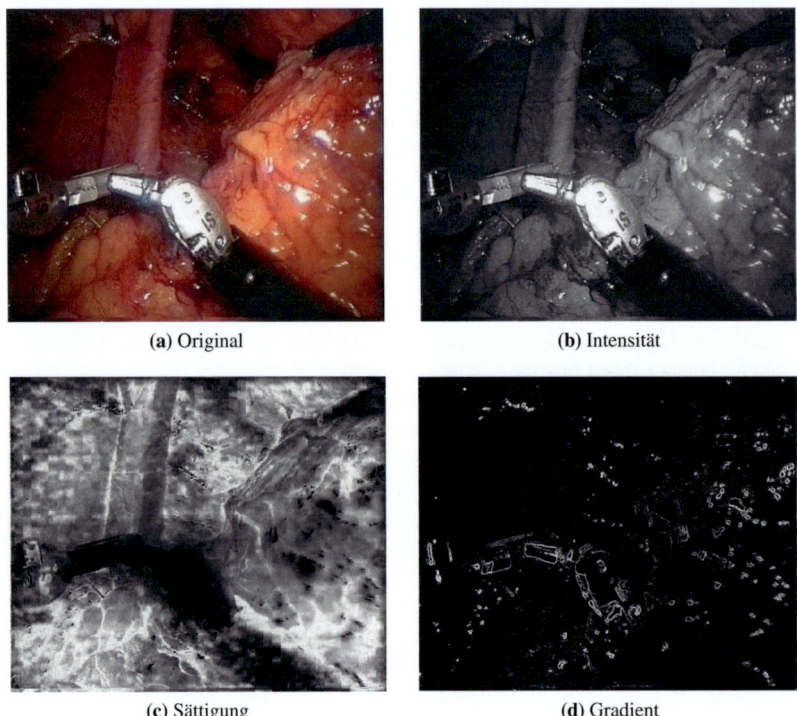

(a) Original   (b) Intensität

(c) Sättigung   (d) Gradient

Abb. 5.11: Charakteristika von Glanzlichtern in unterschiedlichen Bildkanälen.

erfüllen, werden daher als Glanzlichter klassifiziert. Dabei ist I_{max} der größte Intensitätswert und S_{max} der größte Sättigungswert im Bild; die Schwellwerte wurden empirisch ermittelt. Ein zusätzliches Kriterium für die Klassifikation ist der Intensitätsgradient, da die Glanzlichter sich deutlich von ihrer Umgebung abheben. Die Kandidatenmenge kann weiter eingeschränkt werden, indem nur alle Pixel betrachtet werden, die nicht weiter als zehn Pixel von einem Gradienten mit $|\nabla I| \geq 0,15$ entfernt sind.

Statistische Segmentierung der Glanzlichter   Innerhalb der klassifizierten Glanzlichtregionen muss eine weitere Segmentierung erfolgen, da diese Regionen Pixel umfassen, die zu hellen Gewebeoberflächen gehören, aber keine Glanzlichter sind. Die Pixel innerhalb der Kandidatenregionen werden in einen 2D-Merkmalsraum

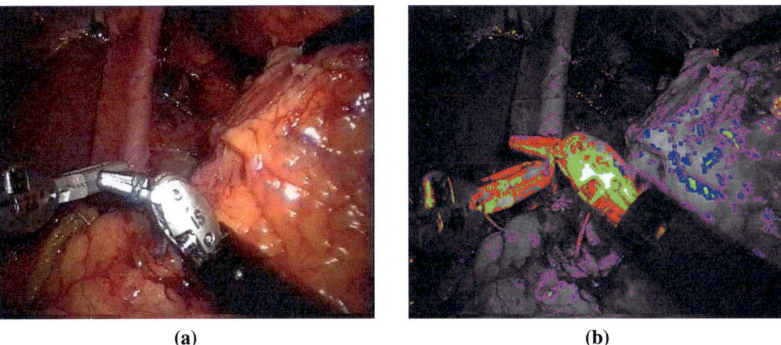

(a)   (b)

Abb. 5.12: Segmentierung der Glanzlichter: (a) Originalbild. (b) Ergebnis der Segmentierung für vier Klassen.

abgebildet, der Sättigung (S) und Helligkeit (V) entsprechend dem HSV[4]-Farbmodell beinhaltet. Die Pixel werden in homogene Regionen eingeteilt und modelliert, indem die Merkmalsvektoren gruppiert werden und jede homogene Region durch eine Gaußverteilung beschrieben wird. Die Gesamtheit der homogenen Regionen wird durch eine Gaußmischverteilung charakterisiert, eine gewichtete Summe der einzelnen Gaußverteilungen, welche die Verteilung der Merkmale am besten beschreibt. Deren Parameter werden durch den *Expectation-Maximization*-Algorithmus [DLR77] bestimmt. Jedes Pixel wird mithilfe seines 2D-Merkmalsvektor über die maximale a-posteriori-Wahrscheinlichkeit einer bestimmten Klasse zugeordnet:

$$class(m) = \arg\max_j \alpha_j f(m|\mu_j, \Sigma_j) \tag{5.36}$$

wobei f die Wahrscheinlichkeitsdichte, α_j die Auftrittswahrscheinlichkeit jeder Gaußverteilung, μ_j den Mittelwert und Σ_j die Kovarianzmatrix der einzelnen Gaußverteilungen darstellt. Abbildung 5.12 visualisiert das Ergebnis der Segmentierung, die Verteilung der Pixel wird am besten durch vier Klassen charakterisiert. Glanzlichter gehören zu den zwei Klassen mit der höchsten mittleren Intensität, die die hellsten, achromatischen Pixel und Glanzlichter mit wenig Farbinformation beinhaltet. Die übrigen beiden Klassen beinhalten Pixel, die hellen Gewebeoberflächen zugeordnet sind.

Rekonstruktion der Glanzlichter

Generell steht keine Information über die Textur des Gewebes in den Glanzlichtregionen zur Verfügung. Ziel der Rekonstruktion ist die Wiederherstellung der ursprüngli-

---

[4]engl. Hue (H), Saturation (S), Value (V).

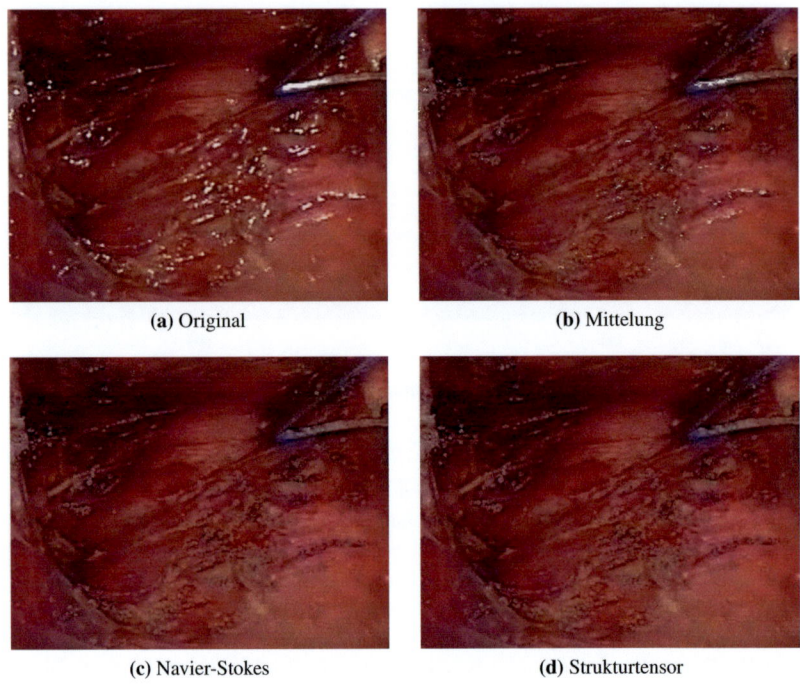

(a) Original   (b) Mittelung

(c) Navier-Stokes   (d) Strukturtensor

Abb. 5.13: Ergebnisse der Glanzlichtrekonstruktion.

chen Struktur innerhalb des Glanzlichtes, sodass sich die Region nahtlos ins Bild
einfügt und die Bildstörung eliminiert ist. Rekonstruktionsalgorithmen werden auch
in anderen Gebieten der Bildverarbeitung angewendet, bspw. bei der Restauration
beschädigter Bilder. Grundsätzlich existieren zwei unterschiedliche Ansätze für die
Wiederherstellung der Struktur. Bei Bildsequenzen kann die Information aus dem
vorigen Bild Aufschluss über die Struktur geben, allerdings ist dies bei endoskopischen Sequenzen problematisch. Das Endoskop bewegt sich in der Regel kaum oder
abrupt, folglich bleiben die Glanzlichter an der gleichen Position oder die Bewegung
zwischen zwei Bildern ist zu groß für eine Rekonstruktion.

Unter der Annahme, dass die Größe der Glanzlichter verhältnismäßig klein und die
ursprüngliche Struktur der Regionen ähnlich der Umgebung ist und eine gewisse
Kontinuität aufweist, kann die Farbinformation der Nachbarpixel für eine Rekonstruktion benutzt werden. Im Rahmen der Rekonstruktion wurden unterschiedliche
Ansätze evaluiert, die basierend auf der Farbinformation der Umgebung die Struktur
wiederherstellen (Abb. 5.13).

Navier-Stokes	Bildrekonstruktion
Strömungsfunktion Ψ	Bildintensität I
Fluidgeschwindigkeit $v = \nabla^\perp \Psi$	Richtung der Isophote $\nabla^\perp I$
Wirbelstärke $\omega = \triangle \Psi$	Glattheit $\omega = \triangle I$
Fluidviskosität ν	Anisotrope Diffusion ν

Tab. 5.1: Analogie zwischen Navier-Stokes und Bildrekonstruktion.

Mittelung der Randpixel   Ein relativ einfaches Rekonstruktionsschema, das die Gradienten am Rande der Glanzlichtregion glättet während die Textur erhalten bleibt, wird in [ZMG06] vorgestellt. Dazu werden alle Pixel, die einer Glanzlichtregion angehören, auf den Wert null gesetzt. In einem iterativen Prozess wird beginnend vom Rand jedem Pixel in der Glanzlichtregion der Mittelwert der angrenzenden, von null verschiedenen Pixel zugewiesen. Dieser Schritt wird so lange wiederholt, bis die gesamte Glanzlichtregion aufgefüllt wurde.

Navier-Stokes basierte Rekonstruktion   Für die Rekonstruktion der Glanzlichter bieten sich auch die Grundgleichungen der Strömungsmechanik, die sogenannten Navier-Stokes Gleichungen, an. Dieser Ansatz basiert auf den Prinzipien der Strömungsmechanik und führt sogenannte Isophoten ins Inneren der Glanzlichtregion fort [BBS01]. Isophoten bezeichnen Linien gleicher Intensität und weisen in Richtung des Bildvektors, in der sich die Intensität am wenigsten ändert. Die Analogie zwischen Navier-Stokes und der Bildrekonstruktion ist in Tabelle 5.1 dargestellt. Die Bildintensität wird hierbei als Strömungsfunktion einer zweidimensionalen, inkompressiblen Strömung angesehen, wobei die Isophoten die Strömungslinien definieren. Die Wirbelstärke der Flüssigkeit berechnet sich aus dem Laplace Operator, der auf die Bildintensität angewendet wird. Die Textur der Glanzlichtregion wird rekonstruiert, indem dieses Vektorfeld in die zu füllende Region fortgesetzt wird und gleichzeitig Gradienten an der Grenze abgeglichen werden. Ziel ist die Lösung einer aus der Navier-Stokes abgeleiteten Differentialgleichung für die zu rekonstruierende Region, die nach ω aufgelöst wird:

$$\frac{\partial \omega}{\partial t} + v \cdot \nabla \omega = \nu \nabla \cdot (g(|\nabla \omega|) \nabla \omega). \tag{5.37}$$

Die Funktion g glättet ω nach dem Prinzip der anisotropen Diffusion in Abhängigkeit der Grauwertgradienten. Die Bildintensität, von der die Fluidgeschwindigkeit v abhängt, wird simultan durch Lösen der Poisson Gleichung $\nabla I = \omega$ berechnet.

Strukturtensorbasierte Interpolation der Randpixel   Die Eigenschaften der lokalen Struktur können mithilfe des Grauwertstrukturtensors extrahiert werden, der eine Approximation der Gradientenrichtung in einer bestimmten Region darstellt [GSOH01]. Der Grauwertstrukturtensor ist ein Maß für die Kohärenz und Orientierung einer Struktur und ist definiert als:

$$S = \begin{bmatrix} I_x^2 & I_x I_y \\ I_x I_y & I_y^2 \end{bmatrix}. \tag{5.38}$$

Die Eigenwerte $\lambda_{1/2}$ des Tensors sind ein Maß für den durchschnittlichen Kontrast in Richtung der Eigenvektoren. Der Eigenvektor v_1, der zum größten Eigenwert gehört, spiegelt die größte Grauwertänderung wieder. Der zweite Eigenvektor v_2 ist ein Maß für die bevorzugte lokale Orientierung, die sogenannte Kohärenz. Für jeden Pixel innerhalb der Glanzlichtregion wird mithilfe des Tensors die lokale dominante Strukturorientierung berechnet. Der neue Intensitätswert ergibt sich über eine lineare Interpolation zwischen den Intensitäten der Randpixel entlang der Orientierung, die nach ihrem relativen Abstand gewichtet werden. Eine anschließende Tiefpassfilterung glättet die rekonstruierte Region.

5.5   Zusammenfassung

Die endoskopische Bildakquisition repräsentiert den ersten Schritt der Prozesskette. Sie beinhaltet sowohl die Kalibrierung des Gesamtsystems, die vor der eigentlichen Bildaufnahme durchgeführt wird, als auch Methoden zur Verbesserung der Bildqualität. Die Eigenschaften laparoskopischer Stereobilder lassen sich in geräte- und anwendungsbedingte Aspekte unterteilen, deren Kenntnis eine anschließende rechnergestützte Analyse erleichtert.

Die Kalibrierung des Gesamtsystems setzt sich aus der Kalibrierung des Stereoendoskops und einer Hand-Auge Kalibrierung zusammen. Dabei werden sowohl die intrinsischen und extrinsischen Kameraparameter gemäß dem gewählten Kameramodell als auch die rigide Transformation zwischen Marker und optischen Zentrum des Endoskops bestimmt.

Die Vorverarbeitung endoskopischer Stereobilder für eine rechnergestützte Analyse verbessert die Bildqualität und beinhaltet eine Rauschunterdrückung und Kontrastverbesserung. Besonders Glanzlichter, die in endoskopischen Bildfolgen verstärkt auftreten, werden extrahiert. Zusätzlich werden die Stereobilder entzerrt und rektifiziert, um eine anschließende Stereoanalyse zu vereinfachen.

Kapitel 6

Quantitative 3D-Analyse der Operationsszene

Der Einsatz eines Stereoendoskops ermöglicht eine 3D-Analyse der Szene, die für ein intraoperatives Assistenzsystem ein großes Potenzial darstellt. Bei der Einblendung präoperativer Daten in die Operationsszene müssen Gewebedeformationen besonders berücksichtigt werden. Mithilfe eines aktuellen, intraoperativ gewonnenen Modells, das während der 3D-Analyse aus endoskopischen Bildsequenzen generiert wird, kann eine Registrierung mit präoperativen Daten erfolgen. Zusätzlich lassen sich über eine bildbasierte Lokalisierung der Instrumente die Entfernungen zu bestimmten Risikostrukturen und die Trajektorie der Instrumente ermitteln. Ein wichtiger Aspekt dabei ist die Möglichkeit der markerlosen Analyse der Sequenzen, die keine zusätzliche Invasivität durch den Einsatz künstlicher Marker verursacht.

Die 3D-Analyse basierend auf Farbbildern ist ein weites Forschungsgebiet und birgt zahlreiche Schwierigkeiten. Zum einen führt die perspektivische Projektion, die die 3D-Szene auf eine 2D-Ebene abbildet, zu Informationsverlust, der durch eine Stereoanalyse wiedererlangt werden soll. Die Beziehung zwischen Farbwerten und der 3D-Geometrie ist kompliziert, der Farbwert eines Pixels hängt von mehreren Faktoren ab. Dazu zählen bspw. die Oberflächenspiegelung, die Position und Orientierung der Lichtquelle oder die Position der Kamera. In Kapitel 5 wurden die Eigenschaften endoskopischer Bilder erörtert, die die 3D-Analyse zusätzlich erschweren. Außerdem beeinflusst das Ergebnis der Kamerakalibrierung, die durch die Anordnung der Linsen bei einem Stereoendoskop erschwert ist, die dreidimensionalen Berechnungen erheblich.

Im folgenden Kapitel wird die quantitative 3D-Analyse auf Basis endoskopischer Bildsequenzen erläutert. Alle beschriebenen Methoden beruhen auf einem kalibrierten Stereoendoskop und vorverarbeiteten Bildern. Die 3D-Analyse der Operationsszene umfasst eine Rekonstruktion der Weichgewebeoberfläche und die Lokalisierung der Instrumentenspitze.

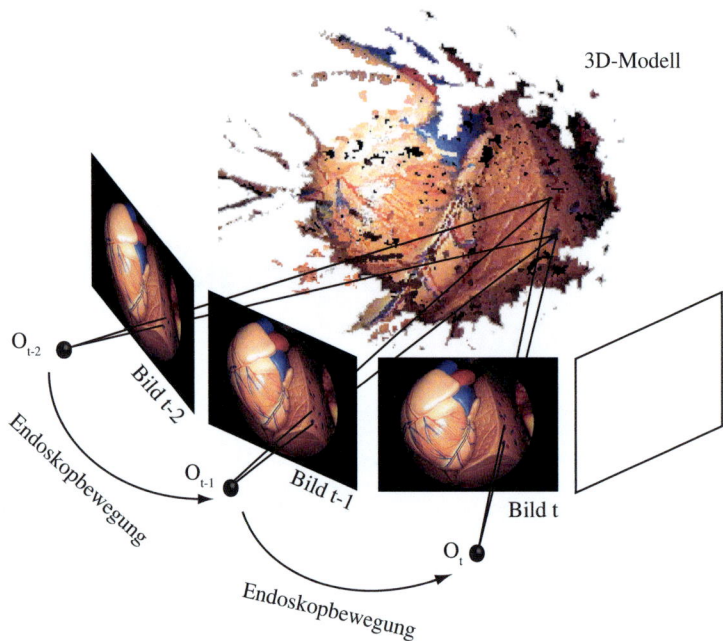

Abb. 6.1: Ablauf der *Struktur aus Bewegung*.

6.1   3D-Rekonstruktion rigider Strukturen

Im Bereich der laparoskopischen Chirurgie werden hauptsächlich Weichgewebestrukturen behandelt, jedoch soll die Rekonstruktion der Oberfläche nicht nur auf
Weichgewebe eingeschränkt, sondern auch rigide Strukturen betrachtet werden. Rigide Objekte, bspw. Knochen, besitzen eine feste Struktur und sind nicht deformierbar.
Zusätzlich kann die Rekonstruktion auch als Approximation für quasi-rigide Objekte
verwendet werden, die aufgrund ihrer Randbedingungen nur wenig verformbar sind.
Das intraoperativ gewonnene Modell kann für eine Initialisierung der Registrierung
verwendet werden.

Die Rekonstruktion rigider Oberflächen anhand von Bildsequenzen basiert auf natürlichen Merkmalen, die innerhalb der Sequenz beobachtet werden. Dafür wurde
ein Ansatz ähnlich dem *Struktur aus Bewegungs*-Prinzip entwickelt, jedoch wird
die Pose des Endoskops nicht geschätzt, sondern über das optische Trackingsystem
ermittelt. Bei diesem Verfahren wird die Beziehung der Bilder einer Sequenz und
die Korrespondenz zwischen den Merkmalen dazu genutzt, die 3D-Oberfläche einer

Szene zu berechnen (Abb. 6.1). Die einzelnen Schritte teilen sich auf in die Initialisierung und Aktualisierung der Struktur. Die Initialisierung verwendet das erste Stereobildpaar der Sequenz, um die 3D-Oberfläche zu rekonstruieren, die mit jedem neu akquirierten Bildpaar ergänzt wird. Die Aktualisierung erweitert die 3D-Struktur, indem die 3D-Position bereits berechneter Punkte verbessert wird, neue Punkte hinzukommen und instabile Punkte entfernt werden. Details zu Entwurf und Umsetzung des Verfahrens sind in [SSS$^+$08, Kle08] dokumentiert.

6.1.1   Initialisierung der 3D-Struktur

Das erste Stereobildpaar einer Sequenz wird für die Initialisierung der Struktur verwendet. Zuerst werden signifikante Merkmale, die für die Rekonstruktion der Oberfläche benutzt und über eine Sequenz hinweg verfolgt werden können, im linken Bild detektiert. Anschließend wird eine Korrespondenzanalyse durchgeführt, um die 3D-Punkte mittels einer Triangulation zu bestimmen. Die rekonstruierten Punkte werden in das WKS transformiert, auf das sich die sukzessiv aufbauende Struktur bezieht. Merkmalsberechnung, 3D-Rekonstruktion und Transformation in das WKS werden nicht nur für das erste Bildpaar durchgeführt, sondern auch für jedes neu akquirierte, jedoch müssen die Merkmale im Aktualisierungsschritt weiter verarbeitet werden. Die einzelnen Schritte werden im Folgenden näher erläutert.

Extraktion stabiler Merkmale

Ziel der Merkmalsberechnung ist die Extraktion stabiler, signifikanter Punkte im Bild, die sich über eine Bildsequenz hinweg verfolgen lassen und für eine Rekonstruktion der Oberfläche verwendet werden können. Merkmale lassen sich häufig in texturierten Bildregionen oder in Regionen mit geometrischen Besonderheiten der Oberfläche detektieren. Es gibt eine Vielzahl an Merkmalsdetektoren, jedoch kommt nur eine kleine Anzahl für den Einsatz in endoskopischen Bildfolgen in Frage. Stabile Merkmale zeichnen sich durch eine Invarianz gegenüber bestimmten Transformationen wie Skalierung, Rotation oder Beleuchtungsänderungen aus. Überdies hinaus sollten die Merkmale reproduzierbar sein, d. h. sie können an gleicher Position aus unterschiedlichen Blickwinkeln detektiert werden. Die Suche nach Merkmalen in Bilddaten lässt sich im Allgemeinen in eine Detektion und eine Deskriptorberechnung aufteilen. Bei der Detektion werden stabile Punkte oder Regionen gesucht, die zuverlässig extrahiert werden können. Der Deskriptor repräsentiert die Region um den Punkt und beschreibt charakteristische Textureigenschaften, die für einen Vergleich verwendet werden können. Für die Rekonstruktion rigider Strukturen werden drei unterschiedliche lokale Merkmalstypen verwendet (Abb. 6.2), die für den Einsatz bei Gewebeoberflächen geeignet sind. Die einzelnen Merkmalstypen werden im linken Bild des Stereopaares extrahiert und im Folgenden vorgestellt, weitere Details sind in den jeweiligen Literaturangaben zu finden.

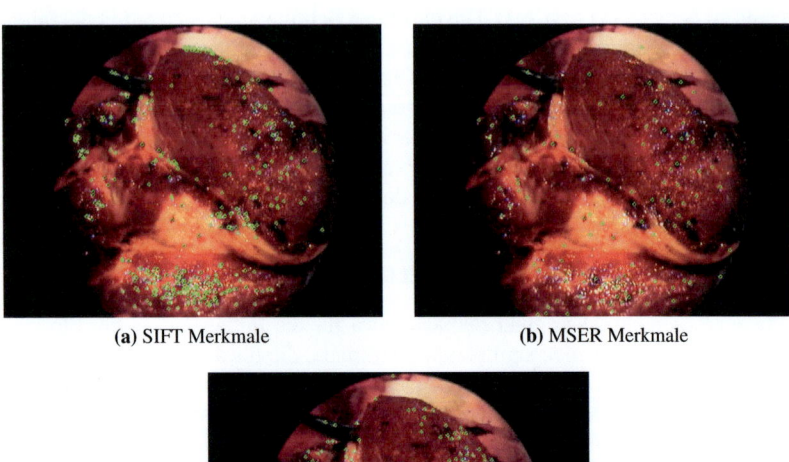

(a) SIFT Merkmale   (b) MSER Merkmale

(c) Shi-Tomasi Merkmale

Abb. 6.2: Extraktion unterschiedlicher Merkmale.

SIFT Merkmale [Low04] sind invariant gegenüber Skalierung, Rotation und geringen Beleuchtungsänderungen. Sie werden über Extrema im Skalenraum ermittelt, für die Berechnung des Deskriptors wird Gradienteninformation benutzt.

Ein weiterer Merkmalstyp sind die sogenannten *MSER*[1] Merkmale [MCMP02]. Sie sind invariant gegenüber einer großen Anzahl geometrischer und photometrischer Transformationen. Ähnlich der Wasserscheiden-Segmentierung werden zusammenhängende Komponenten mit lokalen Minima ermittelt.

Shi-Tomasi Merkmale [JT94] wurden basierend auf der Funktionsweise des Verfolgungsalgorithmus entworfen und sind invariant gegenüber affinen Transformationen. Mithilfe des Grauwertstrukturtensors werden stabile Punkte ausgewählt, die zuverlässig über eine Bildsequenz hinweg verfolgt werden können.

---

[1] engl. Maximally Stable Extremal Regions.

Zuordnung korrespondierender Merkmale

Um die Oberfläche dreidimensional zu rekonstruieren, müssen die im linken Bild detektierten Merkmale den korrespondierenden Punkten im rechten Bild zugeordnet werden. Korrespondenzen sind Projektionen desselben 3D-Punktes auf die einzelnen Bildebenen. Die Lösung des Korrespondenzproblems wird insbesondere in endoskopischen Bildfolgen durch das Auftreten von Glanzlichtern, homogenen Oberflächen und periodischen Texturen erheblich erschwert. Um instabile Merkmale auszuschließen, werden Punkte, die innerhalb einer Glanzlichtregion extrahiert werden, verworfen. Des Weiteren kann die Suche nach korrespondierenden Punkten auf die Epipolarlinien beschränkt und durch die Rektifizierung vereinfacht werden (vgl. Abschnitt 5.2.2). Für die Korrespondenzanalyse existieren unterschiedliche Ansätze, die sich in lokale und globale Methoden unterteilen lassen [BBH03].

Für die Suche nach korrespondierenden Merkmalen wird ein normalisierendes Korrelationsverfahren gewählt, das basierend auf einem zu minimierenden Fehlermaß die Korrespondenz entlang der Epipolarlinie ermittelt. Dafür wird ein $n \times n$ großes Fenster, ein sogenannter Block, entlang der Epipolarlinie im rechten Bild verschoben und die sogenannte $ZSSD^2$ mit dem Fenster um das detektierte Merkmal im linken Bild berechnet:

$$ZSSD(I_l, I_r) = \sum_{x,y=0}^{n-1} ((I_l(x,y) - \overline{I_l}) - (I_r(x+d,y) - \overline{I_r}))^2 \qquad (6.1)$$

wobei $\overline{I}$ den arithmetischen Mittelwert des Grauwertbildes beschreibt. Durch den Einsatz eines normalisierenden Verfahrens wird versucht, Invarianz gegenüber Helligkeitsunterschieden zu erreichen. Die gesuchte Korrespondenz ergibt sich aus dem Minimum von Gleichung 6.1.

Rekonstruktion der 3D-Struktur

Die 3D-Position eines Punktes M kann basierend auf den korrespondierenden Punkten (m_l, m_r) und der Kenntnis extrinsischer und intrinsischer Kameraparameter mithilfe einer Triangulation eindeutig bestimmt werden. Für die Berechnung der Position im Raum werden die beiden Sehstrahlen, die durch den 2D-Punkt und das optische Zentrum der jeweiligen Bildebene verlaufen, geschnitten (Abb. 6.3). Infolge der Schätzung der beiden Kalibrierungen sind die Parameter nur näherungsweise bekannt, demzufolge werden sich die Geraden nicht in einem Punkt scheiden. Der gesuchte 3D-Punkt ergibt sich daher als Schätzung des Punktes mit dem kleinsten Abstand zwischen beiden Geraden. Unter Einbezug der extrinsischen Parameter (R,t) der jeweiligen Kamera ergeben sich die Sehstrahlen zu:

$$s(k) = a + k \cdot u \qquad (6.2)$$

---

[2]engl. Zero Mean Sum of Squared Differences.

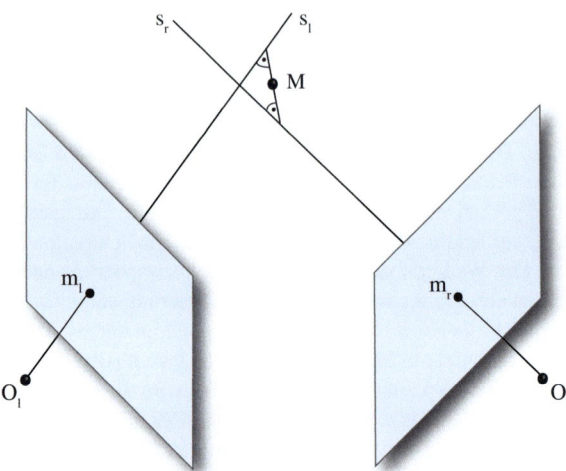

Abb. 6.3: Triangulation eines 3D-Punktes M mithilfe der Punktkorrespondenzen (m_l, m_r).

wobei sich $a = -R^T t$ und $u = m - a$ auf die jeweilige Gerade beziehen. Durch Gleichsetzen der beiden Geraden kann der 3D-Punkt über die Normalengleichung folgendermaßen bestimmt werden:

$$T(m_l, m_r) : M = \frac{a_l + k_l^* \cdot u_l + a_r + k_r^* \cdot u_r}{2} \qquad (6.3)$$

wobei (k_l^*, k_r^*) die optimale Lösung des Gleichungssystems, die sich durch Gleichsetzen der Sehstrahlen ergibt, darstellt.

Zusätzlich wird zu jedem rekonstruierten Punkt M eine Kovarianzmatrix bestimmt, die die Ungenauigkeit der 3D-Position modelliert. Fehler, die durch ungenaue Korrespondenzen und Diskretisierung der Bildebenen hervorgerufen werden, können dadurch miteinbezogen werden. Unter der Voraussetzung einer Gaußverteilung von m_l und m_r ergibt sich die Kovarianzmatrix Σ_M und der Erwartungswert $\hat{M}$ eines 3D-Punktes zu:

$$\hat{M} \;=\; T(m_l, m_r) \qquad (6.4)$$

$$\Sigma_M \;=\; J_T \begin{pmatrix} \Sigma_{m_l} & 0 \\ 0 & \Sigma_{m_r} \end{pmatrix} J_T^T. \qquad (6.5)$$

Die Fehler der 2D-Punkte werden durch die Kovarianzmatrix Σ_m beschrieben. Die Matrix J ist die Jacobi-Matrix der Triangulationsfunktion T, deren Ableitung näherungsweise mithilfe des Differenzenquotienten berechnet wird. Die Kovarianzmatrix

Σ_M beschreibt die Unsicherheit der 3D-Position im jeweiligen KKS und lässt sich als Fehlerellipsoid visualisieren, dessen Parameter über eine Eigenwertanalyse von Σ_M berechnet werden.

Transformation in das Weltkoordinatensystem

Die sukzessive Rekonstruktion der Oberfläche erfordert ein gemeinsames Koordinatensystem, das WKS, auf das sich alle 3D-Punkte beziehen. Die im vorigen Abschnitt beschriebene Triangulation bezieht sich jedoch auf das KKS, die berechneten Punkte müssen daher in das WKS transformiert werden. Für jedes Bildpaar wird die Pose des Endoskops bezüglich des WKS mithilfe des optischen Trackingsystems ermittelt, die berechnete Hand-Auge Kalibrierung ermöglicht die Transformation des KKS in das WKS. Jedoch wird durch Ungenauigkeiten des optischen Trackings und der Transformationsschätzung zwischen WKS und KKS ein zusätzlicher Fehler eingeführt, der die Position des Merkmals verfälscht. Für die Schätzung der Kovarianzmatrix und der 3D-Position im WKS wird eine Standardabweichung von 3 mm für die Position und einem Grad für die Rotation um die jeweiligen Achsen vorausgesetzt. Die Pose des Endoskops wird über das optische Trackingsystem als verrauschte Messung $(\tilde{R}, \tilde{t})$ bezüglich des WKS angegeben. Die Unsicherheit der Translation t wird durch den Erwartungswert $\hat{t} = \tilde{t}$ und die Kovarianzmatrix Σ_t charakterisiert. Für die Unsicherheit der Rotation R wird in eine Quaternionendarstellung gewechselt. Die Unsicherheit der Messung wird hierbei durch ein kompositives Rauschmodell beschrieben [PT97]. Eine verrauschte Messung $\tilde{q}$ wird durch Verkettung der tatsächlichen Rotation q und der aufgrund von Fehlern von der Identität abweichenden Abbildung $\tilde{q}_e$ dargestellt. Die Rotation eines 3D-Punktes kann als Funktion $r(M_{KKS}, q)$ beschrieben werden. Für die Transformation eines 3D-Punktes und zugehöriger Kovarianzmatrix in das WKS wird zuerst die Unsicherheit der Kameraorientierung, $y = r(M_{KKS}, \tilde{q}_e^{-1})$, im KKS ermittelt:

$$\hat{y} = \tilde{M}_{KKS} \tag{6.6}$$

$$\Sigma_y = J_e \Sigma_e J_e^T + \Sigma_M. \tag{6.7}$$

Die Jacobi-Matrix J_e ergibt sich durch die Ableitung von $r(\tilde{M}_{KKS}, q_e)$ nach q_e. Die Matrix Σ_e repräsentiert die Verteilung des Rauschens, das die Messung für q verfälscht. Die Matrix Σ_e wird geschätzt, indem in der Rotationsachsendarstellung kleine Fehler von der Identität durch zufällige Achsendrehungen modelliert werden. Die Position eines 3D-Punktes im WKS ergibt sich mittels der verrauschten Messung $(\tilde{R}, \tilde{t})$ zu: $M_{WKS} = \tilde{R}y + \tilde{t}$. Unter Berücksichtigung der Unsicherheit der Kamerapose berechnet sich der Erwartungswert $\hat{M}_{WKS}$ der 3D-Position des Merkmals und der Kovarianzmatrix $\Sigma_{M_{WKS}}$ im WKS aus:

$$\hat{M}_{WKS} = \tilde{R}\hat{y} + \tilde{t} \tag{6.8}$$

$$\Sigma_{M_{WKS}} = \tilde{R}\Sigma_y(\tilde{R})^T + \Sigma_t. \tag{6.9}$$

6.1.2   Aktualisierung der 3D-Struktur

Nachdem das erste Stereopaar für die Initialisierung der Struktur verwendet wurde, muss jede neue Aufnahme in Beziehung zur aktuellen Struktur gebracht werden. Ein 3D-Punkt, der Teil der aktuellen Struktur ist, ist im Allgemeinen in mehreren Aufnahmen sichtbar, d. h. es existieren mehrere Messungen der 3D-Position. Diese zusätzlichen Messungen müssen fusioniert werden und tragen zu einer Verbesserung der 3D-Position bei. Zusätzlich werden neue Punkte, die durch die Bewegung des Endoskops ins Sichtfeld geraten, initialisiert und instabile 3D-Punkte verworfen. Für jedes neue Stereobildpaar werden Merkmale extrahiert, Korrespondenzen zugeordnet, 3D-Positionen rekonstruiert und in das WKS transformiert wie in Abschnitt 6.1.1 beschrieben, jedoch müssen die Merkmale nun in Beziehung zur aktuellen Struktur gebracht werden. Für jedes zuvor detektierte Merkmal, für das ein 3D-Punkt berechnet wurde, existiert ein Eintrag $F = (M_{WKS}, \Sigma_{M_{WKS}}, (c_1, \ldots, c_n))$ in einer Datenbank. Dieser Eintrag setzt sich aus der 3D-Position M_{WKS}, der Kovarianzmatrix $\Sigma_{M_{WKS}}$ im WKS und einer Reihe von Charakteristika c für jedes Bildpaar, in dem der Punkt sichtbar war, zusammen. Die Charakteristika $c_i = ((m_l, m_r), D, (O_l, o))$ eines 3D-Punktes benötigt man für die Verfolgung der Merkmale, sie werden für jedes Bildpaar i, in dem der Punkt sichtbar ist, abgespeichert:

- (m_l, m_r): Position des charakteristischen Bildmerkmals im linken und rechten Kamerabild.

- D: Deskriptor des Merkmals im linken Kamerabild.

- (O_l, o): Position (optisches Zentrum O_l) und Blickrichtung (optische Achse o) der linken Kamera im Bezug auf das WKS.

Die nächsten Abschnitte beschreiben die einzelnen Schritte für die Aktualisierung der 3D-Struktur im Detail.

Relation zwischen aktueller Aufnahme und rekonstruierter Struktur

Um das aktuelle Stereobildpaar in Beziehung zur bisherigen rekonstruierten Struktur zu bringen, ist eine robuste Verfolgung der charakteristischen Bildmerkmale von großer Bedeutung. Die aktuell detektierten Merkmale im linken Bild eines Stereobildpaar werden mithilfe der Datenbank den vorigen Beobachtungen zugeordnet. Dabei werden zuerst die Merkmale der aktuellen Aufnahme zum Zeitpunkt t mit den Merkmalen der Aufnahme zum Zeitpunkt $t - 1$ verglichen. Alle dabei nicht zugeordneten Merkmale der aktuellen Aufnahme werden danach mit früheren Aufnahmen in Beziehung gesetzt. In beiden Fällen kann die bereits rekonstruierte Struktur und die Pose des Endoskops ausgenutzt werden, um den Vergleich der Merkmale zu unterstützen.

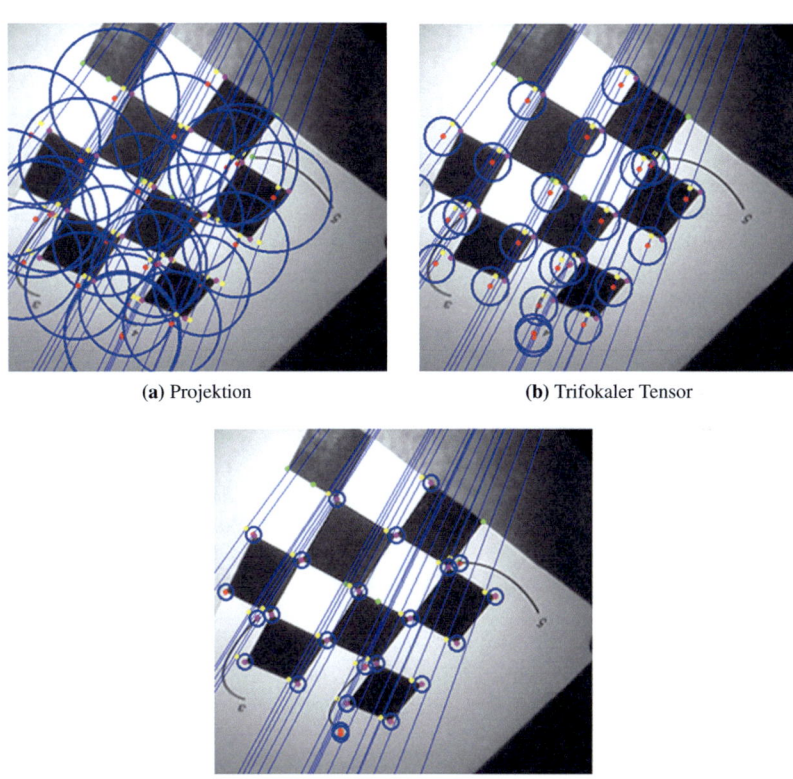

(a) Projektion   (b) Trifokaler Tensor

(c) Optischer Fluss

Abb. 6.4: Schätzung der Merkmalsposition [Kle08]: Rot: Positionsschätzung. Blau: Fehlerellipsoid und Epipolarlinien. Grün: Detektierte Merkmale ohne Korrespondenz. Violett: Detektierte Merkmale mit Korrespondenz. Gelb: Projektion der detektierten Merkmale auf die Epipolarlinie, falls eine Korrespondenz gefunden wurde.

Relation zwischen sukzessiven Aufnahmen   Um die Merkmale zwischen zwei aufeinanderfolgenden Aufnahmen zu verfolgen, wird eine Positionsschätzung der Merkmale der vorigen Aufnahme im aktuellen Bild berechnet. Für die Schätzung der Position existieren unterschiedliche Ansätze, die sich teilweise die bekannte Pose des Endoskops zu Nutze machen. Im Rahmen der Positionsschätzung wurden drei verschiedene Ansätze evaluiert. Zusätzlich wird die Unsicherheit der Positionsschätzung mithilfe des Fehlerellipsoids der zugehörigen Kovarianzmatrix beschrieben.

- **Projektion**: Auf Basis der extrinsischen und intrinsischen Kameraparameter lässt sich die Projektionsmatrix P (vgl. Gleichung 5.5) der aktuellen Aufnahme berechnen. Eine Schätzung der Merkmalsposition und des Fehlerellipsoids erhält man durch Projektion des 3D-Punktes und zugehöriger Kovarianzmatrix mittels P in die aktuelle Bildebene.

- **Trifokaler Tensor**: Der trifokale Tensor [HZ00] beschreibt die geometrischen Beziehungen zwischen drei Ansichten und ist das Analogon zur Fundamentalmatrix für zwei Ansichten. Mithilfe des Tensors und einer Punktkorrespondenz zwischen zwei Ansichten lässt sich die Position des korrespondierenden Punktes in der dritten Bildebene eindeutig bestimmen. Die Kovarianzmatrix der Positionsschätzung entspricht einer isotropen Gaußverteilung in der Bildebene.

- **Optischer Fluss**: Der optische Fluss [TV98] ist ein Verfahren zur Schätzung der Verschiebungsgeschwindigkeit und Richtung der Pixel zweier aufeinanderfolgender Bilder. Die Berechnung basiert auf Grauwertänderungen der Pixel und ist daher von der Pose des Endoskops unabhängig. Eine Methode zur Schätzung des optischen Flusses ist das sogenannte *Lukas-Kanade* Verfahren [LK81], das basierend auf räumlichen und zeitlichen Beleuchtungsänderungen der Pixel das Vektorfeld berechnet. Für die Kovarianzmatrix wurde die gleiche Verteilung wie beim trifokalen Tensor zugrundegelegt.

Die Position korrespondierender Merkmale aus zwei aufeinanderfolgenden Aufnahme ist auf den Fehlerellipsoid eingeschränkt, d. h. die in Frage kommenden korrespondierenden Merkmale im aktuellen Bild befinden sich innerhalb der Ellipse (Abb. 6.4). Der Deskriptor des Merkmals aus dem vorigen Bild wird mit den Deskriptoren der Merkmale im aktuellen Bild, die sich innerhalb der Ellipse befinden und einen bestimmten Abstand zur Epipolarlinie nicht überschreiten, verglichen. Die beste Übereinstimmung, die einen vorgegebenen Schwellwert nicht unterschreitet, wird zugeordnet.

Relation zwischen aktueller und früheren Aufnahmen   Alle Merkmale der aktuellen Aufnahme, die keinem Merkmal aus der vorigen Aufnahme zugeordnet wurden, sind entweder Punkte, die in einer früheren Aufnahme bereits beobachtet wurden oder neu hinzugekommen sind.

Die Zuordnung zu bereits beobachteten Merkmale resultiert aus einer Suche in der Datenbank. Die Auswahl der in Frage kommenden Einträge F erfolgt mithilfe einer Projektion aller nicht bereits zugeordneten 3D-Punkte in die aktuelle Bildebene. Für alle 3D-Punkte, die in der aktuellen Bildebene liegen, wird der zugehörige Deskriptor mit den Deskriptoren der Merkmale der aktuellen Aufnahme, die sich innerhalb des projizierten Fehlerellipsoids befinden, verglichen. Der Deskriptor eines 3D-Punktes, der mit der aktuellen Aufnahme verglichen wird, wird mithilfe der Charakteristika c_i eines Eintrags F ausgewählt. Um eine möglichst große Übereinstimmung zu

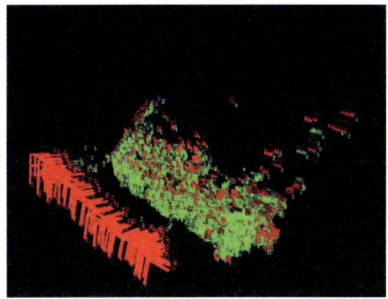 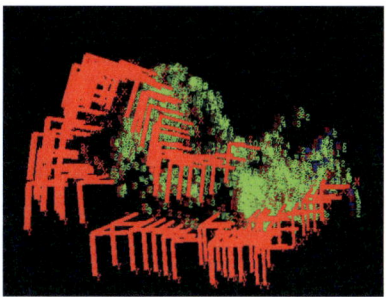

Abb. 6.5: Ergebnis der Rekonstruktion: Rekonstruierte Punktwolke und Endoskopbewegung.

erreichen, wird der Eintrag ausgewählt, dessen Kameraposition und Blickrichtung mit der aktuellen Aufnahme am besten übereinstimmt.

Fusion der 3D-Messungen

Die berechnete 3D-Struktur kann mit jedem neu akquirierten Stereobildpaar verbessert werden, falls für bereits existierende 3D-Punkte aufgrund der Merkmalsverfolgung eine neue Messung erfolgt. Mithilfe eines Kalman-Filters [WB95], das für jeden einzelnen 3D-Punkt mit der ersten Messung und der zugehörigen Kovarianzmatrix im WKS initialisiert wird, können die neuen Messungen mit dem bereits existierenden 3D-Punkt fusioniert werden.

Der Zyklus eines Kalman-Filters teilt sich auf in eine Prädiktion und Aktualisierung. Die 3D-Position wird mithilfe eines Prozessmodells im Prädiktionsschritt geschätzt und bei der Aktualisierung anhand einer neuen Messung verbessert. Aufgrund der rigiden Szene werden Mess- und Prozessmodell auf die Einheitsmatrix gesetzt, zusätzlich wird für die Prädiktion eine kleine Unsicherheit angenommen. Um falsche Zuordnungen zu verhindern, wird die Wahrscheinlichkeit der Messung unter der Voraussetzung des bisherigen Filterzustands geschätzt [HL01]:

$$p(\tilde{M}|\hat{M},\Sigma_{\hat{M}},\Sigma_{\tilde{M}}) = \frac{1}{\sqrt{(2\pi)^3 \det(\Sigma_{\hat{M}}+\Sigma_{\tilde{M}})}} \exp\left(-\tfrac{1}{2}(\tilde{M}-\hat{M})^T(\Sigma_{\tilde{M}}+\Sigma_{\hat{M}})^{-1}(\tilde{M}-\hat{M})\right)$$

wobei $\tilde{M}$ die neue Messung der Position im WKS und $\hat{M}$ das Prädiktionsergebnis des Filters beschreibt.

Die Messung wird verworfen, falls sie sich nicht innerhalb der Ellipse befindet, in der 60 % aller Messungen erwartet werden. Ansonsten wird der Filter aktualisiert und die neue Messung iterativ integriert. Abbildung 6.5 veranschaulicht das Ergebnis der dreidimensionalen Rekonstruktion basierend auf einer Bildsequenz.

Nachbearbeitung

Die Aktualisierung der 3D-Struktur beinhaltet auch das Entfernen instabiler und die Initialisierung neuer Merkmale, die aufgrund der Endoskopbewegung sichtbar werden. Alle Merkmale im aktuellen Bildpaar, die nicht mit einem vorigen in Beziehung gebracht wurden, werden neu initialisiert. Bei der Merkmalsverfolgung und Filteraktualisierung wird bereits versucht, instabile Merkmale auszuschließen. Trotzdem werden manchmal fehlerhafte Korrespondenzen in die Datenbank aufgenommen. Um instabile Merkmale in der Datenbank zu detektieren und zu löschen, kommen zusätzlich zwei weitere Kriterien zum Einsatz:

- **Anzahl der Beobachtungen**: Falls ein Merkmal weniger als drei Mal in aufeinanderfolgenden Aufnahmen detektiert wurde, wird es aus der Datenbank gelöscht.

- **Median-Filter** nach [WCD$^+$06]: Falls der Rückprojektionsfehler, der sich aus der Projektion eines aktuellen 3D-Punkts in die letzten drei linken Bilder ergibt, einen bestimmten Schwellwert überschreitet, wird das Merkmal aus der Datenbank entfernt. Der Schwellwert $T = m + 3\sigma$ ergibt sich aus Median m und Standardabweichung σ der Rückprojektionsfehler aller Merkmale.

6.2   3D-Rekonstruktion dynamischer Strukturen

Im Bereich der laparoskopischen Chirurgie werden in der Regel Weichgewebestrukturen und Organe behandelt, die sich aufgrund von Atmung und Instrumenten-Gewebe Interaktion bewegen. Für eine intraoperative Registrierung von Weichgewebe benötigt man daher eine möglichst vollständige Rekonstruktion der Oberfläche, um auch die Deformation des Gewebes zu berücksichtigen. Für eine umfassende 3D-Rekonstruktion bietet sich der Einsatz eines pixelbasierten Verfahrens an, da für jedes einzelne Pixel die Korrespondenz und damit auch der 3D-Punkt berechnet wird. Insbesondere benötigt man eine robuste Rekonstruktion, die in Echtzeit eine sogenannte Tiefenkarte einer dynamischen Szene generiert und für die Besonderheiten endoskopischer Bildsequenzen geeignet ist.

6.2.1   Berechnung einer Tiefenkarte

Im Gegensatz zu der im vorigen Abschnitt beschriebenen Methode, die basierend auf einzelnen Merkmalen eine 3D-Rekonstruktion durchführt, wird für die Berechnung einer Tiefenkarte ein lokales, pixelbasiertes Verfahren eingesetzt. Eine Tiefenkarte veranschaulicht die berechneten Punktkorrespondenzen und enthält die Disparität jeder Korrespondenz, wobei helle Bildpixel eine kürzere Entfernung zur Kamera symbolisieren als dunklere.

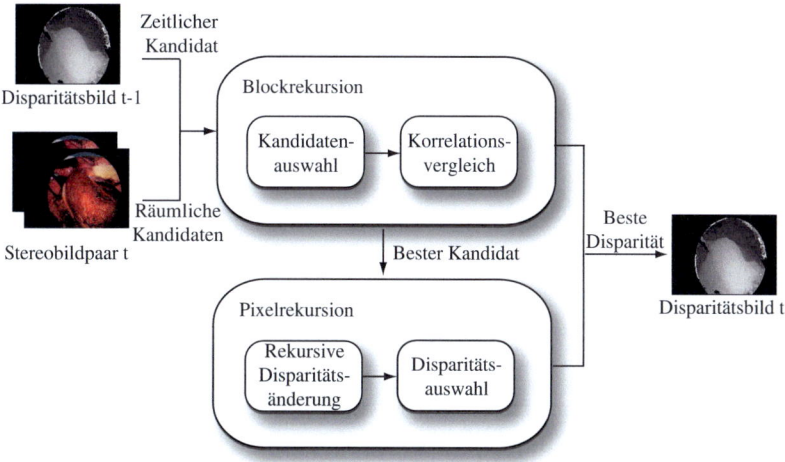

Abb. 6.6: Hybride-rekursive Korrespondenzanalyse.

Die Zuordnung von Korrespondenzen im linken und rechten Kamerabild findet häufig mithilfe eines korrelationsbasierten Verfahrens statt, bei denen die Blöcke entlang der Epipolarlinie verschoben werden (vgl. Abschnitt 6.1.1). Je größer der gewählte Block, desto robuster ist das Verfahren; je kleiner hingegen, desto genauer ist die Korrespondenz. Bei pixelbasierten Verfahren wird für jedes einzelne Pixel im linken Bild anhand eines Blockvergleichs der korrespondierende Punkt im rechten gesucht. Für die Rekonstruktion von Weichgewebe hat sich der Einsatz der sogenannten hybriden-rekursiven Korrespondenzanalyse [AKS04] als geeignet erwiesen.

Die hybride-rekursive Korrespondenzanalyse ist eine zweistufige pixelbasierte Methode, die sich aus einem korrelationsbasierten Verfahren und einer optischen Flussberechnung zusammensetzt. Ursprünglich wurde es für die Generierung von Tiefenkarten in einem Videokonferenzsystem entwickelt, das hohe Anforderungen im Bereich Echtzeitfähigkeit und Korrespondenzsuche bei periodisch auftretenden Texturen und homogene Flächen stellt. Die Methode wurde für die Rekonstruktion von Weichgewebe adaptiert und berechnet auf Basis vorverarbeiteter Bildpaare eine dichte Tiefenkarte. Die einzelnen Schritte werden im Folgenden erläutert, weitere Details werden in [Röh08] näher beschrieben.

Hybride-rekursive Korrespondenzanalyse

Die hybride-rekursive Analyse ist ein echtzeitfähiges Verfahren für die Generierung von dichten Tiefenkarten, das sich als zehnfach schneller als andere Stereoanalyseverfahren bei gleicher Qualität erwiesen hat [SBAK01]. Sie kombiniert ein blockrekursives Korrelationsverfahren und eine pixelrekursive Berechnung des optischen Flusses und erzeugt daher nicht nur örtlich, sondern auch zeitlich konsistente Tiefenkarten (Abb. 6.6). Dieser Aspekt eignet sich besonders gut für bewegte Szenen wie Weichgewebeaufnahmen in Endoskopbildsequenzen.

Unter der Annahme, dass die Disparitätswerte örtlich benachbarter Pixel ähnlich sind, wird im ersten Schritt eine sogenannte Blockrekursion durchgeführt. Die anschließende Pixelrekursion aktualisiert die Tiefenkarte im Bereich von Tiefensprüngen, die bspw. bei schnellen Bewegungen entstehen. Die Beschränkung auf eine kleine Menge an Kandidaten für den Korrelationsvergleich führt zu einer erheblichen Beschleunigung des Verfahrens.

Blockrekursion Die Blockrekursion verwendet ein klassisches blockbasiertes Korrelationsverfahren, jedoch werden die Vergleiche auf drei Kandidaten eingeschränkt und kein vollständiges Disparitätsintervall durchsucht:

- **Horizontaler Kandidat:** Disparität des linken oder rechten Nachbarpixels.
- **Vertikaler Kandidat:** Disparität des oberen oder unteren Nachbarpixels.
- **Zeitlicher Kandidat:** Disparität desselben Pixels aus dem vorigen Bild.

Diese Einschränkung resultiert in einer erheblichen Beschleunigung und begründet sich durch die sogenannte Glattheitsbedingung, d. h. in der Nachbarschaft eines Pixels lassen sich ähnliche Disparitätswerte beobachten. Im Gegensatz zu klassischen Verfahren werden zusätzlich noch die Disparitätswerte aus dem vorigen Bild miteinbezogen.

Die Auswahl des horizontalen und vertikalen Kandidaten beruht auf bereits berechneten Disparitäten. Um diese Kandidaten richtungsunabhängig auszuwählen, wird eine zweifache mäanderförmige Verarbeitung durchgeführt, d. h. die Auswahl wechselt von Bild zu Bild und zwischen Bildzeilen. Um die beste Korrelation zwischen aktueller Pixelposition m_l und korrespondierender Position m_r im rechten Bild zu finden, werden die einzelnen Kandidaten überprüft. Der Kandidat mit der besten Korrelation wird als Startvektor an die Pixelrekursion übergeben.

Das verwendete Ähnlichkeitsmaß ist die sogenannte Census-Transformation [ZW94], die die relative Intensitätsverteilung der Pixel im zu vergleichenden Block um das betrachtete Pixel m berücksichtigt. Dabei wird jedem Pixel innerhalb des $n \times n$ großen Fensters eine Bit-Kette zugewiesen. Die zu berechnende Ähnlichkeit wird über die Summe der Hamming-Distanz der einzelnen Bit-Ketten ermittelt, wobei zur Geschwindigkeitsoptimierung nur der zu betrachtende Pixel transformiert wird.

$$Census(I_l, I_r) = \sum_{x,y} Hamming(I_l^{'}(x,y), I_r^{'}(x+d,y)) \qquad (6.10)$$

$$I^{'}(m) = \otimes_{x,y=0}^{n-1} \zeta(m, m+[x,y]) \qquad (6.11)$$

$$\zeta(m, m^{'}) = 1 \quad \text{, falls} \quad I(m^{'}) < I(m), \quad \text{sonst} \quad 0 \qquad (6.12)$$

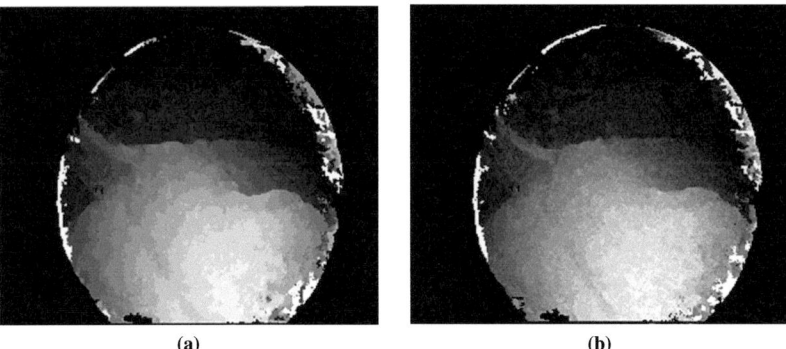

(a) (b)

Abb. 6.7: Erweiterung auf Subpixelgenauigkeit: (a) Tiefenkarte ohne Subpixelgenauigkeit. (b) Tiefenkarte mit Subpixelgenauigkeit.

Ein wichtiger Aspekt, insbesondere für endoskopische Bildsequenzen, ist die Erweiterung auf Subpixelgenauigkeit (Abb. 6.7), da diskrete Disparitätswerte den Genauigkeitsanforderungen nicht genügen und bedingt durch den kleinen Abstand zwischen den Linsen des Endoskops das Disparitätsintervall eingeschränkt ist. Da die nachfolgend beschriebene Pixelrekursion kontinuierliche Werte liefert und für die Startwerte des ersten Bildes verantwortlich ist, stehen kontinuierliche Werte auch bei der Blockrekursion zur Verfügung, müssen aber geeignet bearbeitet werden. Dafür wird für einen gegebene Disparität d eines Kandidaten das untere und obere Intervall $d_{min} = \lfloor d \rfloor$ und $d_{max} = \lceil d \rceil$ bestimmt. Für beide Disparitätswerte wird die Korrelation der korrespondierenden Pixel im linken und rechten Bild mithilfe der Census-Transformation berechnet. Im Folgenden wird die Bezeichnung $Census(d)$ für das Ähnlichkeitsmaß der zur Disparität d korrespondierenden Pixel im linken und rechten Bild verwendet. Der neue Disparitätswert und die zugehörige Korrelation in Abhängigkeit von d_{min} und d_{max} ergibt sich zu

$$d_{neu} = d_{min} + \underbrace{\frac{Census(d_{min})}{Census(d_{min}) + Census(d_{max})}}_{=\varepsilon} \qquad (6.13)$$

$$Census(d_{neu}) = \varepsilon Census(d_{min}) + (1 - \varepsilon)Census(d_{max}). \qquad (6.14)$$

Somit können sich auch innerhalb der Blockrekursion die Disparitätswerte in einem Intervall von $[-1,1]$ ändern. Für Tiefensprünge ist diese Anpassung jedoch nicht ausreichend, da dort die Disparitäten stärker variieren. Eine Aktualisierung der Tiefenkarte ist zwingend notwendig und wird mithilfe der Pixelrekursion durchgeführt.

Pixelrekursion   Die Pixelrekursion berechnet einen vierten Kandidaten, um abrupte Tiefenänderungen zu integrieren und die aus der Blockrekursion berechnete Tiefenkarte zu korrigieren. Das Verfahren basiert auf einer vereinfachten Berechnung des optischen Flusses und liefert dichte Disparitätsfelder, indem ein Verschiebungswert δd für das betrachtete Pixel innerhalb eines definierten Fensters berechnet wird. Mithilfe dieses gradientenbasierten Verschiebungswertes wird die initiale Disparität d_0, die von der Blockrekursion übergeben wird, rekursiv geändert:

$$d_{i+1}(x,y) = d_i - \underbrace{G(d_i,x,y) \cdot \frac{\nabla I(x,y)}{\|\nabla I(x,y)\|^2}}_{=\delta d}. \qquad (6.15)$$

Der Intensitätsgradient G zwischen zwei Pixel im linken und rechten Bild ergibt sich aus $G(d_i,x,y) = \left| I_l(x,y) - I_r(x+d_x, y+d_y) \right|$. Der optische Fluss $\frac{\nabla I(x,y)}{\|\nabla I(x,y)\|^2}$ wird aus Geschwindigkeitsgründen approximiert durch (g_x, g_y), aufgrund der Bearbeitung rektifizierter Bilder ergibt sich für g_y der Wert null.

$$g_x = \begin{cases} 0 & \text{, falls } \quad \frac{\delta I(x,y)}{\delta x} < 2 \\ (\frac{\delta I(x,y)}{\delta x})^{-1} & \text{, sonst} \end{cases} \qquad (6.16)$$

Es werden mehrere Rekursionen in dem gewählten Fenster um den betrachteten Pixel durchgeführt, wobei in jeder ungeraden Zeile gestartet wird. Für jeden weiteren Schritt wird die vorher berechnete Disparität d_{i-1} als neuer Startwert gewählt. Letztendlich wird aus der Liste der so berechneten Disparitäten $d_1, ..., d_i$ diejenige als Ergebnis gewählt, bei der der Intensitätsgradient G minimal wird.

Die ermittelte Disparität der Pixelrekursion wird mit der übergebenen Disparität aus der Blockrekursion mittels des Ähnlichkeitsmaßes verglichen, anschließend wird der beste Kandidat als neue Disparität gesetzt. Dieser Schritt ermöglicht die korrekte Anpassung im Bereich von Diskontinuitäten, allerdings wird die Pixelrekursion nicht zwingend für jeden Punkt durchgeführt. Das Ergebnis des Ähnlichkeitsmaßes des besten Kandidaten der Blockrekursion wird mit einem festgelegten Schwellwert verglichen und abhängig davon wird entschieden, ob eine Pixelrekursion erfolgt. Abbildung 6.8 veranschaulicht das Ergebnis der Tiefenkartenberechnung der hybriden-rekursiven Korrespondanzanalyse.

6.2.2   Robuste Generierung eines Oberflächenmodells

Aufgrund der Besonderheiten endoskopischer Bildfolgen, wie homogene oder periodisch texturierte Regionen, Glanzlichter und Verdeckungen, ist eine Nachbearbeitung der berechneten Tiefenkarte notwendig. Ziel der Nachbearbeitung ist die Detektion und Substitution von Fehlkorrespondenzen, um bei der anschließenden 3D-Rekonstruktion ein möglichst genaues Modell zu erhalten.

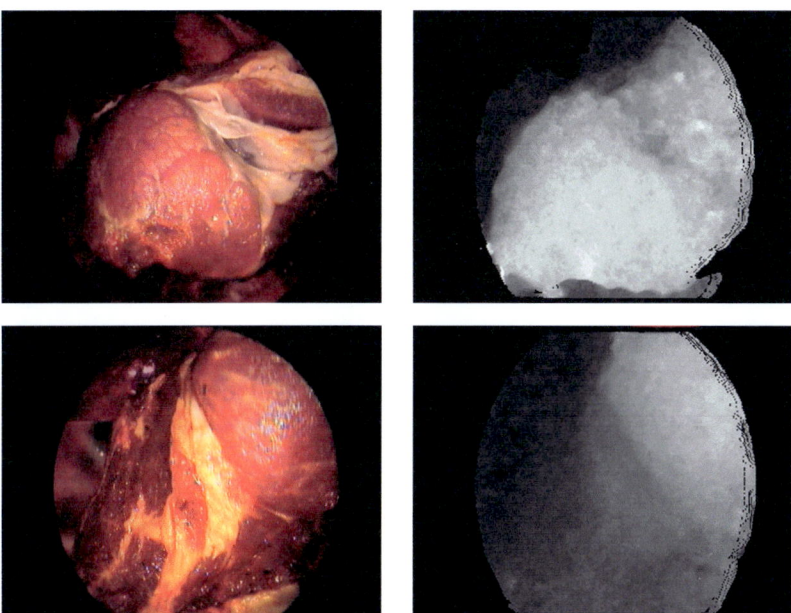

Abb. 6.8: Ergebnis der Tiefenkartenberechnung.

Detektion und Substitution von Fehlkorrespondenzen

Eine Methode zur Detektion von Fehlkorrespondenzen ist der sogenannte Konsistenztest, der die Berechnung des linken und rechten Disparitätsbildes erfordert. Der Konsistenztest überprüft, ob eine Korrespondenz in beide Richtungen existiert, also sowohl von links nach rechts als auch von rechts nach links. Eine Fehlkorrespondenz liegt vor, falls die Differenz beider Disparitäten einen definierten Schwellwert überschreitet.

Zusätzlich gelten Glanzlichtregionen, die im Rahmen der Bildvorverarbeitung detektiert wurden, als Fehlkorrespondenzen. Die ermittelten Fehlkorrespondenzen werden durch Information aus der Pixelumgebung ersetzt. Dabei erfolgt eine Interpolation mithilfe der Nachbarpixel, falls deren Disparitätswerte ähnlich sind und somit die Kontinuitätsbedingung erfüllen. Ansonsten wird mittels eines Median-Filters die fehlerhafte Disparität angepasst, wobei U die lokale Nachbarschaft des aktuellen Pixels bezeichnet.

$$d_{neu}(x,y) = \begin{cases} \frac{d(x+1,y)+d(x-1,y)+d(x,y+1)+d(x,y-1)}{4} & , \text{falls} \quad \begin{matrix} |d(x+1,y)-d(x-1,y)|<T \\ \wedge \quad |d(x,y+1)-d(x,y-1)|<T \end{matrix} \\ Median(d(x,y)), \quad (x,y) \in U & , \text{sonst} \end{cases}$$

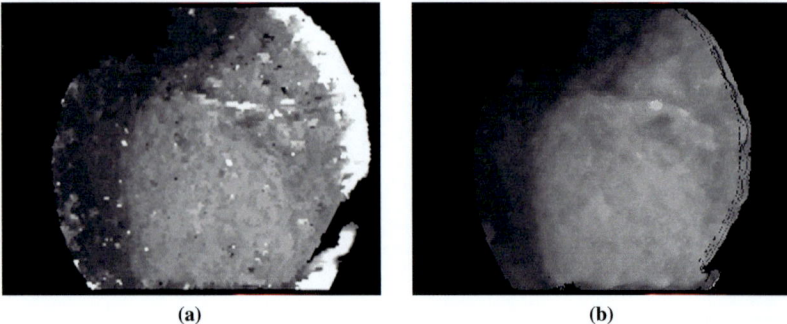

(a)   (b)

Abb. 6.9: Substitution von Fehlkorrespondenzen: (a) Tiefenkarte ohne Substitution. (b) Tiefenkarte mit Substitution.

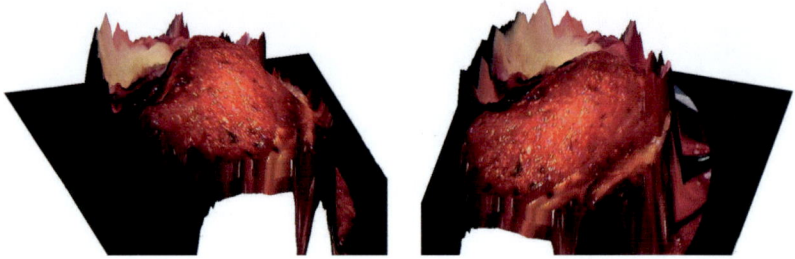

Abb. 6.10: Ergebnis der Oberflächenrekonstruktion.

Abbildung 6.9 verdeutlicht die Notwendigkeit einer Nachbearbeitung der Tiefenkarte bei der Rekonstruktion von Weichgewebe.

Rekonstruktion

Für jeden Zeitpunkt t erhält man eine Tiefenkarte, die die Schätzung der Disparitäten des Stereobildpaares beinhaltet. Die Tiefenkarte enthält die Korrespondenzen zwischen linken und rechten Bild. Basierend auf den berechneten Korrespondenzen werden die einzelnen 3D-Punkte der Oberfläche mittels einer Triangulation berechnet (vgl. Abschnitt 6.1.1). Die ermittelte Punktwolke kann für Visualisierungszwecke zusätzlich vernetzt und texturiert werden (Abb. 6.10).

6.3 Lokalisierung der Instrumentenspitze

Eine weitere wichtige Information, die aus den Bildern extrahiert werden kann, ist die 3D-Position der Operationsinstrumente. Die Berechnung der Position erfolgt für jedes Bild der Sequenz und resultiert in einer Verfolgung der Instrumentenspitze. Die Kenntnis der Position ermöglicht die Schätzung der Distanz zu definierten Risikostrukturen mithilfe des Oberflächenmodells und die Analyse der Instrumententrajektorie.

Die automatische Lokalisierung der Instrumentenspitze erfordert eine Segmentierung der Instrumente und eine anschließende Positionsbestimmung der Spitze. Die Instrumente sind markerlos, d. h. es wurden keine künstlichen Marker angebracht, die den intraoperativen Einsatz erschweren und die Sterilität der Instrumente gefährden. Die Anforderungen an eine automatische Lokalisierung sind vielfältig, für einen intraoperativen Einsatz ist die Echtzeitfähigkeit und Robustheit, die durch wechselnde Beleuchtungen und Glanzlichter erschwert wird, ein wichtiger Aspekt. Im Folgenden wird das entwickelte Verfahren näher erläutert, eine detailliertere Beschreibung ist in [SSS+08, Sen08] dokumentiert. Zuerst werden jedoch die Eigenschaften minimalinvasiver Instrumente genauer beschrieben.

6.3.1 Eigenschaften endoskopischer Instrumente

Eine automatische Lokalisierung und Verfolgung der Instrumentenspitze erfordert eine Einteilung des Bildes in Instrument und Hintergrund. Minimalinvasive Instrumente besitzen spezielle Charakteristika, die im Folgenden aufgelistet sind:

- Die Instrumente zeichnen sich durch achromatische Farbtöne aus.

- Die Instrumente befinden sich im Vordergrund, Verdeckungen treten an der Spitze auf.

- Die Instrumente lassen sich deutlich in Schaft und Spitze unterteilen. Der Schaft der Instrumente ist starr, lang, dünn und konvex. Die Spitze ist metallisch und häufig beweglich.

Die Kenntnis dieser Eigenschaften ermöglicht die Entwicklung einer robusten, markerlosen Segmentierungsmethode.

6.3.2 Segmentierung der Instrumente

Als Segmentierung bezeichnet man die Generierung zusammenhängender Regionen, deren Pixel ein bestimmtes Homogenitätskriterium erfüllen. Aufgrund der Eigenschaften minimalinvasiver Instrumente lassen sich die Bildpunkte in Instrumentenpixel und Hintergrundpixel einteilen. Die Klassifikation erfolgt anhand unterschiedlicher Kriterien, die aus den Bilddaten extrahiert werden. Zusätzlich muss

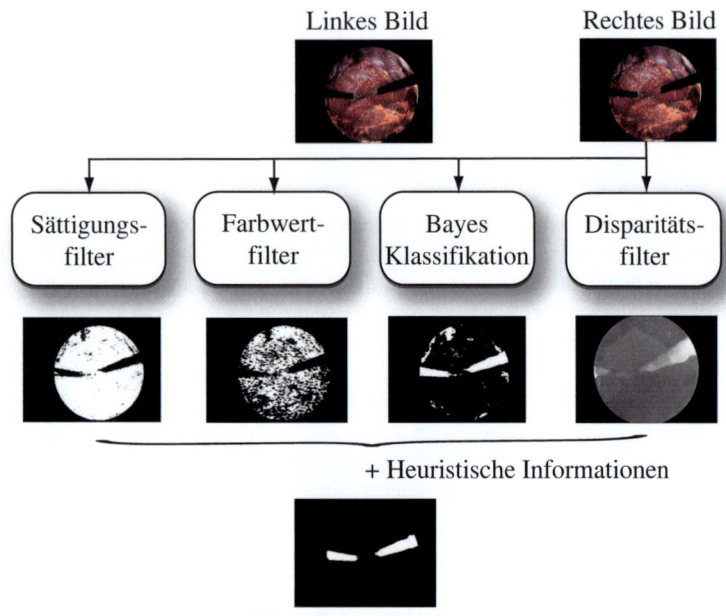

Abb. 6.11: Segmentierung der Instrumente.

besondere Rücksicht auf die Eigenschaften endoskopischer Bilder wie Glanzlichter, homogene Strukturen und wechselnde Beleuchtung genommen werden.

Die Segmentierung findet hauptsächlich im linken Bild des Stereopaares statt. Das Ergebnis ist ein Binärbild, das die klassifizierten Instrumentenregionen beinhaltet. Die Regionen sollten konvexe und eindeutige Kanten haben, um die anschließende Positionsbestimmung zu erleichtern. Für die Segmentierung werden zuerst Farb- und Formeigenschaften verwendet, um potentielle Regionen auszuwählen. Anschließend werden falsch klassifizierte Regionen aufgrund heuristischer Informationen ausgeschlossen. Abbildung 6.11 skizziert das Verfahren, das in den nächsten Abschnitten genauer beschrieben wird.

Segmentierung auf Basis von Sättigung und Farbton

Der HSV-Farbraum ist vergleichbar mit der menschlichen Wahrnehmung und wird für die Bildsegmentierung oft verwendet, da die Farbinformation getrennt von Hel-

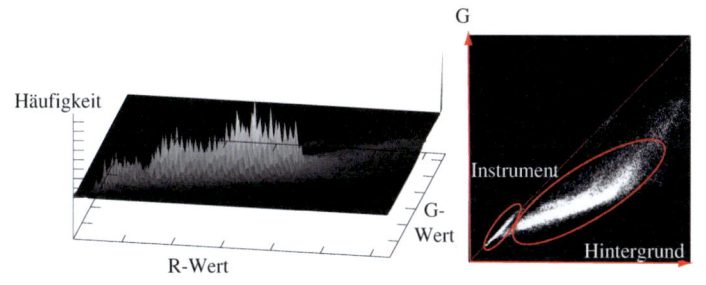

Abb. 6.12: R-G Histogramm veranschaulicht die Einteilung in Klasse Instrument (R-G Linie) und Klasse Hintergrund.

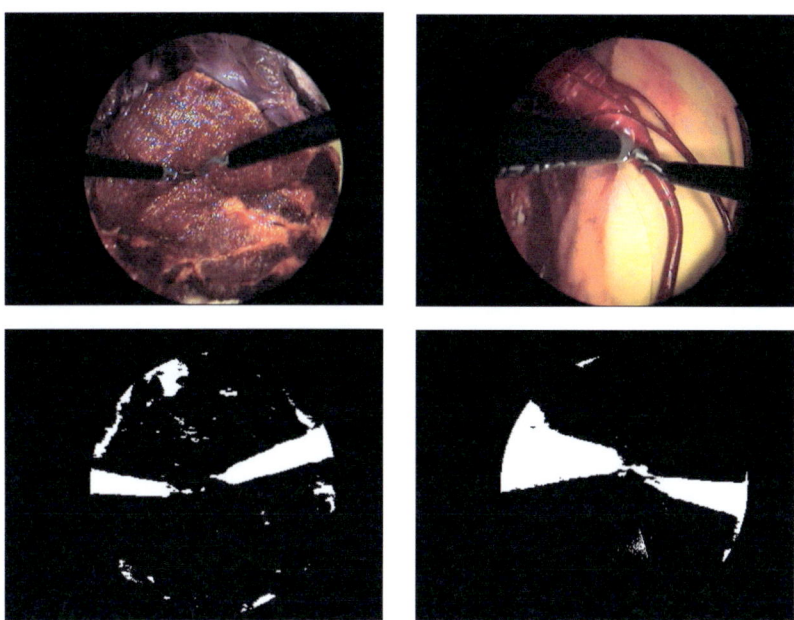

Abb. 6.13: Sättigungsbasierte Segmentierung: Oben: Originalbilder. Unten: Ergebnis des Sättigungsfilters.

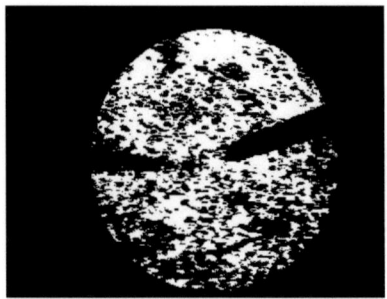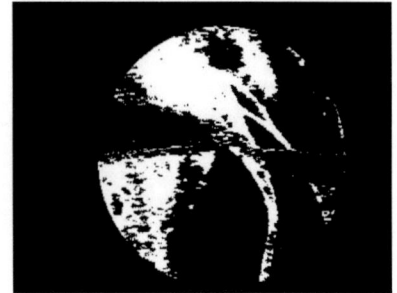

Abb. 6.14: Ergebnis des Farbtonfilters (Originalbilder aus Abb. 6.13).

ligkeit und Sättigung dargestellt wird. Minimalinvasive Instrumente zeichnen sich durch achromatische Farbtöne aus, die mithilfe des HSV-Raums, der Chromatizität von Luminanz trennt, stabil segmentiert werden können. Zusätzlich ist eine Segmentierung im HSV-Raum robust gegenüber Beleuchtungsänderungen und Glanzlichtern. Achromatische Farbtöne können über die Sättigung ermittelt werden, die ein Maß für die Intensität und die spektrale Reinheit einer Farbe in Relation zu einer ungesättigten Farbe beschreibt.

In Endoskopbildern überwiegen rötliche Farbtöne, die den R-Wert eines RGB-Tupels maximieren. Das 2D-Histogramm der R und G Werte ist in Abbildung 6.12 veranschaulicht. Aufgrund dieser Beobachtungen wurde für die Berechnung der Sättigung aus einem RGB-Bild ein modifiziertes Kriterium S' verwendet, das sich für die Segmentierung von Instrumenten als geeigneter erwiesen hat:

$$S' = |R - G| \tag{6.17}$$
$$m \in \{ \text{ Instrument, falls } \quad I_{S'}(m) < 16 \tag{6.18}$$

Abbildung 6.13 veranschaulicht das Ergebnis des Sättigungsfilters. Des Weiteren kann der Farbton H dazu verwendet werden, die Rötlichkeit eines Pixels zu bestimmen und somit zu klassifizieren, ob ein Pixel zum Hintergrund gehört (Abb. 6.14). Die Berechnung des Farbtons entspricht nicht der klassischen Formel, sondern wurde ähnlich der Sättigung für die Segmentierung adaptiert.

$$H' = \begin{cases} ((R-G) \cdot 30/S)/2 & \text{, falls } \quad V = B \\ (60 + (G-B) \cdot 30/S)/2 & \text{, falls } \quad V = R \\ (120 + (B-R) \cdot 30/S)/2 & \text{, falls } \quad V = G \end{cases} \tag{6.19}$$
$$m \in \{ \text{ Hintergrund, falls } \quad 50 < I_{H'}(m) < 60 \tag{6.20}$$

wobei $V = max(R,G,B)$. Die Schwellwerte wurden aufgrund Analysen unterschiedlicher Bilder mit variierender Beleuchtung empirisch ermittelt. Eine anschließende morphologische Erosion glättet die berechneten Binärbilder.

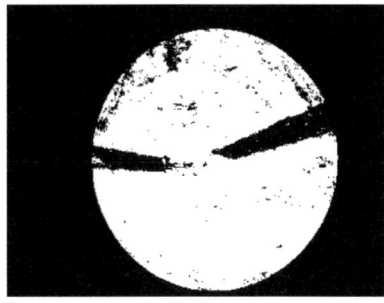 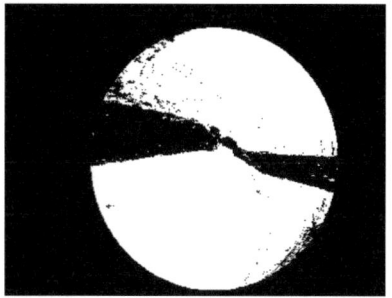

Abb. 6.15: Ergebnis des Bayesfilters (Originalbilder aus Abb. 6.13 [SSS$^+$08]).

Farbbasierte Bayes-Klassifikation

Eine bestimmte Anzahl an Trainingsbilder kann vorab dazu benutzt werden, einen sogenannten Bayes-Klassifikator zu trainieren. Ein Bayes-Klassifikator ordnet jedes Pixel anhand bestimmter Kriterien einer bestimmten Klasse zu, in diesem Fall existieren die beiden Klassen Instrument In und Hintergrund Hi. In den Trainingsbildern wurden die Instrumente manuell segmentiert. Der Farbwert $c = (H', S')$ eines Pixels, der zur Klassifikation verwendet wird, setzt sich zusammen aus dem Farbton H' und der Sättigung S' wie im vorigen Abschnitt beschrieben. Mittels der Trainingsbilder werden die Wahrscheinlichkeiten P(In), P(c) und die bedingte Wahrscheinlichkeit P($c|In$) berechnet. Basierend auf den berechneten Wahrscheinlichkeiten wird unter der Anwendung des Bayes-Theorems die bedingte Wahrscheinlichkeit $P(In|c)$, die angibt, ob ein Pixel zu einem Instrument gehört, bestimmt:

$$P(In|c) = \frac{P(c|In)P(In)}{P(c)} = \frac{P(c \cap In)}{P(c)} \qquad (6.21)$$

Ein Pixel wird basierend auf den Trainingsdaten klassifiziert (Abb. 6.15):

$$m \in \left\{ \text{ Instrument, falls } \quad P(In|c) \geq T \right.$$

wobei der Schwellwert T empirisch ermittelt wurde.

Disparitätsbasierte Segmentierung

Während eines minimalinvasiven Eingriffs befindet sich der Schaft der Instrumente in der Regel im Vordergrund, die Spitze kann teilweise verdeckt sein. Diese Eigenschaft kann für eine Segmentierung mittels der Tiefenkarte ausgenutzt werden, indem anhand der Disparitätswerte die einzelnen Pixel der Klasse Instrument oder Hintergrund zugeordnet werden. Die Tiefenkarte wird während der Rekonstruktion der Oberfläche für jedes Stereobildpaar mithilfe der hybriden-rekursiven Korrespondenzanalyse

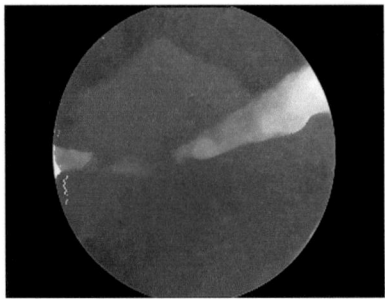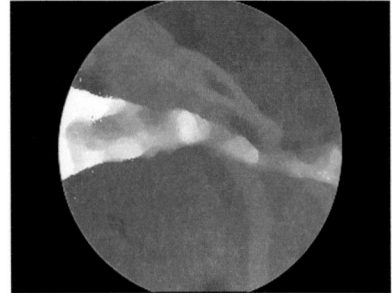

Abb. 6.16: Ergebnis der hybriden-rekursiven Korrespondenzanalyse (Originalbilder aus Abb. 6.13).

berechnet (Abb. 6.16, vgl. Abschnitt 6.2.1). Aufgrund variierender Disparitätswerte innerhalb der Bildsequenz wird ein optimaler Schwellwert mittels des *Otsu* Verfahrens bestimmt. Das *Otsu* Verfahren ermittelt adaptiv einen Schwellwert, der beide Klassen optimal trennt, weitere Details können in [Ots79] nachgelesen werden.

Ausschluss falsch klassifizierter Regionen

Die Teilergebnisse aller drei Segmentierungsfilter werden in einem einzigen Binärbild vereint, bei dem die klassifizierten Instrumentenpixel angezeigt werden. Zusätzlich werden die einzelnen Pixel zu zusammenhängenden Regionen verschmolzen, indem ein adaptiertes Regionenwachstumsverfahren verwendet wird. Das Verfahren bearbeitet jede Bildzeile einzeln und fasst die horizontalen Segmente zusammen. Die Regionen stellen potentielle Instrumente dar, jedoch müssen unter Einbezug heuristischer Informationen falsche Kandidaten ausgeschlossen werden. Der Ausschluss falscher Kandidaten erfolgt unter Betrachtung folgender Kriterien für jede einzelne Region:

- Größe der Region und Lage des Zentroid: Falls eine Region eine bestimmte Mindestgröße unterschreitet, wird sie ausgeschlossen.

- Kreiskontakt: Falls eine Region keinen Kontakt mit dem kreisrunden Bildrand hat, wird sie ausgeschlossen. Regionen mit mehr als einem Kontakt werden als sich kreuzende Instrumente identifiziert und separat behandelt (Abb. 6.17).

Abbildung 6.18 veranschaulicht das Ergebnis der Segmentierung nach dem Ausschluss falsch klassifizierter Regionen.

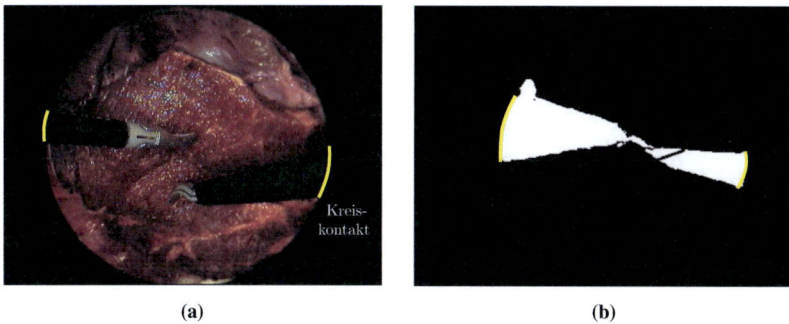

(a)   (b)

Abb. 6.17: (a): Ausschluss falsch klassifizierter Regionen anhand des Kreiskontakt-kriteriums. (b) Ausnahme: Kreuzende Instrumente.

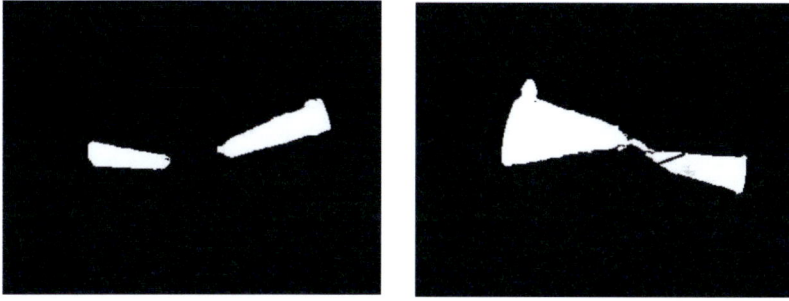

Abb. 6.18: Ergebnis der Segmentierung (Originalbilder aus Abb. 6.13 [SSS$^+$08]).

6.3.3   Positionsbestimmung der Spitze

Basierend auf den segmentierten Regionen wird als nächstes die Position der Instru-mentenspitze im Raum berechnet. Aufgrund auftretender Verdeckungen der Spitze ist die gesuchte Position der Übergang zwischen Schaft und Spitze eines Instruments, der eindeutig und robust ermittelt werden kann. Für die Positionsbestimmung wird zuerst die Hauptachse des Instruments bestimmt, auf der mithilfe eines Farbkriteri-ums die Spitze ermittelt wird. Die Berechnung des 3D-Punkts erfolgt unter Einbezug des rechten Bildes.

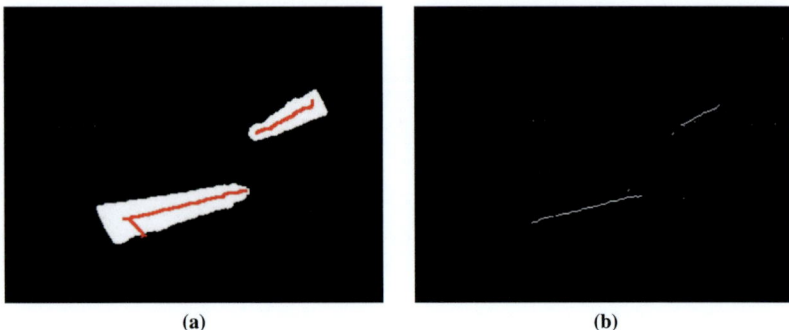

(a)   (b)

Abb. 6.19: Approximation der Instrumentenachse (a): Ergebnis der Skeletonisierung.
(b) Ergebnis der *Hough*-Transformation.

Approximation der Instrumentenachse

Die Suche nach der Spitze wird auf die Instrumentenachse eingeschränkt, die für
jede ermittelte Instrumentenregion bestimmt wird (Abb. 6.19). Dafür wird eine sogenannte Skeletonisierung [ZS84] durchgeführt, die eine reduzierte Repräsentation
einer Form darstellt und für die Analyse binärer Regionen verwendet wird. Der Ske-
leton besteht aus zusammenhängenden Mittellinien der Region, bei der redundante
Information eliminiert wurde, jedoch die Topologie in Bezug auf die Form erhalten
bleibt. Die Skeletonisierung reagiert jedoch empfindlich auf verrauschte Konturen
und kleine Löcher in der Region, die bei der Segmentierung der Instrumente entstehen können. Die Anwendung einer sogenannten Pseudo-Skeletonisierung, die die
Mittelpunkte aller vertikalen und horizontalen Segmente berechnet, ist robuster und
weniger anfällig für Rauschen.
Eine anschließende *Hough*-Transformation [AGD07] detektiert die Instrumentenachse auf Basis des berechneten Skeletons. Die *Hough*-Transformation wird zur
Erkennung parametrisierbaren Formen, bspw. Geraden, in Gradientenbildern eingesetzt. Dafür wird jedes Pixel in einen sogenannten Parameterraum transformiert,
wobei jeder Punkt im Parameterraum einer Form im Bild entspricht. Die zu suchende
Form wird über Häufungen im Parameterraum ermittelt. Die Spitze wird entlang der
Instrumentenachse mithilfe eines Farbkriteriums detektiert, das Intensitätssprünge
innerhalb eines Suchfensters auswertet und mit einem Schwellwert vergleicht. In
Abbildung 6.20 ist das Ergebnis der Detektion in gelb dargestellt.

Kreuzende Instrumente

Falls die Analyse der einzelnen Regionen eine Überlappung der Instrumente ergibt,
kann die im vorigen Abschnitt beschriebene Approximation der Instrumentenachse

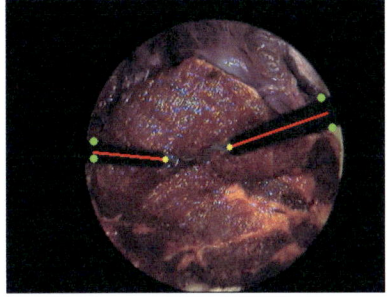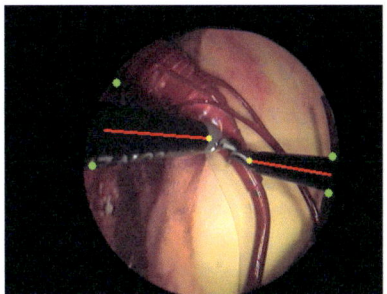

Abb. 6.20: Detektion der Instrumentenspitze (Originalbilder aus Abb. 6.13 [SSS⁺08]).

nicht angewendet werden. Kreuzende Instrumente resultieren bei der Segmentierung in einer einzigen Region. Für die Lokalisierung der Spitzen wird daher zeitliche Information miteinbezogen, indem die Position der Spitzen aus dem vorigen Bild benutzt wird, um den Suchraum einzuschränken. Mithilfe eines Blockvergleichs (vgl. Abschnitt 6.1.1) zwischen vorigen und aktuellen Bild wird die Spitze anschließend detektiert.

Berechnung der 3D-Position

Alle bisherigen Methoden wurden mit Ausnahme der Berechnung der Tiefenkarte nur auf dem linken Bild angewendet, für die Berechnung der 3D-Position wird auch das rechte Bild benötigt. Falls die Instrumentenspitze im linken Bild detektiert wurde, wird der korrespondierende Punkt im rechten Bild mithilfe eines korrelationsbasierten Verfahrens ermittelt. Die Umgebung der Spitze beinhaltet genug Information, um eine eindeutige Korrespondenz zuzuordnen, allerdings muss das Suchfenster groß genug gewählt werden. Die 3D-Position wird aus der gefundenen Korrespondenz mittels einer Triangulation (vgl. Abschnitt 6.1.1) berechnet.

6.4   Zusammenfassung

Die quantitative 3D-Analyse der Sequenzen bildet den zweiten Schritt der Prozesskette. Mithilfe eines Stereoendoskops lässt sich eine markerlose Stereoanalyse der Szene durchführen, die sowohl für die intraoperative Registrierung als auch für die Situationsinterpretation benötigt wird. Allerding stellen die Besonderheiten endoskopischer Bildsequenzen eine Herausforderung dar, die geeignete Methoden für eine 3D-Analyse voraussetzen. Basierend auf vorverarbeiteten Bildpaaren kann eine Oberflächenrekonstruktion rigider und dynamischer Strukturen erfolgen. Die

Rekonstruktion der Oberfläche rigider Strukturen basiert auf einem *Struktur-aus-Bewegungs*-Ansatz, der die Beziehung der Bilder einer Sequenz und die Korrespondenz zwischen stabilen Merkmalen nutzt. Die Pose des Endoskops wird über das optische Trackingsystem ermittelt.

Für die 3D-Rekonstruktion dynamischer Weichgewebestrukturen ist die Generierung einer dichten Tiefenkarte von großer Bedeutung, um die Deformation des Gewebes zu erfassen. Der Einsatz einer hybriden-rekursiven Korrespondenzanalyse erfüllt die Anforderungen für die Generierung eines intraoperativen 3D-Modells.

Die Lokalisierung der Instrumentenspitze ermöglicht die Schätzung der Distanz zu definierten Risikostrukturen mithilfe des Oberflächenmodells und die Analyse der Instrumententrajektorie. Für die Berechnung der Position werden die Instrumente bildbasiert segmentiert und die Spitze auf der Instrumentenachse lokalisiert.

Kapitel 7

Analyse der chirurgischen Handlung

Im folgenden Kapitel wird der dritte Schritt der Prozesskette – die Analyse der chirurgischen Handlung, näher erläutert. Wesentliche Merkmale der chirurgischen Handlung sind die ausgeführte Tätigkeit des Chirurgen, die eingesetzten Instrumente und die verwendeten chirurgischen Materialien. Um diese Situationsmerkmale zu erkennen, wurden verschiedene bildbasierte Methoden entwickelt. Die einzelnen Situationsmerkmale sind die Grundlage für eine anschließende Situationsinterpretation Eine Erkennung oder Klassifikation impliziert immer Modellwissen über die zu klassifizierenden Instanzen, das vorab in einer Trainingsphase erzeugt wird. Die Herausforderung besteht in der Generierung von Modellen, die invariant gegenüber Varianzen innerhalb der Klassen sind, aber sich für eine Differenzierung unterschiedlicher Modellklassen eignen.

7.1 Klassifikation chirurgischer Skills

Ein wichtiger Aspekt der chirurgischen Handlung ist die ausgeführte Tätigkeit des Chirurgen, der sogenannte Skill. Ein chirurgischer Skill beschreibt eine komplexe chirurgische Tätigkeit wie Nähen, Schneiden oder Knoten. Eine vollständige Liste chirurgischer Skills wurden im Rahmen des *Surgical Skill Workshops* identifiziert und findet sich in [SCH03].

Charakteristisch für chirurgische Skills ist ein eindeutiges Bewegungsmuster, das für die Klassifikation benutzt wird. Dafür wird die Trajektorie der Instrumente, die bspw. über die Lokalisierung der Instrumentenspitze (vgl. Abschnitt 6.3) akquiriert werden kann, verwendet. Auf Basis mehrerer vorab aufgenommener Trajektorien werden die chirurgischen Skills mithilfe von *Hidden Markov Modellen* (HMM) klassifiziert, die in einer isolierten Trainingsphase zuvor modelliert wurden. Zusätzlich wird die Ausführung bewertet, was bspw. für den Einsatz innerhalb eines laparoskopischen Trainingssystems von Interesse ist. Abbildung 7.1 skizziert das Verfahren, das in den nächsten Abschnitten genauer beschrieben wird. Details zu Entwurf und Umsetzung der Methodik sind in [SZS+09, Zen08] dokumentiert.

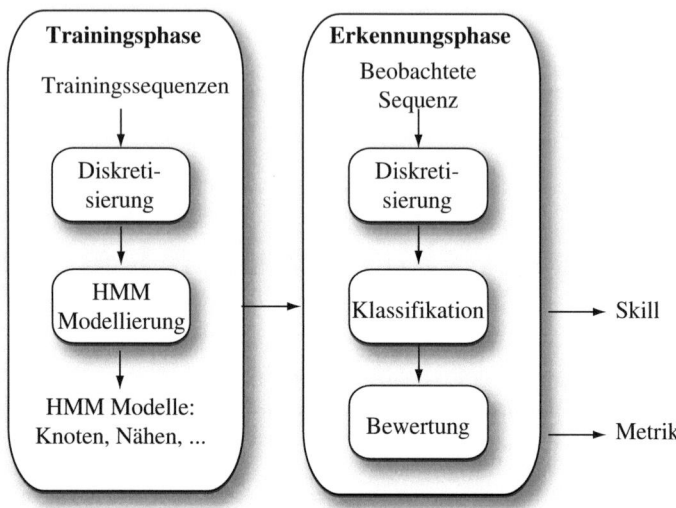

Abb. 7.1: Klassifikation chirurgischer Skills.

7.1.1 Diskretisierung der Trajektorie

Die Modellierung der HMMs erfolgt anhand aufgenommener Vorführungen jedes einzelnen Skills und erfordert eine Diskretisierung der kontinuierlichen Trajektorien. Hierbei wird versucht, redundante Information auszuschließen und charakteristische Merkmale zu erhalten.

Eine geeignete Technik ist die sogenannte Vektorquantisierung [PR01], die eine Datenmenge in Gruppen einteilt, indem eine Menge eingehender Merkmalsvektoren $x \in X \subseteq \Re^k$ auf eine deutlich geringere Anzahl N_c an Prototypvektoren $Y = y_1, \cdots, y_{N_c}$ abgebildet wird. Die Quantisierung berechnet Häufungsgebiete der unbekannten Datenverteilung, die durch Gaußdichten modelliert werden. Der Vektorquantisierer wird durch ein Codebuch charakterisiert, das aus den gesuchten Prototypvektoren besteht. Die Prototypvektoren bilden Repräsentanten für die Merkmalsvektoren, die durch ein Abstandsmaß auf diese Vektoren abgebildet werden. Formal lässt sich der Quantisierungsprozess als Funktion $q : X \rightarrow Y$ skizzieren, der eine Einteilung von X in R_i Partitionen durchführt:

$$R_i = \{x \in X : q(x) = y_i\} \quad i = 1, \cdots, N_c. \tag{7.1}$$

Für die Berechnung von q existieren iterative Methoden, die versuchen, den Quantisierungsfehler, der bei der Abbildung eines Merkmalsvektors x auf einen Prototypvektor entsteht, zu minimieren. Das Verfahren zur Codebucherzeugung, das im Rahmen der Diskretisierung verwendet wird, ist der sogenannte *LBG*-Algorithmus [LBG80].

Codebucherzeugung

Der *LBG*-Algorithmus basiert auf dem sogenannten *Lloyd*-Algorithmus [Llo82] und ist eine iterative Methode zur Berechnung eines Vektorquantisierers. Die Menge eingehender Merkmalsvektoren ist in der Regel beschränkt auf eine bestimmte Anzahl an Elementen $X = x_1, \cdots, x_{N_P}$. In jedem Iterationsschritt wird versucht, den Quantisierungsfehler $D(Y, R)$ zu minimieren:

$$D(Y,R) = \frac{1}{N_P} \sum_{p=1}^{N_P} d(x_p, q(x_p)) = \frac{1}{N_P} \sum_{i=1}^{N_C} D_i \qquad (7.2)$$

wobei $d(x, q(x))$ bspw. die euklidische Distanz berechnet und D_i den Fehler der i-ten Partition beschreibt.

Für die Berechnung eines Codebuchs benötigt der *LBG*-Algorithmus eine Stichprobe von Merkmalsvektoren, die gewünschte Codebuchgröße N_C und eine untere Schranke für den Quantisierungsfehler. Das Codebuch wird mit dem Zentroid der Stichprobe initialisiert und in jedem Iterationsschritt verdoppelt, optimiert und aktualisiert. Um die gewünschte Codebuchgröße zu erreichen, werden die aktuellen Prototypvektoren verdoppelt, indem ein kleiner Störvektor ε addiert bzw. subtrahiert wird. Auf Basis des Quantisierungsfehlers wird bei der Optimierung für das aktuelle Codebuch eine passende Partition der Stichprobe berechnet. Das aktualisierte Codebuch setzt sich aus den Zentroiden der Partitionen zusammen. Das Verfahren terminiert, wenn die gewünschte Codebuchgröße erreicht ist.

7.1.2 Modellierung chirurgischer Skills

Ziel der Modellierung ist die Erfassung der statistischen Eigenschaften der einzelnen Skills, sodass das generierte Modell für eine Mustererkennung verwendet werden kann. Als Basis dienen Beispieldaten erfahrener Chirurgen, die sich aus einer Reihe von aufgenommenen Trajektorien für jeden einzelnen Skill zusammensetzen. Weiterhin lassen sich Nebenbedingungen formulieren, die die Freiheitsgrade des Modells zusätzlich einschränken, bspw. ist die Ausführung eines Skills ein zeitlicher Prozess. Für die Modellierung der Skills bieten sich *Hidden Markov Modelle* an, die erfolgreich auf unterschiedlichen Gebieten der Mustererkennung, wie Sprach-, Schrift-, oder Gestenerkennung, eingesetzt werden. Der Einsatz dieser Modelle beruht immer auf der grundlegenden Annahme, dass es sich um einen stochastischen Prozess handelt, dessen Eigenschaften mit HMMs nachgebildet werden können.

Die Parameter des HMMs werden in einem iterativen Prozess anhand der Trainingssequenzen optimiert. Das Ergebnis soll sowohl die ausgeführten Trajektorien

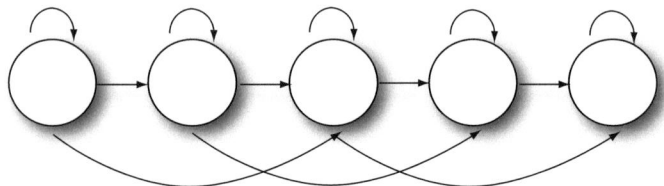

Abb. 7.2: Modelltopologie: Bakis-Modell mit 5 Zuständen.

reproduzieren als auch eine Segmentierung in charakteristische Teilsequenzen ermöglichen. Zusätzlich werden auf Basis der Beispieldaten auch die Systemzustände des HMMs trainiert. Die theoretischen Grundlagen und verwendeten Algorithmen werden in den folgenden Abschnitten näher erläutert, Details finden sich in [Fin03].

Hidden Markov Modelle

HMMs sind statistische Modelle basierend auf Markov Ketten, die um eine Ausgabewahrscheinlichkeit erweitert wurden. Der aktuelle Systemzustand kann nicht beobachtet werden, jedoch erzeugt ein Zufallsprozess eine Ausgabe gemäß der zugehörigen Wahrscheinlichkeitsverteilung. Formal ist ein diskretes HMM $\lambda = \{S, \Omega, \pi, A, B\}$ wie folgt definiert:

- $S = \{S_1, \cdots S_N\}$: Menge der N Zustände.

- $\Omega = \{o_1, \cdots o_M\}$: Menge der M Ausgabesymbole.

- π: Vektor der Startwahrscheinlichkeiten $\pi = \{\pi_i | \pi_i = P(S_1 = i)\}$.

- A: Matrix der Übergangswahrscheinlichkeiten
  $A = \{a_{ij} | a_{ij} = P(S_t = j | S_{t-1} = i)\}$.

- B: Matrix der Ausgabewahrscheinlichkeiten
  $B = \{b_{jk} | b_{jk} = b_j(o_k) = P(O_t = o_k | S_t = j)\}$.

Das aus den Beispieldaten generierte Codebuch bildet die Grundlage für die Sequenz der Ausgabesymbole, die sichtbar ist, die eingenommenen Zustände des Modells sind hingegen verborgen. Da die Modelle der chirurgischen Skills eine zeitliche Struktur besitzen, können keine beliebigen Zustandsübergänge erfolgen, sodass ein sogenanntes Bakis-Modell (Abb. 7.2) als Topologie gewählt wurde. Dieses Modell erlaubt das Verweilen und das Überspringen eines Zustands, sodass auch bei der Erkennung eine gewisse Flexibilität gewährleistet ist, bspw. bei schnellen und ungenauen Bewegungen. Bei gegebenem Modell λ und einer Ausgabesequenz $O = o_1 \cdots o_n$ ergeben sich drei wichtige Fragestellungen (vgl. [Fin03]):

- **Evaluierung**: Wie groß ist die Wahrscheinlichkeit, dass O von λ generiert wurde? Die Fragestellung erfordert die Berechnung der sogenannten Produktionswahrscheinlichkeit $P(O|\lambda)$ der Ausgabesequenz. Die Produktionswahrscheinlichkeit beschreibt die Wahrscheinlichkeit, dass die betrachtete Ausgabe von einem bestimmten Modell erzeugt wurde. Die Lösung des Evaluierungsproblems ist vergleichbar mit der Klassifikation der Skills; bei mehreren HMMs wird dasjenige ausgewählt, bei dem die Wahrscheinlichkeit am größten ist.

- **Dekodierung**: Wie lautet die wahrscheinlichste Sequenz von Zuständen, die O erzeugt? Die Lösung dieses Problems erlaubt die Segmentierung der Sequenz in Elementaroperatoren. Lösung ist die Zustandsfolge s^*, die bei gegebenem Modell die Produktionswahrscheinlichkeit $P(O, s^*|\lambda)$ maximiert.

- **Training**: Wie kann auf Basis einer Ausgabesequenz ein Modell λ erstellt werden, das die statistischen Eigenschaften der Sequenz modelliert? Für das Training der HMMs müssen die Modellparameter bestimmt werden, sodass $P(O|\lambda)$ maximiert wird.

Training von Hidden Markov Modellen

Ziel des Trainings ist ein Modell für jeden Skill zu generieren, das die statistischen Eigenschaften beschreibt und für eine Klassifikation eingesetzt werden kann. Die Berechnung eines optimalen Modells erfolgt iterativ, wobei die Anzahl der Zustände und die Art der Ausgabewahrscheinlichkeit festgelegt sind. Dabei wird versucht, die Parameter (a_{ij}, b_{jk}, π_i) eines gegebenen Modells λ so zu optimieren, dass die Wahrscheinlichkeit $P(\cdots|\hat{\lambda})$ für das neue Modell $\hat{\lambda}$ höher ist. Für das Training der Skills wird der sogenannte *Baum-Welch*-Algorithmus [Bau72] eingesetzt, der als Qualitätsmaß die Produktionswahrscheinlichkeit verwendet. Um auf die zu erwartenden Zustandsübergänge und Ausgaben rückzuschließen, muss die Wahrscheinlichkeit, dass zu einem gegebenen Zeitpunkt t vom Modell ein bestimmter Zustand i eingenommen wurde, ermittelt werden. Die Berechnung der Wahrscheinlichkeit wird mithilfe des sogenannten *Forward-Backward*-Algorithmus durchgeführt.

Forward-Backward-Algorithmus Der *Forward-Backward*-Algorithmus [Fin03] wird während des Trainings und bei der Klassifikation chirurgischer Skills verwendet. Er berechnet die a-posteriori Wahrscheinlichkeit $\gamma_t(i) = P(S_t = i|O, \lambda)$ eines Zustands i bei gegebener Ausgabefolge O zum Zeitpunkt t. Dafür ist die Produktionswahrscheinlichkeit $P(O|\lambda)$ erforderlich, die mittels des *Forward*-Algorithmus berechnet wird. Das Verfahren benötigt die sogenannte Vorwärtsvariable $\alpha_t(i) = P(O_1, \cdots, O_t, S_t = i|\lambda)$. Sie beschreibt die Wahrscheinlichkeit, bei gegebenem Modell λ die Ausgabesequenz O zu beobachten und sich zum Zeitpunkt t im Zustand i zu befinden. Die Vorwärtsvariable ergibt sich aus der Summe aller $\alpha_t(i)$ sowie der jeweiligen Übergangswahrscheinlichkeit a_{ij} zum aktuellen Zustand und der aktuellen Ausgabewahrscheinlichkeit $b_j(O_{t+1})$:

$$\alpha_{t+1}(j) = b_j(O_{t+1}) \sum_i \alpha_t(i) a_{ij}, \quad t = 1, \cdots, T-1. \tag{7.3}$$

Mithilfe eines induktiven Verfahrens ergibt sich die Produktionswahrscheinlichkeit $P(O|\lambda)$ aus der Summe

$$P(O|\lambda) = \sum_{i=1}^{N} \alpha_T(i) \tag{7.4}$$

wobei $\alpha_1(i) = \pi_i b_i(O_1)$ initialisiert wird.

Das Pendant zum *Forward*-Algorithmus ist der *Backward*-Algorithmus, der die Rückwärtsvariable $\beta_t(j) = P(O_{t+1}, \cdots, O_T | S_t = j, \lambda)$ benötigt. Sie berechnet die Wahrscheinlichkeit, dass ein HMM λ vom Zustand j ab dem Zeitpunkt $t+1$ die Symbolreihenfolge $O_{t+1}, O_{t+2}, \cdots, O_T$ generiert. Für die Rückwärtsvariable lässt sich folgende rekursive Berechnung ableiten:

$$\beta_t(i) = \sum_j \beta_{t+1}(j) a_{ij} b_j(O_{t+1}), \quad t = T-1, \cdots, 1 \tag{7.5}$$

wobei $\beta_T(i) = 1$.

Für die Berechnung der a-posteriori Wahrscheinlichkeit $\gamma_t(i)$ werden beide Variablen benötigt, die gesuchte Wahrscheinlichkeit ergibt sich zu:

$$\gamma_t(i) = P(S_t = i | O, \lambda) = \frac{\alpha_t(i)\beta_t(i)}{P(O|\lambda)}. \tag{7.6}$$

Baum-Welch-Algorithmus   Für das Training der HMMs wird der sogenannte *Baum-Welch*-Algorithmus verwendet, der basierend auf Beispieldaten ein gegebenes Modell λ optimiert, sodass es für eine Mustererkennung eingesetzt werden kann. Die Schätzung der Parameter basiert auf einem Maximum-Likelihood Kriterium und ist vergleichbar mit dem *Expectation-Maximization*-Algorithmus [DLR77]. In einem iterativen Prozess werden die Startwahrscheinlichkeiten π, die Übergangswahrscheinlichkeiten A und die Ausgabewahrscheinlichkeiten B so angepasst, dass $P(O|\hat{\lambda})$ des optimierten Modells $\hat{\lambda}$ maximal wird.

Als Eingabe dient eine Ausgabesequenz O und ein initiales Modell λ, das im Hinblick auf den Einsatz eines Bakis-Modell dementsprechend initialisiert wird. Dabei wird die Startwahrscheinlichkeit auf 1, die Übergangswahrscheinlichkeit auf $1/3$ (der Übergang zu sich selbst, zum Nachfolger und zum übernächsten Zustand) und die Ausgabewahrscheinlichkeit auf $1/N_C$ (N_C = Anzahl der Codebuchvektoren) gesetzt. Aufbauend auf bereits bekannten Größen wie die Vorwärtsvariable $\alpha_t(i)$, die Rückwärtsvariable $\beta_t(i)$ und die a-posteriori Wahrscheinlichkeit $\gamma_t(i)$ lassen sich Rückschlüsse auf modellinterne Abläufe bei der Generierung von O erzielen. Zusätzlich wird die a-posteriori Wahrscheinlichkeit $P(S_t = i, S_{t+1} = j|O, \lambda)$, die die Wahrscheinlichkeit beschreibt, einen Übergang von Zustand i nach Zustand j zu nutzen, benötigt:

$$\xi_t(i,j) = \frac{\alpha_t(i)a_{ij}b_j(O_{t+1})\beta_{t+1}(j)}{P(O|\lambda)}. \tag{7.7}$$

Die Wahrscheinlichkeit $\gamma_t(i)$ zum Zeitpunkt t im Zustand i zu sein kann auch mithilfe von $\xi_t(i,j)$ dargestellt werden:

$$\gamma_t(i) = \sum_{j=1}^{N} \xi_t(i,j) \tag{7.8}$$

Die aktualisierten Modellparameter $\hat{\lambda} = \{S, \Omega, \hat{\pi}, \hat{A}, \hat{B}\}$ ergeben sich auf Basis der definierten Variablen zu:

$$\hat{a}_{ij} = \frac{\sum_{t=1}^{T-1} \xi_t(i,j)}{\sum_{t=1}^{T-1} \gamma_t(i)} \tag{7.9}$$

$$\hat{\pi}_i = P(S_1 = i|O, \lambda) = \gamma_1(i) \tag{7.10}$$

$$\hat{b}_j(o_k) = \frac{\sum_{t=1|O_t=o_k}^{T} \gamma_t(j)}{\sum_{t=1}^{T} \gamma_t(j)} \tag{7.11}$$

Ein iteratives Wiederholen dieser Schritte lässt die Modellparameter gegen ein Optimum streben. Falls mehr als eine Sequenz als Beispieldaten vorliegt, müssen für die aktualisierten Parameter der Nenner und der Zähler getrennt über die unterschiedlichen Sequenzen aufsummiert werden.

7.1.3 Klassifikation und Bewertung chirurgischer Skills

Die Klassifikation und Bewertung chirurgischer Skills erfolgt auf Basis der für jeden Skill trainierten Modelle und ist vergleichbar mit dem Evaluierungsproblem (vgl. Abschnitt 7.1.2). Mittels der beobachteten Ausgabesequenz wird für jedes trainierte Modell die Produktionswahrscheinlichkeit berechnet und dasjenige mit der größten Wahrscheinlichkeit gewählt. Zusätzlich erfolgt eine Bewertung des erkannten Skills, um die Qualität der Ausführung objektiv zu schätzen.

Klassifikation

Bei der Klassifikation wird für jedes zur Verfügung stehende Modell die Produktionswahrscheinlichkeit berechnet, die angibt, mit welcher Wahrscheinlichkeit die betrachtete Ausgabe von diesem Modell erzeugt wurde. Das Modell mit der höchsten Wahrscheinlichkeit wird als Ergebnis ausgegeben. Die Produktionswahrscheinlichkeit kann mithilfe des bereits erwähnten *Forward*-Algorithmus oder des sogenannten

Viterbi-Algorithmus berechnet werden, die im Rahmen der Klassifikation beide evaluiert wurden.

Viterbi-Algorithmus Der *Viterbi*-Algorithmus [Fin03] wird für die Lösung des Dekodierungsproblem (vgl. 7.1.2) verwendet und ermittelt diejenige Zustandsfolge s^*, die bei gegebenem Modell die Produktionswahrscheinlichkeit $P(O, s^*|\lambda)$ maximiert. Die im Laufe des Algorithmus maximierte Produktionswahrscheinlichkeit $P(O, s^*|\lambda)$ kann auch für die Klassifikation benutzt werden. Die Berechnung der optimalen Zustandsfolge erlaubt die automatische Segmentierung der Sequenz in Elementaroperatoren, jedoch kann die Zustandsfolge und die optimale Wahrscheinlichkeit erst am Ende der Ausgabesequenz berechnet werden. Die optimale Zustandsfolge s^* berechnet sich mithilfe der maximalen a-posteriori Wahrscheinlichkeit $P^*(O|\lambda)$, die die Ausgabesequenz generiert:

$$s^* = \arg\max_S P(S|O, \lambda) = \arg\max_S P(O, S|\lambda). \tag{7.12}$$

Der *Viterbi*-Algorithmus ähnelt dem *Forward*-Algorithmus und verwendet die Hilfsvariable $\delta_t(i)$. $\delta_t(i)$ ist die maximale Wahrscheinlichkeit, das Anfangsstück $O_1, \cdots, O_t$ der Ausgabesequenz O bis zum Endzustand i zu erzeugen.

$$\delta_t(i) = \max_{S_1, S_2, \cdots S_{t-1}} P(O_1, \cdots, O_t, S_1, \cdots, S_t = i|\lambda). \tag{7.13}$$

Die Berechnung dieser Pfadwahrscheinlichkeiten erfolgt induktiv wie bei der Vorwärtsvariablen $\alpha_t(i)$ des *Forward*-Algorithmus. Die optimale Wahrscheinlichkeit lässt sich genauso wie die Zustandsfolge erst nach der Auswertung der $\delta_T(i)$, d. h. nach der Auswertung der kompletten Ausgabesequenz, bestimmen. Die optimale Produktionswahrscheinlichkeit $P^*(O|\lambda)$ ergibt sich als Maximum aller optimalen Möglichkeiten aus $\delta_{t+1}(i)$:

$$P^*(O|\lambda) \quad = \quad P(O, s^*|\lambda) = \max_i \delta_T(i) \tag{7.14}$$

$$s_T^* \quad = \quad \arg\max_j \delta_T(j). \tag{7.15}$$

Für die Berechnung wird ein sogenannter Rückwärtszeiger

$$\psi_t(i) = \arg\max_i \delta_{t-1}(i)a_{ij} \tag{7.16}$$

benötigt, welcher den jeweiligen optimalen Vorgängerzustand zu $\delta_t(i)$ speichert. Der erste Zeiger $\psi_1(i)$ wird in der Initialisierung auf null gesetzt. Mithilfe des Rückwärtszeigers wird die optimale Zustandsfolge rekursiv berechnet.

Bewertung der Ausführung

Bei der Bewertung chirurgischer Skills wird die Qualität der Ausführung anhand der erkannten Trajektorie evaluiert. Für die Bewertung benötigt man eine geeignete Metrik, die vorab akquirierte Expertendaten mit der beobachteten Ausgabesequenz vergleicht.

Die hier vorgestellte Metrik M benötigt als Eingabe die Länge T der beobachteten Ausgabesequenz O und ein Expertenmodell λ_{EX}. Je kleiner das Ergebnis der Metrik, desto besser ist die ausgeführte chirurgische Geste.

Zunächst wird die wahrscheinlichste Ausgabe $\max_{o_k} b_j(o_k)$ für jeden Zustand j aus der Ausgabewahrscheinlichkeitsmatrix B ermittelt. Aufgrund der Ergebnisse wird in jedem Zustand nur noch das wahrscheinlichste Ausgabesymbol benutzt und mit der Übergangswahrscheinlichkeitsmatrix A kombiniert. Es ergibt sich eine neue Matrix F, in der mithilfe eines abgewandelten *Floyd-Warshall*-Algorithmus [Flo62] der Pfad mit der größten Produktionswahrscheinlichkeit gesucht wird:

$$f_{ij} = a_{ij} \max_{o_k} b_j(o_k), \quad \forall i, j. \tag{7.17}$$

Der Algorithmus ermittelt die minimale Distanz zwischen allen Paaren von Knoten eines Graphen. Aufgrund der Tatsache, dass die Ausgabesymbollänge T oft größer als die Anzahl der Zustände ist, wird nach der kostenintensivsten Schleife $\max_{i=j}(a_{ij} \max_{o_k} b_j(o_k))^{T-n}$ im HMM gesucht. Die gewünschte Länge T wird durch die $(T-n)$-fache Ausführung zusammen mit dem von *Floyd-Warshall* gefundenen Pfad mit der größten Wahrscheinlichkeit ermöglicht.

Die größtmögliche Wahrscheinlichkeit $P_{best}(T, \lambda_{EX})$, die mit dem Modell bei einer Länge von T Ausgabesymbolen erzeugt werden kann, berechnet sich aus:

$$P_{best}(T, \lambda_{EX}) = f_{1,m}(a_{ij} \max_{o_k} b_j(o_k))(\max_{i=j}(a_{ij} \max_{o_k} b_j(o_k)))^{T-n}, \quad \forall i, j, k \tag{7.18}$$

wobei $f_{1,m}$ mit der Produktionswahrscheinlichkeit zum Durchqueren des Netzes vergleichbar ist. Die Bewertungsmetrik M ergibt sich aus:

$$M = |\log_2 P_{best}(T, \lambda_{EX}) - \log_2 P(O, \lambda_{EX})|. \tag{7.19}$$

7.2   Erkennung minimalinvasiver Instrumente

Während eines laparoskopischen Eingriffs kommen unterschiedliche minimalinvasive Instrumente zum Einsatz (vgl. Abschnitt 2.2.2), deren Kenntnis ein wichtiges Situationsmerkmal darstellt. Die Instrumente sind nicht durch künstliche Marker modifiziert und unterscheiden sich anhand der Form ihrer Spitze, deren genaue Segmentierung eine erfolgreiche Erkennung voraussetzt.

Für die Erkennung wurde eine erscheinungsbasierte Methode gewählt [MN95], bei der die Instrumente durch mehrere Bilder repräsentiert werden. Während der eigentlichen Erkennungsphase wird basierend auf der segmentierten Instrumentenkontur und

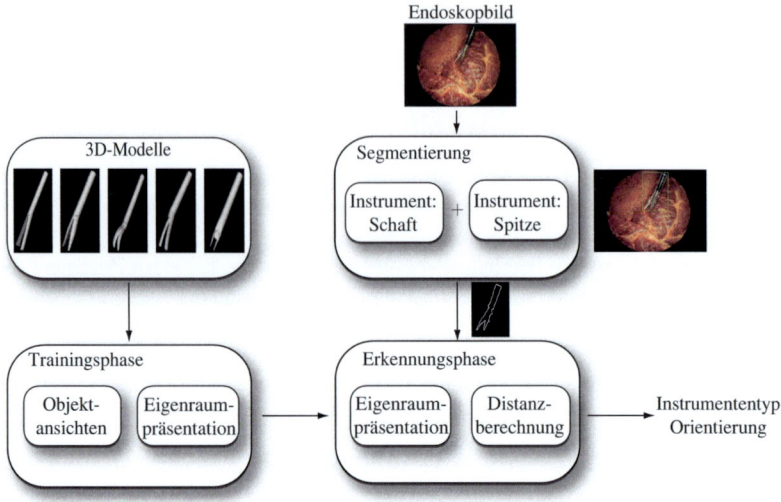

Abb. 7.3: Erkennung minimalinvasiver Instrumente.

der eingelernten Modelle der Instrumententyp und die Orientierung bestimmt. Im Folgenden wird das entwickelte Verfahren (Abb. 7.3) näher erläutert, eine detailliertere Beschreibung ist in [SBS+09, Ben08] dokumentiert.

7.2.1 Trainingsphase

Die Erkennung der minimalinvasiven Instrumente erfolgt auf Basis ihrer Form und erfordert eine isolierte Trainingsphase, in der vorab alle während einer Operation eingesetzten Instrumente eingelernt werden. Der erscheinungsbasierte Ansatz beruht auf der Generierung von Bildersätzen auf Basis von 3D-Modellen, die für jedes Instrument erstellt und in einer Datenbank gespeichert werden. Für die Erkennung wird eine geeignete Darstellung der Instrumente benötigt, die die Charakteristiken erhält, redundante Information eliminiert und die Anwendung eines Vergleichsmerkmals ermöglicht. Die einzelnen Schritte werden in den nächsten Abschnitten näher erläutert.

Generierung der Bildersätze

Um möglichst viele Ansichten der Instrumente generieren zu können, wird für jedes zu klassifizierende Instrument ein 3D-Modell erstellt. Abbildung 7.4 veranschaulicht die im Rahmen dieser Arbeit eingelernten Modelle. Mithilfe dieser 3D-Modelle

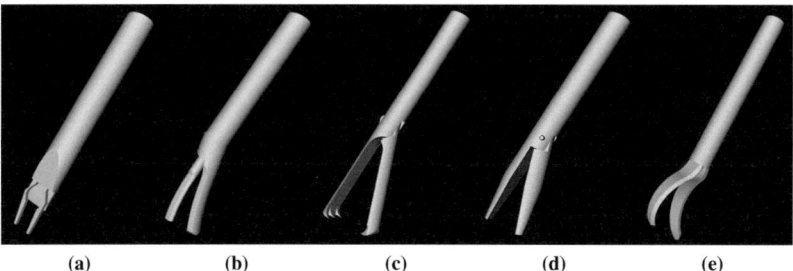

Abb. 7.4: 3D-Modelle: (a) Clipapplikator. (b) Skalpell. (c) Greifer. (d) Koagulator. (e) Schere.

werden Aufnahmen der Instrumente aus verschiedenen Perspektiven generiert. Mit jeder Ansicht wird auch gleichzeitig die Orientierung in der Datenbank gespeichert. Anschließend werden die Bilder im Hinblick auf Größe und Intensität normalisiert. Formal wird ein skaliertes und normalisiertes Bild als Vektor $x = [x_1, x_2, \cdots, x_n]^T$ bezeichnet, wobei x_i dem Intensitätswert des Pixels an dieser Stelle entspricht. Da die Pose eines Instruments und der Öffnungswinkel sich von Bild zu Bild ändern können, wird jedes Bild mit $x_{r,w}^p$ gekennzeichnet. Dabei definiert p den Instrumententyp, r die Orientierung im Raum und w den Öffnungswinkel des Instruments. Bei der Klassifikation der Instrumente werden zuerst die Orientierung und anschließend der Instrumententyp bestimmt. Die Bilder für den Orientierungsdatensatz, auf dessen Grundlage die Schätzung der Orientierung erfolgt, werden anhand eines beliebigen Instruments p erzeugt, wobei der Öffnungswinkel konstant bleibt und sich nur die Orientierung ändert:

$$\left\{ x_{1,w}^p, x_{2,w}^p, \cdots, x_{R,w}^p \right\}.$$

Für die Schätzung des Instrumententyps wird für jedes Instrument p unter Berücksichtigung verschiedener Öffnungswinkel und Orientierungen ein sogenannter Instrumentendatensatz generiert:

$$\left\{ x_{1,1}^p, \cdots x_{R,1}^p, x_{1,2}^p, \cdots, x_{R,W}^p \right\}.$$

Parametrische Eigenraumrepräsentation

Ziel der Repräsentation ist eine Klassifikation zu ermöglichen, bei der Instrumente, deren Parameter nicht mit denen einer eingelernten Repräsentation übereinstimmen, auch erkannt werden. Der Einsatz der sogenannten parametrischen Eigenräume [MN95] ermöglicht auch die Bestimmung der Parameter für unbekannte Ansichten. Um die Dimension der Daten zu reduzieren und relevante Merkmale hervorzuheben,

Klassen	Orientierung
r_1	$180° - 197°, 342° - 360°$
r_2	$198° - 233°$
r_3	$234° - 269°$
r_4	$270° - 305°$
r_5	$306° - 341°$

Tab. 7.1: Einteilung der Orientierungen.

wird eine sogenannte Hauptkomponentenanalyse[1] (PCA) durchgeführt. Ziel der PCA ist eine aussagekräftige Basis zu finden, mit der die vorhandenen hochdimensionalen Daten dargestellt werden können. Dafür werden die Hauptkomponenten der Daten, in deren Richtung die Varianz maximal ist, berechnet und als orthogonale Basis benutzt. Da die Instrumente sich bezüglich ihrer Form nur in ihren Spitzen unterscheiden, aber in ihrer Grundform übereinstimmen, werden für die Klassifikation der Instrumente zwei unterschiedliche Eigenräume berechnet: der Orientierungseigenraum und der Instrumenteneigenraum.

Die Berechnung des Orientierungseigenraum, der für die Erkennung der Orientierung verwendet wird, umfasst zuerst die Berechnung des Durchschnitts c aller Bilder des Orientierungsdatensatzes, der von den Bildern subtrahiert wird:

$$c = \frac{1}{R} \sum_{r=1}^{R} x_{r,w}^p. \tag{7.20}$$

Damit erhält man einen neuen Bildersatz:

$$X = \left\{ x_{1,w}^p - c, \cdots, x_{R,w}^p - c \right\}. \tag{7.21}$$

Als nächstes werden die Eigenvektoren e_i und ihre korrespondierenden Eigenwerte λ_i der Kovarianzmatrix $\Sigma = X \cdot X^T$ berechnet:

$$\Sigma e_i = \lambda_i e_i. \tag{7.22}$$

Die Eigenvektoren, die den Orientierungseigenraum aufspannen, sind die Hauptkomponenten der Daten und werden mithilfe der Singulärwertzerlegung berechnet. Es werden nur die ersten k Eigenvektoren benötigt, die zu den größten Eigenwerten korrespondieren. Für die Erkennung der Orientierung wurden fünf Klassen gewählt (Tab. 7.1), denen basierend auf der eingelernten Orientierung die Instrumente zugeordnet werden.

---

[1] engl. Principal Component Analysis.

Die Berechnung der Instrumenteneigenräume erfolgt analog, jedoch wurden die erzeugten Instrumentendatensätze bezüglich ihrer Orientierung r gruppiert. Sei n die Anzahl der Instrumentendatensätze, die mit $x_{r_j,w}^p$ ($j \in 1 \cdots n$) bezeichnet werden. Für die gewählte Einteilung der Orientierungen existieren somit fünf Instrumentendatensätze. Der Durchschnitt eines Datensatzes, der von den jeweiligen Datensätzen subtrahiert wird, ergibt sich zu:

$$c_{r_j} = \frac{1}{R_j PW} \sum_{r_j=1}^{R_j} \sum_{p=1}^{P} \sum_{w=1}^{W} x_{r_j,w}^p. \qquad (7.23)$$

Analog zur Berechnung des Orientierungseigenraums wird für die Berechnung der Eigenvektoren und Eigenwerte des jeweiligen Instrumenteneigenraums folgende Gleichung gelöst:

$$\Sigma_{r_j} e_{i_{r_j}} = \lambda_{i_{r_j}} e_{i_{r_j}}. \qquad (7.24)$$

Nachdem die Eigenräume berechnet wurden, kann jedes Instrument als Hyperebene in einem Eigenraum dargestellt werden, die alle möglichen Parameter beschreibt und unbekannte Ansichten annähern kann. Für den Orientierungseigenraum bedeutet dies, dass von jedem Bild $x_{r,w}^p$ das Durchschnittsbild c abgezogen werden muss und das Skalarprodukt zwischen diesem und allen Eigenvektoren bestimmt wird:

$$g_{r,w}^p = [e_1, \cdots e_k]^T (x_{r,w}^p - c). \qquad (7.25)$$

Die Repräsentation aller Bilder, die durch die Projektion in den Eigenraum berechnet wird, bildet eine Menge diskreter Punkte. Die gesuchte k-dimensionale Hyperebene g_r, die alle möglichen Orientierungen des Instruments repräsentiert, erhält man durch Interpolation der Punkte:

$$g_r(\theta_1, \theta_2)$$

wobei θ_1, θ_2 die kontinuierlichen Parameter für das Instrument und den Öffnungswinkel sind.

Analog berechnen sich die Punkte der Instrumenteneigenräume, die durch Projektion der Bilder in den jeweiligen Eigenraum entstehen:

$$f_{r_j,w}^p = [e_{1_{r_j}}, \cdots e_{k_{r_j}}]^T (x_{r_j,w}^p - c_{r_j}). \qquad (7.26)$$

Die Hyperebene, die durch Interpolation der Punkte entsteht, ist folgendermaßen definiert:

$$f_{r_j}(\theta_1, \theta_2)$$

7.2.2 Bildbasierte Detektion der Instrumente

Die Erkennung der Instrumente erfolgt auf Basis der segmentierten Instrumentenkontur in den Bildfolgen. Die Instrumente unterscheiden sich hauptsächlich in der

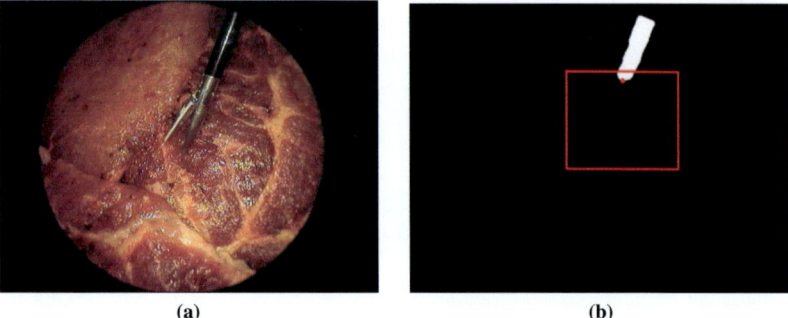

(a)   (b)

Abb. 7.5: (a) Originalbild. (b) Definition der ROI auf Basis der Lokalisierung [SBS⁺09].

Form ihrer Spitzen, aufgrund dessen ist eine möglichst genaue Segmentierung der Instrumentenspitze von großer Bedeutung. Die Segmentierung setzt dabei auf der Lokalisierung der Instrumentenspitze aus Abschnitt 6.3 auf. Ergebnis der Lokalisierung ist der segmentierte Instrumentenschaft und die Position der Spitze, die als Übergang zwischen Schaft und Spitze definiert ist. Mithilfe dieser Informationen wird eine genauere Segmentierung der Spitze durchgeführt und die Kontur des gesamten Instruments berechnet. Die normalisierte Kontur wird anschließend für die Erkennung verwendet. Die einzelnen Schritte werden in den folgenden Abschnitten näher erläutert.

Segmentierung der Instrumentenspitze

Die Lokalisierung der Instrumentenspitze detektiert den Übergang zwischen Instrumentenschaft und Spitze auf der Hauptachse der Instrumente. Ausgehend von diesem Punkt wird eine sogenannte Interessensregion[2] (ROI) definiert, in der sich die Instrumentenspitze mit großer Wahrscheinlichkeit befindet (Abb. 7.5). Die Größe der ROI ist abhängig von der Länge der Hauptachse und der Größe des segmentierten Instrumentenschafts. Für eine möglichst genaue Segmentierung der Spitze werden unterschiedliche Verfahren innerhalb der ROI angewendet und kombiniert (Abb. 7.6).

Farbbasierte Bayes-Klassifikation Auf Basis vorab generierter Trainingsbilder wird eine Bayes-Klassifikation innerhalb der ROI durchgeführt, die die Pixel in die Klasse Instrumentenspitze S und Hintergrund Hi einteilt. Die Spitzen in den Trainingsbildern wurden manuell segmentiert. Für die Klassifikation wird der Farbwert

---

[2]engl. Region of Interest.

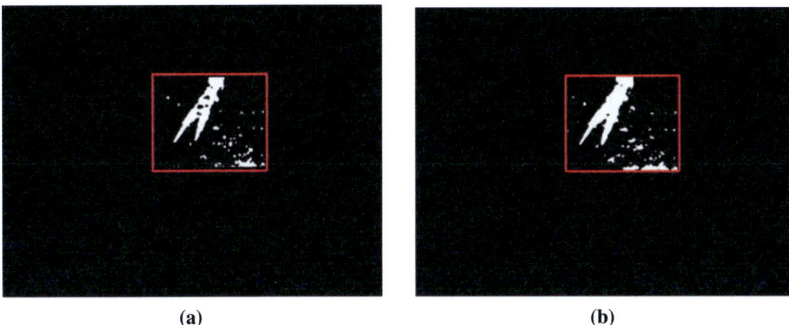

(a)   (b)

Abb. 7.6: (a) Ergebnis der Bayes-Klassifikation. (b) Ergebnis des Chromatizitätsfilters [SBS$^+$09].

im H-S Farbraum $c = (H,S)$ eines Pixels verwendet. Basierend auf dem Bayes-Theorem wird ein Pixel c der Klasse S zugeordnet falls:

$$\frac{p(c|S)}{p(c|Hi)} \geq T. \tag{7.27}$$

Die Wahrscheinlichkeitsdichten $p(c|S)$ und $p(c|Hi)$ werden über die Histogrammtechnik ermittelt [PBC05], der Schwellwert wurde empirisch bestimmt und ergibt sich zu 1.

Chromatizitätsfilter   Die in der Regel metallische Spitze der Instrumente reflektiert das einfallende Licht und kann rötlich erscheinen aufgrund von Gewebespiegelungen. Um diese Effekte zu mindern, wird der normalisierte RGB-Farbraum für einen Chromatizitätsfilter verwendet [KHL04]. Bei diesem Farbraum werden die Farben über die Intensität normalisiert und auf ihre chromatischen Beträge reduziert, um robust gegenüber Beleuchtungsänderungen zu sein. Der Farbraum wird auf eine 2D-Farbebene rg projiziert, aufgrund der Gleichung $r + g + b = 1$ ist die dritte Komponente redundant. Für die Filterung wird nur die r-Komponente verwendet:

$$r = \frac{R}{R+G+B} \tag{7.28}$$

$$m \in \{ \text{ Spitze, falls }\ I_r(m) < 112 \tag{7.29}$$

Die Schwellwerte wurden aufgrund Analysen unterschiedlicher Bilder mit variierender Beleuchtung empirisch ermittelt.
Letztendlich erhält man die Instrumentenspitze durch Kombination beider Ergebnisse, die anschließend mittels eines Regionenwachstumsverfahrens verschmolzen

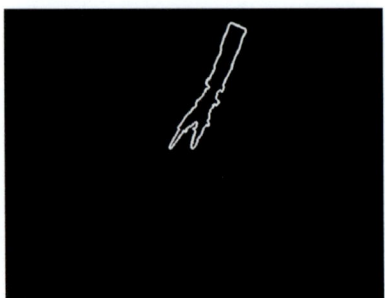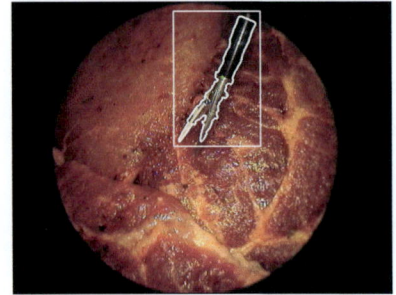

Abb. 7.7: Ergebnis der Konturberechnung [SBS⁺09].

werden. Eine zusätzliche Nachbearbeitung mit morphologischen Operatoren und eines Median-Filters ermöglicht den Ausschluss falsch klassifizierte Regionen mithilfe heuristischer Informationen wie die Größe der Region.

Konturberechnung und Normalisierung

Eine zusammenhängende Kontur der Instrumente wird basierend auf der segmentierten Spitze und des Schafts berechnet. Dabei kommt ein *Chain-Code* Verfahren zur Anwendung, das gleichzeitig unrealistische Formen ausschließt. Um die detektierten Konturen zu verstärken und zu glätten, wird eine anschließende *Hough*-Transformation durchgeführt. Abbildung 7.7 veranschaulicht das Ergebnis der Konturberechnung. Für die nachfolgende Erkennung wird das Ergebnis normalisiert, sodass es der Größe 64×64 Pixel entspricht.

7.2.3   Erkennungsphase

Für die Erkennung der Orientierung und des Instrumententyps werden die parametrische Eigenraumrepräsentation der eingelernten Instrumente und die segmentierte Instrumentenkontur im aktuellen Bild benötigt. Das Ergebnis der Segmentierung ist ein normalisierte binäres Konturbild $y = (y_1, \cdots y_n)$, das in eine parametrische Eigenraumpräsentation überführt wird. Die Klassifikation vergleicht die Repräsentation des Eingabebildes mit den zuvor eingelernten Repräsentationen in der Datenbank, die einzelnen Schritte werden in den nächsten Abschnitten näher erläutert.

Eigenraumrepräsentation

Die Klassifikation der Instrumente erfordert eine Darstellung des Eingabebildes als parametrische Eigenraumrepräsentation. Um die Orientierung des Instruments zu bestimmen, wird als erstes eine Transformation in den Orientierungseigenraum durchgeführt. Die Repräsentation des Eingabebildes basierend auf berechnetem Durchschnittsbild und zugehörigen Eigenvektoren ergibt sich als diskreter Wert z im Eigenraum:

$$z = [e_1, \cdots e_k]^T (y - c) = [z_1, \cdots z_k]^T. \tag{7.30}$$

Da die Klassifikation des Instrumententyps auf der berechneten Orientierung basiert, wird für die Repräsentation im Instrumenteneigenraum das Ergebnis der Orientierungsklassifikation benötigt.

Berechnung der minimalen Distanz

Für die Erkennung muss für die resultierende Repräsentation die Hyperebene ermittelt werden, die ihr am nächsten liegt. Um die Orientierung r des Instruments p mit dem Öffnungswinkel w zu finden, wird die die minimale Distanz d_r zwischen Punkt z und der Hyperebene $g(\theta_1, \theta_2)$ berechnet:

$$d_r = \min_{\theta_1, \theta_2} \|z - g(\theta_1, \theta_2)\|. \tag{7.31}$$

Falls sich die Distanz innerhalb eines zuvor definierten Schwellwertes befindet, wird r als Orientierung des Instruments festgelegt, ansonsten liegt eine unbekannte Orientierung vor. Auf Basis der berechneten Orientierung r erfolgt die Zuordnung zu einer bestimmten Gruppe r_j und die Transformation des Eingabebildes in den jeweiligen Instrumenteneigenraum:

$$z_{r_j} = [e_{1_{r_j}}, \cdots e_{k_{r_j}}]^T (y - c_{r_j}) = [z_{1_{r_j}}, \cdots z_{k_{r_j}}]^T. \tag{7.32}$$

Indem die minimale Distanz zwischen Punkt z_{r_j} und der Hyperebene f_{r_j} berechnet wird, werden Instrumententyp und Öffnungswinkel bestimmt:

$$d_{r_j} = \min_{\theta_1, \theta_2} \|z - f_{r_j}(\theta_1, \theta_2)\|. \tag{7.33}$$

Für die Klassifikation des Instruments p und des Öffnungswinkels w muss die Distanz kleiner als ein zuvor definierter Schwellwert sein, ansonsten wurde das Instrument nicht erkannt.

7.3 Lokalisierung chirurgischer Materialien

Während einer Operation werden unterschiedliche chirurgische Materialien verwendet, die ein wichtiges Merkmal der chirurgischen Handlung darstellen. Die bildbasierte Lokalisierung dieser Materialien setzt sich aus der Detektion der Objektinstanzen und der Berechnung der Position zusammen. Aufgrund der Komplexität der Materialien und der Bildsequenzen wurde ein spezieller Detektor für jede einzelne

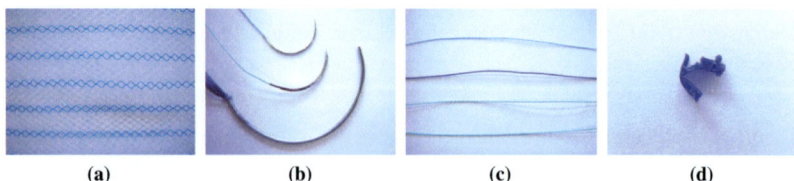

(a)   (b)   (c)   (d)

Abb. 7.8: Chirurgische Materialien: (a) Netz. (b) Nadel. (c) Nahtmaterial. (d) Clip.

Objektkategorie entwickelt. Für die Detektion kann eine sogenannte erwartungsge-steuerte Analyse durchgeführt werden, bei der gezielt nach der Anwesenheit einer bestimmten Objektinstanz mit dem jeweils assoziierten Detektor gesucht wird. Durch die Verknüpfung der Analyse mit einer Wissensbasis kann die Detektion auf be-stimmte Objekte eingeschränkt werden, die im nächsten OP-Abschnitt vorkommen können.

Die Detektion der chirurgischen Objekte lässt sich in geometrie- und erscheinungs-basierte Methoden aufteilen, die in den nächsten Abschnitten näher beschrieben werden. Auf Basis der detektierten Objekte im linken Bild wird mithilfe einer Korre-spondenzanalyse und anschließender Positionsbestimmung eine Lokalisierung in 3D durchgeführt. Zuerst werden jedoch die Eigenschaften der betrachteten chirurgischen Materialien genauer beschrieben. Details zu Entwurf und Umsetzung des Verfahrens sind in [Pac08] dokumentiert.

7.3.1 Eigenschaften chirurgischer Materialien

Prinzipiell kommen bei laparoskopischen Eingriffen verschiedene Objekte wie Naht-material oder Netze zum Einsatz. Die chirurgischen Materialien besitzen spezielle Charakteristiken, die für eine bildbasierte Detektion verwendet werden (Abb. 7.8).

Chirurgische Netze

Chirurgische Netze werden bei der Operation von Hernien eingesetzt und bestehen in der Regel aus Polypropylene. Charakteristisch sind die Form, der Porenanteil und die Fadenstärke. Sie zeichnen sich durch eine spezielle Geometrie aus, die sich aus den einzelnen Poren des Netzes zusammensetzt. Für die Detektion werden parallele Linien, die in einem bestimmten Winkel zueinander stehen, extrahiert.

Chirurgische Nadel

Chirurgische Nadeln werden durch die Art der Nadelkrümmung, die Modellierung des Nadelkörpers und die gestreckte Länge der Ausführung charakterisiert. Die signifikante Halbkreisform eignet sich für eine geometriebasierte Detektion, allerdings treten Glanzlichter aufgrund der metallischen Oberfläche auf.

Chirurgisches Nahtmaterial

Chirurgisches Nahtmaterial wird bspw. bei der Adaption von Weichgewebe oder für Ligaturen eingesetzt. In der Regel wird ein Faden mit einer bereits angebrachten Nadel verwendet. Die Fäden sind flexibel und haben eine Durchmesserspanne von 0,001 bis 0,9 mm. In der Regel ist aus Sichtbarkeitsgründen der Farbton eher dunkel, Material und Absorbierbarkeit hängen vom jeweiligen Einsatz ab. Es existieren sowohl geflochtene als auch monofile Fäden, die eine eventuelle Beschichtung aufweisen. Eingesetzte Materialien sind bspw. Polyglykolsäure (resorbierbar) oder Polypropylen (nicht resorbierbar). Aufgrund der Beschaffenheit der Materials und der Beschichtung kommt es zu Glanzlichtern auf den Fäden, die eine Segmentierung erschweren.

Chirurgische Clips

Clips werden durch einen Clipapplikator gesetzt und zum Klammern von Gefäßen und Duktus verwendet. Sie bestehen aus Titanium oder resorbierbaren Material (PDS-Clips) und können einen Durchmesser von 5 bis 10 mm erreichen. Sie zeichnen sich durch eine bestimmte Farbe aus, die Geometrie ist nicht eindeutig und hängt vom Blickwinkel ab.

7.3.2 Geometriebasierte Detektion

Geometriebasierte Methoden nutzten die geometrischen Eigenschaften der Objekte, um diese im Bild zu extrahieren. Im Gegensatz zur klassischen geometriebasierten Detektion wird kein dreidimensionales Modell der Objekte erstellt und mit dem Bild verglichen, vielmehr wird geometrisches a-priori Wissen ausgenutzt. Photometrische Eigenschaften, wie Farbe oder Textur der Objekte, werden nicht betrachtet. Anhand signifikanter geometrischer Merkmale und den korrespondierenden Projektionen wird das Objekt aus den Bilddaten extrahiert. Für eine geometriebasierte Detektion eignen sich das chirurgische Netz und die Nadel.

Chirurgisches Netz

Chirurgische Netze zeichnen sich durch eine eindeutige Form aus und eignen sich für eine geometriebasierte Detektion in den Bilddaten. Abhängig von der Lage und Verformung ist eine repetitive Struktur sichtbar, die sich anhand paralleler, sich kreuzender Linien extrahieren lässt. Der allgemeine Ablauf der Detektion gliedert sich in die Extraktion der Netzlinien und einer anschließenden Suche nach der netztypischen Struktur.

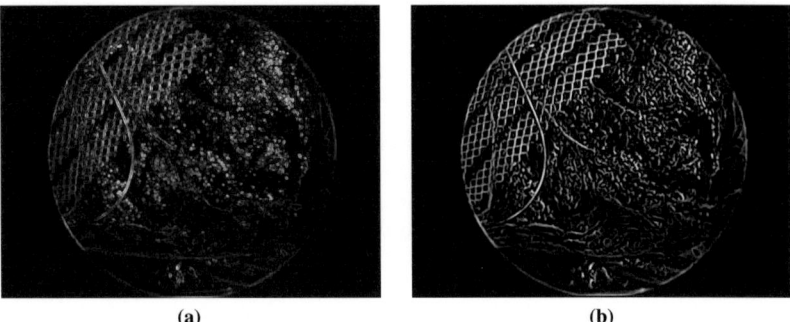

(a)   (b)

Abb. 7.9: (a) Ergebnis eines herkömmlichen Kantendetektors. (b) Ergebnis des Liniendetektors.

Extraktion der Netzlinien   Die Extraktion der Netzlinien wird mithilfe des Liniendetektors aus [Ste00] durchgeführt. Im Gegensatz zu herkömmlichen Kantendetektoren liefert der Liniendetektor robuste Ergebnisse für das Netz (Abb. 7.9). Einfache Gradientenberechnungen sind für das Netz zu instabil, zusätzlich sind bei endoskopischen Bildfolgen im Hintergrund oft Kanten zu erkennen. Der Liniendetektor basiert auf Methoden der differentiellen Geometrie und benutzt ein Modell für die einzelnen Linien. Die Richtung des größten Gradienten wird für jedes Pixel ermittelt und das Bild in dieser Richtung mit Ableitungen des Gauß-Kernels gefaltet. Ergebnis ist ein Grauwertbild, bei dem höhere Werte eine hervorstechende Linie charakterisieren, zusätzlich wird die jeweilige Breite der Linie ausgegeben. Die potentiellen Netzlinien erhält man nach einer anschließenden Schwellwertfilterung.

Suche nach parallelen Linien   In der Regel sind die Netzlinien nahezu gerade, sodass anstelle der vorgestellten Verknüpfung der Linienpixel in [Ste00] eine *Hough*-Transformation durchgeführt wird. Bei der Transformation wird die Winkelauflösung gering gewählt, da nach nahezu geraden Linien gesucht wird. Für einen Ausschluss von Linien, die nicht zum Netz gehören, wird ein sogenanntes Winkelhistogramm berechnet, in das für jede Linie der ermittelte Winkel eingetragen wird (Abb. 7.10). Falls ein Netz im Bild sichtbar ist, besitzt das Winkelhistogramm zwei Höchstwerte, deren Differenz θ auf den Winkel zwischen den Netzlinien schließen lässt. Um die Robustheit zu erhöhen, wird ein kumulatives Histogramm berechnet, indem das eigentliche Histogramm um den Winkel θ verschoben und mit sich selbst addiert wird. Letztendlich werden die Linien, die dem Höchstwert θ_{cum} im Histogramm und $\theta_{cum} - \theta$ entsprechen, als Netzlinien klassifiziert. Durch den Vergleich des Abstands zwischen den Linien und den Schnittpunkten kann die Menge der falsch klassifizierten Netzlinien weiterhin reduziert werden (Abb. 7.11).

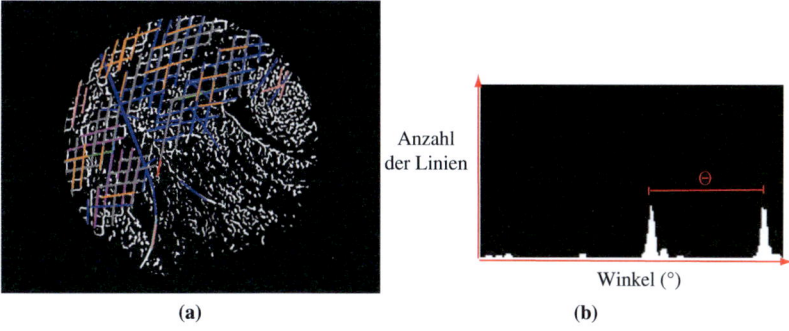

Anzahl
der Linien

Winkel (°)

(a)   (b)

Abb. 7.10: (a) Extraktion der Netzlinien mittels *Hough*-Transformation. (b) Winkel-histogramm.

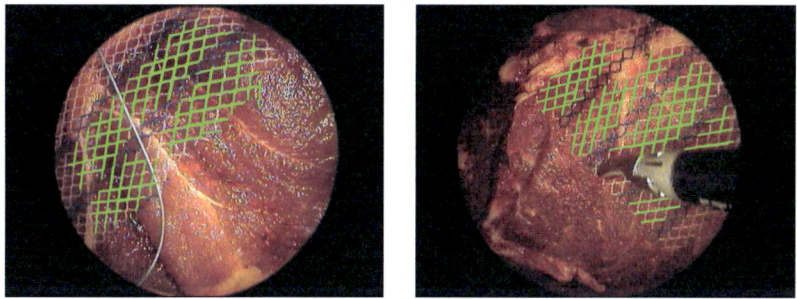

Abb. 7.11: Ergebnis der Netzdetektion.

Chirurgische Nadeln

Die chirurgische Nadel eignet sich durch ihre eindeutige Halbkreisform für eine geometriebasierte Detektion. Die metallischen Nadeln besitzen große Glanzlichtre-gionen aufgrund starker Reflexionen des Materials, die für eine Detektion verwendet werden können. Die im vorigen Abschnitt vorgestellte Liniendetektion wird auch bei der Nadel verwendet, aufgrund der Reflexionen jedoch zwei mal ausgeführt, um helle und dunkle Linien zu unterscheiden und eine längenbasierte Auswahl zu treffen. Die Nadel zeichnet sich durch eine charakteristische Kreisform aus, die über eine zirku-läre *Hough*-Transformation erkannt wird. Die Transformation liefert als Ergebnis die detektierten Kreise C mit Mittelpunkt (x, y) und Radius r. Die *Hough*-Transformation wurde angepasst, sodass nur Punkte in Richtung des stärksten Gradienten, der inner-halb der Liniendetektion berechnet wird, in die Akkumulatormatrix aufgenommen werden.

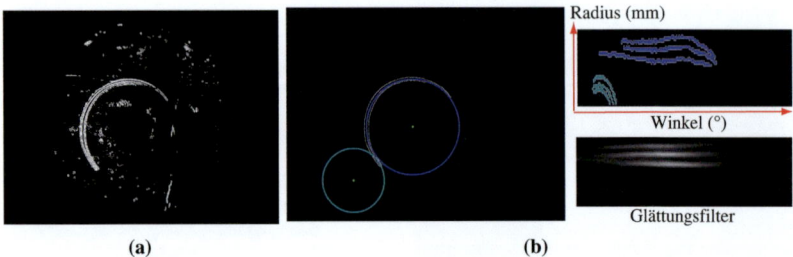

(a)   **(b)**

Abb. 7.12: (a) Ergebnis der zirkulären *Hough*-Transformation. (b) Detektion der Nadel mittels Kreisanalyse.

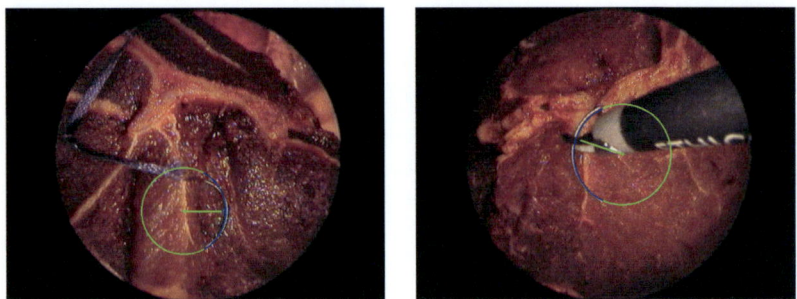

Abb. 7.13: Ergebnis der Nadeldetektion.

Um falsch klassifizierte Kreise zu entfernen, wird die Umgebung R der detektierten Kreise, die bei einer chirurgischen Nadel ein charakteristisches Aussehen besitzt, genauer untersucht. Dafür werden die Polarkoordinaten (ρ, θ) eines Pixels m und die vorab definierte maximale Breite einer Nadel w_{max} verwendet. Ein Pixel $m = (\rho, \theta)$ ist innerhalb der Umgebung R eines Kreises falls gilt:

$$r - \frac{w_{max}}{2} \leq \rho \leq r + \frac{w_{max}}{2}. \tag{7.34}$$

Die extrahierte Region R wird mithilfe eines Mittelwertfilters geglättet und besitzt ein eindeutiges Charakteristikum, um falsche Kandidaten auszuschließen. Wie in Abbildung 7.12 veranschaulicht, beinhaltet die Region im Falle einer Nadel drei horizontale parallele Linien. Anhand dieses Merkmals werden falsche Kandidaten gelöscht und die Orientierung der detektierten Nadeln bestimmt. In Abbildung 7.13 ist das Ergebnis der Nadeldetektion illustriert.

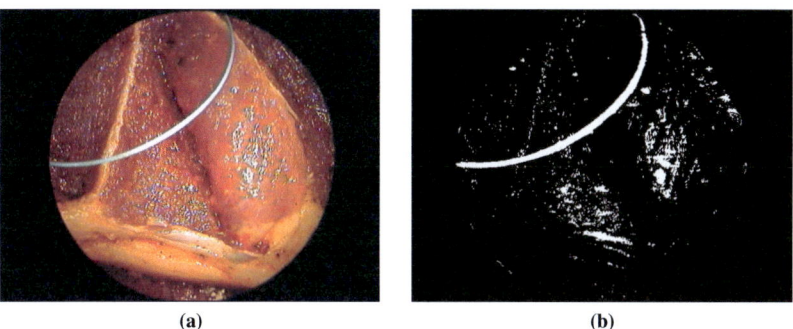

(a)   (b)

Abb. 7.14: (a) Originalbild. (b) Ergebnis der farbbasierten Segmentierung.

7.3.3 Erscheinungsbasierte Detektion

Erscheinungsbasierte Methoden erkennen die Objekte anhand photometrischer Eigenschaften wie Farbe oder Textur. Die Vorgehensweise lässt sich in der Regel in eine Trainingsphase und die eigentliche Detektion unterteilen. In der Trainingsphase werden die Objekte anhand von statistischen Bildanalysen eingelernt. Chirurgisches Nahtmaterial und Clips eignen sich aufgrund ihrer Eigenschaften für erscheinungsbasierte Verfahren.

Chirurgisches Nahtmaterial

Chirurgische Fäden sind flexibel und besitzen daher keine eindeutige geometrische Form, allerdings haben sie eine signifikante Farbe. Das Nahtmaterial lässt sich mithilfe einer farbbasierten Segmentierung extrahieren, jedoch ist eine anschließende Analyse der Regionen erforderlich, um falsche Kandidaten auszuschließen.

Farbbasierte Segmentierung   Aufgrund einer eindeutigen Farbe, die sich vom Hintergrund abhebt, wird eine farbbasierte Segmentierung auf Basis vorab trainierter Modelle durchgeführt. Die Segmentierung benutzt einen Klassifikator im H-S Farbraum ($c = (H, S)$), der die Farbverteilung einer Klasse als unimodale Gaußverteilung modelliert. Es existieren insgesamt zwei Klassen: Faden F und Hintergrund Hi. Im Fall einer unimodalen Gaußverteilung ergibt sich die Wahrscheinlichkeitsdichte der Klasse Faden zu:

$$p(c|F) = f(c, \mu_F, \Sigma_F) = (2\pi)^{-d/2} |\Sigma_F|^{-1/2} \exp\left(-\frac{1}{2}(c - \mu_F)^T \Sigma_F^{-1}(c - \mu_F)\right)$$

wobei d die Anzahl der Farbkanäle, μ_F den Mittelwert und Σ_F die Kovarianzmatrix der Klasse Faden beschreibt, die in der Trainingsphase bestimmt werden. Für die

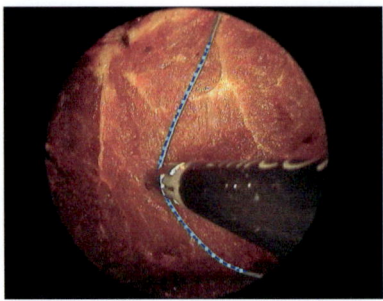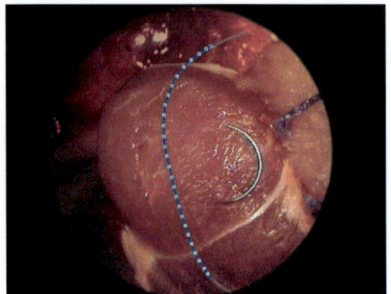

Abb. 7.15: Ergebnis der Nahtdetektion.

Klasse Hintergrund Hi ergeben sich die Berechnungen analog. Basierend auf dem Bayes-Theorem wird ein Pixel c der Klasse F zugeordnet falls:

$$\frac{p(c|F)}{p(c|Hi)} \geq T$$

wobei der Schwellwert empirisch ermittelt wurde. Um einzelne klassifizierte Pixel zu Regionen zusammenzufassen, wird das Regionenwachstumsverfahren angewendet. Abbildung 7.14 illustriert das Ergebnis der farbbasierten Segmentierung.

Ausschluss falscher Kandidaten Die klassifizierten Pixel beinhalten falsche Kandidaten, die ausgeschlossen werden müssen. Dafür werden sogenannte zentrale Momente, die für die einzelnen Bildregionen berechnet werden, verwendet. Die Theorie der zentralen Momente wird nicht weiter vertieft, Details befinden sich in [Hu62]. Die Exzentrität, die mithilfe der zentralen Momente berechnet wird, ist ein Maß für die Abweichung eines Kegelschnittes von der Kreisform und ein Indikator für die Breite einer Region. Eine Exzentrität nahe 0 bedeutet, dass die Region kreisförmig ist, eine Exzentrität nahe 1 indiziert eine Linienform. Jedoch kann bei einem gekrümmten Faden die Region auch eine kleine Exzentrität besitzen, sodass für die Klassifikation ein rekursiver Ablauf gewählt wird. Dabei wird eine Region solange geteilt, bis sie eine geeignete Exzentrität besitzt oder die maximale Anzahl an Iterationen erreicht ist und die Region gelöscht wird. Die übriggebliebenen Regionen entsprechen einer Rechteckform und dienen als Anfangspunkt für die Fadenlokalisation, bei der die detektierten Regionen abgetastet werden und eine Liste klassifizierter Fadenpixel erstellt wird.
Mithilfe der zentralen Momente wird der Zentroid c und die Achsen der Region berechnet. In einem iterativen Verfahren wird die Region R so gekürzt, dass sie in ein quadratisches Fenster der Größe a mit Mittelpunkt c passt. Anschließend wird der Zentroid und die Hauptachse der gekürzten Region berechnet. Der Zentroid

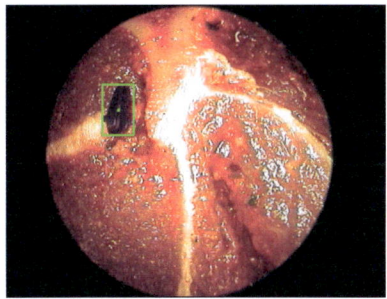 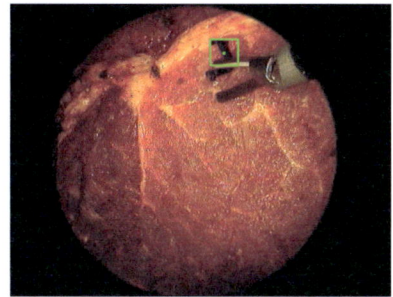

Abb. 7.16: Ergebnis der Clipdetektion.

wird in die Liste der klassifizierten Fadenpixel aufgenommen und das quadratische Fenster um $a/2$ verschoben. Der Abtastprozess stoppt, falls der Bildrahmen oder die maximale Anzahl an Iterationen erreicht ist, oder die gekürzte Region zu wenig Pixel besitzt. Abbildung 7.15 veranschaulicht das Ergebnis des Detektors.

Chirurgischer Clip

Je nach Ansicht ändert sich die geometrische Form eines Clips maßgeblich, sodass für eine robuste Detektion die Farbe geeigneter ist. Die im vorigen Abschnitt beschriebene farbbasierte Segmentierung wird auch im Falle des Clips verwendet, wobei ein Klassifikator im HSV-Raum zum Einsatz kommt. Anschließend werden die klassifizierten Pixel mithilfe eines Regionenwachstumsverfahrens zusammengefasst und falsch klassifizierte Regionen aufgrund ihrer Größe ausgeschlossen. Das Ergebnis ist in Abbildung 7.16 illustriert.

7.4 Zusammenfassung

Voraussetzung für ein kontextbezogenes Assistenzsystem ist die Analyse der chirurgischen Handlung, die sich aus dem ausgeführten Skill des Chirurgen, den eingesetzten Instrumente und den verwendeten chirurgischen Materialien zusammensetzt. Diese einzelnen Komponenten werden im Rahmen des dritten Schrittes der Prozesskette erkannt.

Für die Klassifikation chirurgischer Skills benötigt man stochastische Modelle, die eine Abbildung der ausgeführten Bewegung auf ein vorab erstelltes Modell des Skills durchführen. Dafür eignen sich *Hidden Markov Modelle*, die anhand der Instrumentenbewegung die einzelnen Skills erkennen und bewerten.

Die Instrumente werden mithilfe eines erscheinungsbasierten Ansatzes anhand der Form ihrer Spitze erkannt. In einer isolierten Trainingsphase wird eine Repräsentation der Instrumente mittels 3D-Modellen erzeugt. Anschließend erfolgt basierend auf der segmentierten Spitze und den erzeugten Repräsentationen die Erkennung. Die bildbasierte Lokalisierung chirurgischer Materialien, wie bspw. Nahtmaterial oder Clips, erfolgt anhand geometrie- und erscheinungsbasierter Methoden. Die Komplexität der Materialien und der Bildsequenzen erfordert einen speziellen Detektor für jede einzelne Objektkategorie. Es existiert kein Detektor, der alle Objekte robust lokalisieren kann.

Kapitel 8

Evaluation

Das folgende Kapitel befasst sich mit der experimentellen Evaluation der in den vorigen Abschnitten vorgestellten Methoden. Die Genauigkeit, Robustheit und Geschwindigkeit der einzelnen Komponenten wurde anhand zahlreicher Versuche in der experimentellen Testumgebung, die einem minimalinvasiven Operationsaufbau nachempfunden ist, evaluiert.

Zunächst werden die Ergebnisse der Bildakquisition, insbesondere der Kalibrierung und Glanzlichtdetektion, präsentiert und bewertet. Des Weiteren werden die Komponenten der quantitativen 3D-Analyse näher beleuchtet und die Leistungsfähigkeit der einzelnen Verfahren aufgezeigt. Abschließend werden die Ergebnisse der Handlungsanalyse vorgestellt und die einzelnen Aspekte diskutiert.

Für die Realisierung der Komponenten wurden die Bildverarbeitungsbibliotheken *IVT* (Integrating Vision Toolkit) [IVT09] und *OpenCV* [Ope09], die in die *IVT* eingebunden ist, verwendet. Zusätzlich kamen die Bibliotheken *Qt* [Qt09] und *Coin3d* [Coi09] zum Einsatz.

8.1 Bildakquisition

Die Bildakquisition erfolgt über ein Stereoendoskop und umfasst eine vorab durchgeführte Kalibrierung des Gesamtsystems und Methoden zur Vorverarbeitung und Verbesserung der Bildqualität. Die einzelnen Verfahren wurden in Kapitel 5 vorgestellt, im Folgenden werden die Ergebnisse der Evaluation präsentiert.

8.1.1 Kalibrierung

Die Kalibrierung des Gesamtsystems teilt sich auf in die Kalibrierung des Stereoendoskops und die Hand-Auge Kalibrierung. Beide Kalibrierungen werden vor der eigentlichen Bildaufnahme nacheinander in einem einzigen Kalibrierdurchgang berechnet. Dabei werden mindestens 70 Bilder eines Schachbretts aus unterschiedlichen Blickwinkeln in der Testumgebung aufgenommen. Um die Genauigkeit der Hand-

Auflösung	$\Delta_{Epi}[px]$	$\Delta_X[mm]$	$\Delta_Y[mm]$	$\Delta_Z[mm]$
320×240	2,50	1,12	1,37	2,86
640×480	0,70	0,91	0,76	1,90
768×576	0,93	0,95	0,80	1,83

Tab. 8.1: Ergebnisse der Kalibrierung: Quadratische Mittelwerte (QMW) des Fehlers (Δ_{Epi}) zu den korrespondierenden Epipolarlinien. QMW des Fehlers ($\Delta_X, \Delta_Y, \Delta_Z$) der rekonstruierten 3D-Punkte.

Auge Kalibrierung zu erhöhen, wurde ein Marker am Schachbrett angebracht, sodass eine unbekannte Transformation der Hand-Auge Gleichung durch eine vorherige Registrierung des Schachbretts ausgeschlossen werden kann.

Kalibrierung des Stereoendoskops

Bei der Kalibrierung des Stereoendoskops werden die intrinsischen und extrinsischen Parameter der einzelnen Linsen sowie die Anordnung des Stereosystems bestimmt. Aufgrund der besonderen Optik ist die Kalibrierung des Endoskops ein komplexer und fehleranfälliger Prozess, der eine aufwendige und sorgfältige Vorgehensweise erfordert. Die extreme Verzerrung der Linsen sowie die kleine stereoskopische Basis sind nur einige Herausforderungen, die die Kalibrierung beeinflussen und bei einer ungenauen Schätzung zu einem großen Fehler bei der Stereorekonstruktion führen. Tabelle 8.1 visualisiert die besten Ergebnisse von jeweils 50 Kalibrierungen bei unterschiedlichen Bildauflösungen und verschiedenen Schachbrettgrößen. Die Kalibrierungen erfolgten bei einem Abstand von circa 12 cm vor dem Endoskop (vergleichbar mit dem Abstand im Bauchraum). Dabei wurde zum einen der durchschnittliche Fehler Δ_{Epi} der Schachbrettpunkte im linken Bild zu den korrespondierenden Epipolarlinien im rechten Bild berechnet. Zum anderen wurden die 3D-Schachbrettpunkte mithilfe der berechneten Kalibrierung rekonstruiert und mit den eigentlichen, bekannten Schachbrettpunkten verglichen. Bei einer Auflösung von 640×480 und 768×576 Pixel war der Fehler der 3D-Punkte am kleinsten.

Hand-Auge Kalibrierung

Die Hand-Auge Kalibrierung berechnet mithilfe des am Endoskop angebrachten Markers die Pose des optischen Zentrums der Linsen in Bezug auf das WKS. Für die Hand-Auge Kalibrierung wurden unterschiedliche Algorithmen evaluiert, die im Folgenden kurz aufgelistet sind, für eine detaillierte Beschreibung der evaluierten Methoden wird auf die Literatur verwiesen:

Methode	Daten	Δ_X	Δ_Y	Δ_Z	Δ_{RotX}	Δ_{RotY}	Δ_{RotZ}
Dual	1	0,0235	0,0178	0,0156	0,0012	0,0014	0,0003
	2	8,3251	5,8851	36,741	2,7975	0,2623	1,3987
Ransac	1	0,0001	0,0000	0,00000	0,0012	0,0011	0,0000
	2	0,0007	0,0015	0,0035	0,0112	0,0105	0,0000
Tsai	1	0,0213	0,0159	0,0111	0,0000	0,0000	0,0000
	2	0,9733	1,1871	2,7466	0,0796	0,0558	0,0442
Inria	1	0,0201	0,0164	0,0150	0,0000	0,0000	0,0000
	2	1,0197	0,9964	2,5302	0,0946	0,0579	0,0559
Navy	1	0,0223	0,0177	0,0142	0,0000	0,0000	0,0000
	2	0,9414	1,3922	3,0266	0,1966	0,0749	0,0676

Tab. 8.2: Vergleich unterschiedlicher Algorithmen: Fehlerangabe als QMW in mm $(\Delta_X, \Delta_Y, \Delta_Y)$ und ° $(\Delta_{RotX}, \Delta_{RotY}, \Delta_{RotZ})$.

- **Dual:** Daniilidis [Dan99] stellt einen linearen Algorithmus basierend auf dualen Quaternionen vor, um die Rotation und Translation simultan zu schätzen (vgl. Abschnitt 5.3.2).

- **Ransac:** Um die Robustheit der Hand-Auge Kalibrierung zu erhöhen, präsentieren Schmidt et al. [SVN04] einen Kalibrierungsalgorithmus, der auf der Methode der dualen Quaternionen von Daniilidis [Dan99] beruht, jedoch werden die Bewegungspaare optimal gewählt und eine Ausreißerelimination vorgenommen (vgl. Abschnitt 5.3.2).

- **Tsai:** Der klassische Kalibrierungsansatz von Tsai et al. [TL89] berechnet zuerst die Rotation und anschließend die Translation mithilfe einer QR-Zerlegung (Implementierung aus [Wen09]).

- **Inria:** Horaud et al. [HD95] entwickelten ein Lösungsansatz basierend auf einem nichtlinearen Gleichungssystem, um die Rotation und Translation gleichzeitig zu bestimmen (Implementierung aus [Wen09]).

- **Navy:** Der Ansatz von Park et al. [PM94] verwendet die euklidische Gruppe, um die Rotation und anschließend die Translation zu berechnen (Implementierung aus [Wen09]).

Tabelle 8.2 veranschaulicht die Ergebnisse der einzelnen Verfahren bei 100 Testdatensätzen mit jeweils 70 zufällig erzeugten Bewegungspaaren, die zum einen mit Gaußschem Rauschen (Datenreihe 1) und zum anderen stark verfälscht $(-3 \leq$

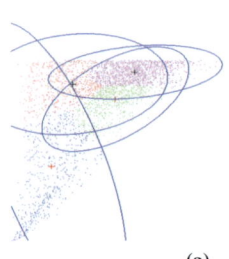

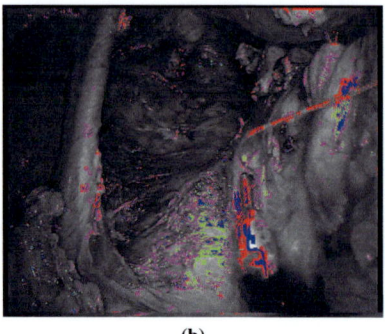

(a)   (b)

Abb. 8.1: (a) Komponenten der Gaußmischverteilung. (b) Klassifikation der Glanzlichter.

$(X,Y,Z) \leq 3\ mm, -2 \leq (RotX,RotY,RotZ) \leq 2°)$ wurden und Ausreißer beinhal-
teten (Datenreihe 2). Die synthetisch erzeugten Referenzdaten ermöglichen den
Ausschluss von Messfehlern aus unterschiedlichen Quellen als auch die kontrollierte
Verfälschung der Messdaten, um die Robustheit der Methoden zu bewerten.
Der Ansatz von Daniilidis (Dual) und die darauf aufbauende Optimierung von
Schmidt et al. (Ransac) hat sich in der Testumgebung am zuverlässigsten erwiesen.
Besonders die Detektion von Ausreißern erhöht die Genauigkeit bei verrauschten
Daten beachtlich.

8.1.2   Glanzlichter

Im Rahmen der Bildvorverarbeitung ist die Detektion und Rekonstruktion von
Glanzlichtern ein wichtiger Schritt für eine anschließende rechnergestützte Analyse
der Bilder.

Detektion

Die Ergebnisse der Glanzlichtdetektion wurden anhand zahlreicher Testbilder vi-
suell bewertet. Im Vergleich zum ursprünglich beschriebenen Verfahren ergab eine
Klassifikation in der SI-Ebene entsprechend dem HSI-Farbmodell anstelle der SV-
Ebene eine verbesserte Segmentierung (Abb. 8.1). Des Weiteren erwies sich eine
Vorberechnung der Gaußmischverteilung in Bezug auf die Detektions- und Lauf-
zeitergebnisse als vorteilhafter. Die definierten Glanzlichtklassen enthalten einen
Großteil der Glanzlichtpixel der Testbilder. Jedoch erweist sich die Unterscheidung
zwischen Glanzlichtpixeln und hellen Bildpixeln als äußerst komplex, da nicht alle
Glanzlichter Eigenschaften einer Totalreflexion aufweisen.

Künstl. Glanzlicht	Mittelung	Navier-Stokes	Strukturtensor

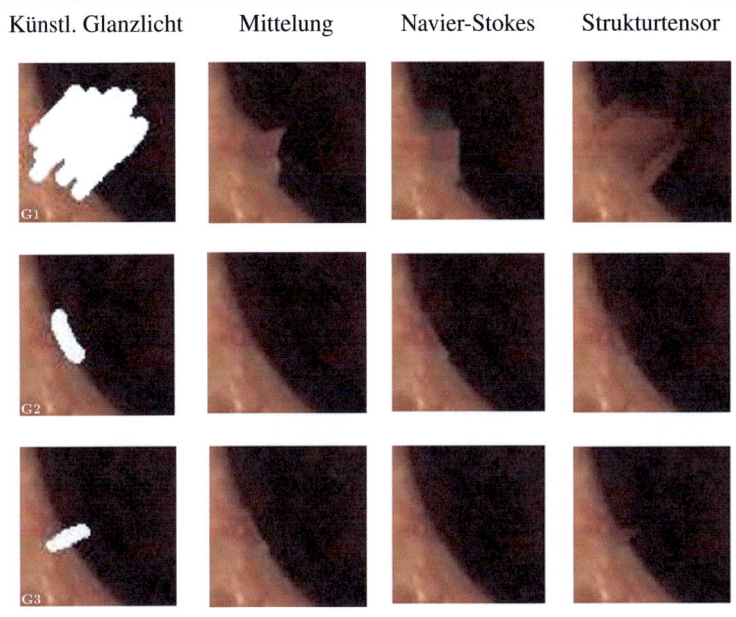

Tab. 8.3: Ergebnisse der Rekonstruktionsverfahren [Kle08]: Großes Glanzlicht (G1), Senkrechtes Glanzlicht (G2), Paralleles Glanzlicht (G3).

Rekonstruktion

Um die Qualität der Glanzlichtrekonstruktion zu evaluieren, wurden manuell Glanzlichtregionen in einem Bildausschnitt erstellt und mithilfe der vorgestellten Rekonstruktionsverfahren aufgefüllt (Tab. 8.3). Die künstlich erzeugten Regionen bestehen aus weißen Pixeln und sind einfach und genau zu segmentieren. Insgesamt wurde ein großes Glanzlicht (G1) und zwei kleinere, die senkrecht (G2) und parallel (G3) zur dominanten Gradientenrichtung verlaufen, analysiert. Um ein Maß für die Übereinstimmung zu erhalten, wurde die rekonstruierte Region und das Original mithilfe der ZSSD (vgl. Abschnitt 6.1) korreliert.

Tabelle 8.3 und 8.4 visualisieren die Ergebnisse; je kleiner der Wert, desto besser ist die Übereinstimmung. Anhand der Korrelationsergebnisse und der rekonstruierten Bilder (Tab. 8.3) lassen sich die unterschiedlichen Methoden bewerten. Die Rekonstruktion des großen Glanzlichtes erweist sich bei allen drei Verfahren als problematisch, jedoch hat die Mittelung das beste visuelle Ergebnis. Die Mittelung lässt sich auch für die Rekonstruktion des parallelen Glanzlichtes verlässlich einsetzen. Bei der Rekonstruktion der senkrechten Region lieferte sie das schlechteste Ergebnis

Methode	ZSSD		
	G1	G2	G3
Mittelung	0,1365	0,0403	0,0048
Navier-Stokes	0,1304	0,0283	0,0050
Strukturtensor	0,1859	0,0223	0,0254

Tab. 8.4: Ergebnisse der Rekonstruktion: Korrelationsbasierter Vergleich der rekonstruierten Region mit dem Originalbild.

bezüglich des Korrelationswertes verglichen mit den anderen beiden Verfahren. Das Navier-Stokes Verfahren lieferte für das große Glanzlicht den besten Korrelationswert, jedoch ist das visuelle Ergebnis nicht zufriedenstellend. Die beiden kleineren Glanzlichter lassen sich mit dieser Methode jedoch zuverlässig rekonstruieren.

Der Strukturtensor hatte bei der Rekonstruktion des großen Glanzlichtes das schlechteste visuelle Ergebnis, da aufgrund der Fenstergröße keine dominante Gradientenrichtung ermittelt werden konnte. Die Tensorbedingungen sind bei der senkrechten Region erfüllt, sodass hier das beste Ergebnis erzielt wurde. Aufgrund von Verwischungen der Hell-Dunkel Übergänge lässt sich das parallele Glanzlicht mit dem Strukturtensor jedoch nicht ausreichend rekonstruieren.

Das Navier-Stokes basierte Verfahren schneidet aufgrund der Korrelationswerte und der visuellen Ergebnisse am besten ab und kann für eine Rekonstruktion kleinerer Glanzlichter verwendet werden. Große Glanzlichter lassen sich mit keinem der drei Verfahren zuverlässig rekonstruieren.

8.2 Quantitative 3D-Analyse

Die quantitative 3D-Analyse auf Basis stereoskopischer Bildsequenzen beinhaltet eine 3D-Rekonstruktion der Operationsszene und die bildbasierten Lokalisierung der Instrumente. Die einzelnen Methoden wurden in Kapitel 6 beschrieben und werden im Folgenden einer genaueren Evaluation und Bewertung unterzogen.

8.2.1 Rekonstruktion rigider Strukturen

Die Rekonstruktion rigider Strukturen erstellt ein Modell anhand der Korrespondenz natürlicher Merkmale in den einzelnen Bildsequenzen und der bekannten Pose des Endoskops. Eine wichtige Rolle hierbei spielt die Positionsschätzung der Merkmale, sowohl bei der Vorhersage der Merkmalsposition zwischen sukzessiven Aufnahmen als auch bei der Genauigkeit der 3D-Rekonstruktion. Um die korrekte Funktions-

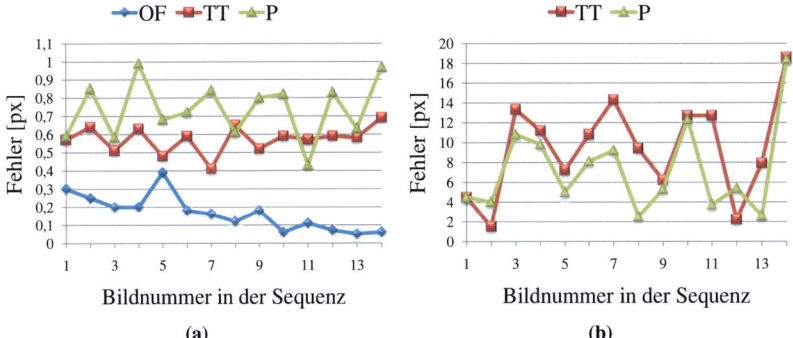

Abb. 8.2: Ergebnisse der Positionsschätzung: (a) Exakte Kamerapose. (b) Verfälschte Kamerapose.

weise zu gewährleisten, wurde die Positionsschätzung mittels synthetischer Daten gesondert evaluiert. Anschließend werden die Rekonstruktionsergebnisse des Gesamtverfahrens präsentiert.

Positionsschätzung der Merkmale

Die Genauigkeit der Positionsschätzung zwischen sukzessiven Aufnahmen und der rekonstruierten 3D-Position wurde mithilfe von synthetisch erzeugten Referenzdaten evaluiert. Die Referenzdaten sind Polygonbilder, die mit einer virtuellen, bewegten Stereokamera erzeugt wurden. Die Ecken der Polygone dienen als stabile Punkte, die in der Sequenz verfolgt werden können; sie werden als Shi-Tomasi Merkmale extrahiert. Die Verfälschung der Daten mithilfe von künstlichem Rauschen bezieht sich auf die Pose der Kamera und die Position der Merkmale in den Bildern. Die Kamerapose wurde gemäß dem vorgestellten Rauschmodell (vgl. Abschnitt 6.1) mit einer Standardabweichung von 4 mm und einem halben Grad, die Merkmale mit einem halben Pixel verfälscht.

Positionsschätzung zwischen sukzessiven Aufnahmen Um die Merkmale zwischen zwei aufeinanderfolgenden Aufnahmen zu verfolgen, wird eine Positionsschätzung der Merkmale der vorigen Aufnahme im aktuellen Bild berechnet. Im Rahmen der Positionsschätzung wurden die Projektion (P), der trifokale Tensor (TF) und der optische Fluss (OF) evaluiert. Dabei wurden insgesamt vier Merkmale in unterschiedlichen Sequenzen von jeweils 14 Bildern betrachtet. Die Evaluation wurde mit exakter und verfälschter Kamerapose durchgeführt, zusätzlich wurde die Position der Merkmale bei beiden Szenarien verrauscht. Abbildung 8.2 visualisiert den durch-

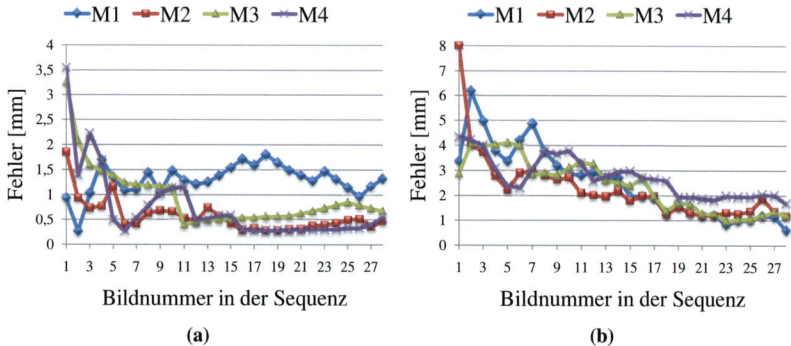

Abb. 8.3: Ergebnisse der 3D-Rekonstruktion: (a) Exakte Kamerapose. (b) Verfälschte Kamerapose.

schnittlichen Fehler zwischen geschätzter Merkmalsposition und der tatsächlichen Position aus den Referenzdaten.

Insgesamt war der Fehler bei der Schätzung mithilfe des optischen Flusses am kleinsten. Ein Grund dafür ist der Einsatz der Shi-Tomasi Merkmale, die hinsichtlich der Funktionsweise des optischen Flusses entworfen und optimiert sind. Der optische Fluss wird basierend auf Grauwertänderungen berechnet und ist daher unabhängig von einer verrauschten Kamerapose. Der trifokale Tensor erweist sich bei einer exakten Kamerapose genauer als die Projektion, bei einer verfälschten Pose jedoch als schlechter. In mehreren Experimenten erwies sich die Kombination von SIFT- und Shi-Tomasi Merkmalen mit dem optischen Fluss als am zuverlässigsten, für MSER Merkmale eignet sich jedoch die Projektion am besten.

Genauigkeit der 3D-Position   Die bereits berechnete 3D-Struktur wird mit jedem neu akquirierten Stereobildpaar verbessert, falls für bereits existierende 3D-Punkte aufgrund der Merkmalsverfolgung eine neue Messung erfolgt. Mithilfe eines Kalman-Filters, das für jeden einzelnen 3D-Punkt mit der ersten Messung initialisiert wird, können die neuen Messungen mit dem bereits existierenden 3D-Punkt fusioniert werden. Die Genauigkeit der 3D-Position wurde für unterschiedliche Sequenzen mit jeweils 30 Bildern bei exakter und verrauschter Kamerapose evaluiert. Zusätzlich wurden auch die Korrespondenzen durch künstliches Rauschen verfälscht. Abbildung 8.3 visualisiert den Fehler zwischen gefilterter 3D-Position und tatsächlicher Position aus den Referenzdaten für vier Merkmale (M1, M2, M3, M4) einer Sequenz. Mit jeder neuen Messung wird die 3D-Position eines Merkmals genauer und der mit jedem Merkmal assoziierte Fehlerellipsoid verkleinert sich. Bei verrauschter Kamerapose und Korrespondenzen verkleinert das Kalman-Filter den Fehler zum

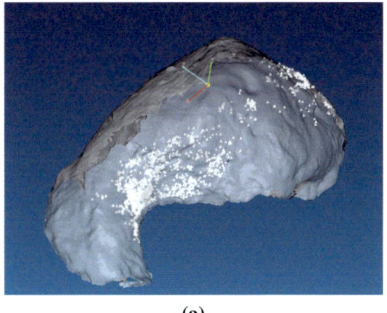 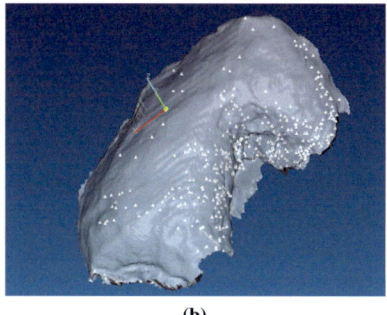

(a)   (b)

Abb. 8.4: Registrierung der rekonstruierten Punkte mit Referenzmodell. (a) SIFT
Merkmale. (b) Shi-Tomasi Merkmale.

Ende der Sequenz hin. Letztendlich betrug der Fehler sowohl bei exakter als auch
verrauschter Pose zwischen einem halben und zwei Millimetern.

Sukzessive Rekonstruktion der Szene

Für die Evaluation des Gesamtverfahrens wurden verschiedene Organmodelle erstellt und mit unterschiedlichen Strukturen wie Adern, Blutflecken und Fettgewebe
versehen. Die Modelle wurden mithilfe eines *Minolta* Laserscanners (VI900) vermes-
sen. Die gescannten Modelle dienen als Referenzdaten, die mit den rekonstruierten
Punkten des Verfahrens verglichen werden (Abb. 8.4).
Für die Registrierung der rekonstruierten Modelle und der Referenzmodelle wurde
der *ICP*-Algorithmus [BM92] verwendet. Tabelle 8.5 veranschaulicht den Fehler zwischen den Referenzmodellen und dem Ergebnis der Rekonstruktion unterschiedlicher
Bildsequenzen. Dabei wurden für jeden Merkmalstyp unterschiedliche Bildsequenzen zweier Modelle evaluiert. Die Bilder wurden Vorverarbeitungsschritten wie einer
Histogrammlinearisierung (L) und einer Glanzlichtrekonstruktion (G), die sich un-
terschiedlich auf das Ergebnis der einzelnen Merkmalstypen auswirken, unterzogen.
Die SIFT Merkmale profitieren von der durch die Histogrammlinearisierung durchgeführten Kontrastverstärkung bezüglich der Anzahl der detektierten, stabilen Punkte.
Die Glanzlichtrekonstruktion scheint keinen Einfluss auf die Qualität des Ergebnisses
zu nehmen. Der durchschnittliche Fehler betrug insgesamt 1,93 mm.
Bei den MSER Merkmalen lag der durchschnittliche Fehler bei 1,98 mm, allerdings
war aufgrund der zu kleinen Anzahl an detektierten Punkten zum Teil keine Registrierung möglich. Eine Linearisierung erhöht zwar die Anzahl der stabilen Punkte
geringfügig, ist aber immer noch nicht ausreichend für eine Rekonstruktion. Grund
für die wenigen verfolgten Merkmale ist die Prädiktion der Merkmalsposition mithil-

Merkmale	Modell	Vorverarbeitung		Anzahl Punkte	Δ
		L	G		
SIFT	1	×	×	2070	1,68
	1	×		1743	1,44
	1		×	100	0,96
	1			227	0,62
	2	×		903	2,00
	2		×	62	3,77
	2			279	3,04
	2			188	1,97
MSER	1	×	×	34	-
	1	×		63	2,31
	1		×	70	1,90
	1			32	-
	2	×		65	2,88
	2		×	13	2,30
	2			28	1,54
	2			21	1,10
Shi-Tomasi	1	×	×	105	1,06
	1	×		95	1,02
	1		×	309	0,96
	1			84	1,26
	2		×	376	1,61
	2			81	4,02
	2			55	1,51

Tab. 8.5: Ergebnisse der Rekonstruktion: Fehlerangabe als QMW in *mm* (Δ).

fe der Projektion. Die Positionsschätzung ist fehlerbehaftet bei einer verrauschten Kamerapose und resultiert in instabilen Merkmalen.

Insgesamt erzielten die Shi-Tomasi Merkmale das beste Rekonstruktionsergebnis sowohl in Bezug auf Genauigkeit als auch Anzahl stabiler Merkmale. Der durchschnittliche Fehler betrug 1,6 mm. Die Glanzlichtrekonstruktion bringt hier eine Verbesserung in Bezug auf die Anzahl detektierter Punkte.

Prinzipiell führt eine merkmalsbasierte Rekonstruktion der Oberfläche auf Basis endoskopischer Bildsequenzen häufig zu einem unvollständigen Ergebnis. Aufgrund der homogenen und periodischen Strukturen lassen sich nicht genügend Merkmale verfolgen, sodass eine robuste und vollständige Oberflächenrekonstruktion nicht möglich ist. Bei allen evaluierten Merkmalstypen sind die Punkte nicht gleichmäßig auf der Oberfläche verteilt und konzentrieren sich in texturierten Bereichen. Die Genauigkeit kann generell mit einer Bündeloptimierung verbessert werden, jedoch erfolgt der Einsatz eines solchen Verfahrens im Anschluss an die rekonstruierte Struktur und ist sehr laufzeitintensiv, sodass davon abgesehen wurde. Bezüglich der Geschwindigkeit erzielten die Shi-Tomasi Merkmale unter Berücksichtigung der Größe der Datenbank und der Anzahl der detektierten Merkmale die besten Ergebnisse. Allerdings ist das gesamte Verfahren nicht echtzeitfähig und Bedarf einer Laufzeitoptimierung, die aber aufgrund der unvollständig rekonstruierten Oberflächen nicht vorgenommen wurde und stattdessen eine echtzeitfähige, pixelbasierte Rekonstruktion realisiert wurde (vgl. Abschnitt 6.2).

8.2.2 Rekonstruktion dynamischer Strukturen

Die pixelbasierte Rekonstruktion der Weichgewebeoberfläche auf Basis der Endoskopbilder berechnet eine dichte Tiefenkarte der beobachteten Szene, die für eine intraoperative Registrierung genutzt werden kann. Hierfür wurde das Prinzip der hybriden-rekursiven Korrespondenzanalyse für den Einsatz bei endoskopischen Bildsequenzen adaptiert. Die Evaluation erfolgte in der Testumgebung mit endoskopischen Bildsequenzen bewegter anatomischer Strukturen tierischen Ursprungs und wechselnden Beleuchtungsverhältnissen. Gleichzeitig wurde zu definierten Zeitpunkten ein Laserscan der Oberfläche durchgeführt, der als Referenzmodell dient und mit der rekonstruierten Punktwolke des Verfahrens zu diesem Zeitpunkt verglichen wird. Im Rahmen der Evaluation wurde die Genauigkeit und Robustheit der Oberflächenrekonstruktion untersucht sowie eine Laufzeitanalyse durchgeführt.

Genauigkeit und Robustheit

Die Registrierung der rekonstruierten Punktwolken mit den Referenzmodellen ist in Abbildung 8.5 veranschaulicht. Tabelle 8.6 visualisiert den durchschnittlichen Fehler zwischen den Referenzmodellen und dem Ergebnis der Rekonstruktion dreier unterschiedlicher Strukturen (S1, S2, S3) für Bildpaare einer Sequenz zu verschiedenen Zeitpunkten. Dabei wurden verschiedene Maximalabstände d_{max} betrachtet, sodass Punkte, deren Abstand größer als d_{max} ist, nicht in die Fehlerberechnung einfließen. Zusätzlich wurde der Prozentsatz der Punkte, die einen Abstand kleiner als der untersuchte Maximalabstand haben, angegeben.
Der durchschnittliche Fehler liegt im Millimeterbereich und betrug bei einem Maximalabstand von 2,5 mm 1,09 mm, bei 5 mm 1,7 mm und bei 10 mm 2,4 mm. Die Genauigkeit und Robustheit der rekonstruierten Oberfläche ist modellspezifisch und hängt von unterschiedlichen Faktoren ab. Für die Evaluation wurden verschiedene Strukturen betrachtet, die homogene und kaum texturierte Bereiche beinhalten. In diesen Regionen ist keine genaue Rekonstruktion möglich, sodass dies eine potentielle Fehlerquelle darstellt. Falls keine Korrespondenz gefunden wird, werden diese Berei-

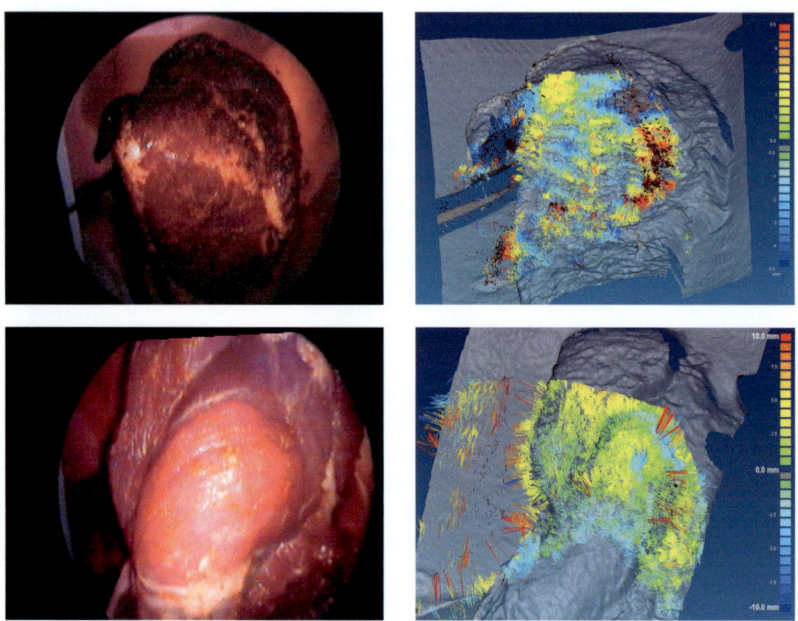

Abb. 8.5: Links: Originalbilder. Rechts: Registrierung der rekonstruierten Punkte (Abstand von Referenzmodell farbig codiert) mit Referenzmodell (grau).

Daten	$d_{max} = 2{,}5$		$d_{max} = 5$		$d_{max} = 10$	
Struktur_Frame	Δ	$P < d_{max}$	Δ	$P < d_{max}$	Δ	$P < d_{max}$
S1_27	1,00	70	1,50	88	2,01	97
S1_50	1,06	76	1,52	95	1,73	99
S1_81	1,02	79	1,42	95	1,61	99
S2_39	1,18	38	2,07	60	3,35	81
S2_78	1,19	41	2,06	64	3,19	83
S2_122	1,14	64	1,70	84	2,42	97
S3_18	1,12	54	1,80	75	2,59	88
S3_65	1,03	59	1,58	75	2,36	87

Tab. 8.6: Ergebnisse der Rekonstruktion: Fehlerangabe Δ [mm] in Abhängigkeit von d_{max}. Zusätzliche Angabe der Punkte P [%], die einen Abstand kleiner als d_{max} aufweisen.

che schwarz markiert. Die Genauigkeit ist auch abhängig von der Stereokalibrierung des Endoskops und dem Abstand des Endoskops zur Weichgewebeoberfläche. Bei Struktur S1 befand sich das Endoskop näher an der Oberfläche, was in einer genaueren Rekonstruktion resultierte. Des Weiteren ist mit zunehmendem Abstand vom Bildfokus der Einfluss der Verzerrungsparameter größer, sodass die Ausreißer der rekonstruierten Punktwolken hauptsächlich im Randbereich vorzufinden waren. Zusätzlich erschweren Glanzlichteffekte und schnelle Bewegungen die Rekonstruktion und erfordern eine Glanzlichtdetektion.

Prinzipiell ist das Verfahren robust und eignet sich besonders gut für bewegte Weichgewebeoberflächen. Die Methode hat sich im Rahmen der durchgeführten Experimente bei einer Bildauflösung von 320×240 Pixel als echtzeitfähig (27 fps) erwiesen. Dabei betrug die Laufzeit durchschnittlich 37 ms inklusive der benötigten Rektifizierung und Entzerrung der Stereobildpaare. Bei einer akkuraten Kalibrierung können ausreichend genaue Punktwolken im Bildzentrum für eine intraoperative Registrierung erstellt werden. Ein großer Vorteil ist die Erzeugung zeitlich konsistenter Tiefenkarten, sodass bewegte Szenen gut rekonstruiert werden können. Die Anwendung von zeitlichen Sequenzen mindert den Einfluss schlechter Bildpaare. Diese wirken sich nur negativ auf das aktuelle Disparitätsbild aus und nicht auf die gesamte Rekonstruktion.

8.2.3   Lokalisierung der Instrumente

Die bildbasierte Lokalisierung erfordert eine möglichst genaue Segmentierung der markerlosen Instrumente. Auf Basis der Segmentierung wird der Übergang zwischen Schaft und Spitze detektiert und die 3D-Position mithilfe der Stereobilder berechnet. Im Rahmen der Evaluation wurde die Genauigkeit der Detektion und der Positionsbestimmung untersucht. Des Weiteren wurde die Robustheit der Instrumentenverfolgung unter dem Einfluss verschiedener Faktoren in den Bildsequenzen betrachtet.

Detektion der Spitze

Für die Evaluation der Detektion wurden unterschiedliche Stereobilder des Endoskops mit wechselnden Beleuchtungsverhältnissen und Strukturen verwendet. Die Bilder wurden in der Testumgebung sowohl mit realistischen Organmodellen als auch anatomischen Strukturen tierischen Ursprungs akquiriert. Insgesamt waren 100 Instrumente in den Einzelbildern sichtbar. Die automatische Segmentierung detektiert den Übergang zwischen Schaft und Spitze des Instruments, der als Endpunkt definiert wird. Das Ergebnis der entwickelten Methode wurde mit einer manuellen Detektion der Instrumentenspitze verglichen (Abb. 8.6).

Abbildung 8.7 visualisiert den Fehler zwischen berechnetem Endpunkt des Algorithmus und manueller Detektion der 100 Instrumente. In 82 % der getesteten

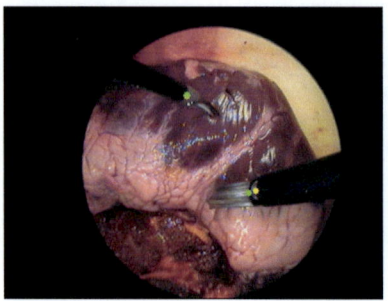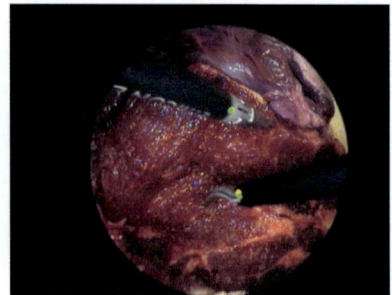

Abb. 8.6: Abweichung zwischen automatischer (gelb) und manueller Segmentierung (grün).

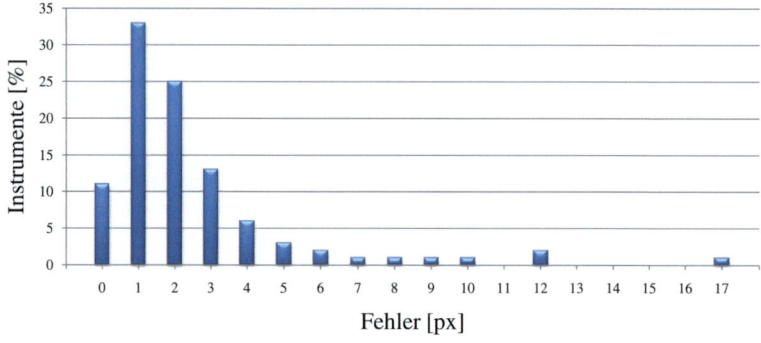

Abb. 8.7: Ergebnisse der Detektion: Fehler (euklidische Distanz) zwischen detektierter Spitze und manueller Detektion für 100 Instrumente.

Instrumente war die Abweichung kleiner als 4 Pixel, in 93 % kleiner als 7. Der durchschnittliche Fehler lag bei 2,48 Pixel. Fehler resultierten aus schlechter Sichtbarkeit der Spitze, unscharfen Konturen aufgrund schneller Bewegungen oder ungünstigen Beleuchtungsverhältnissen.

Des Weiteren erwies sich die Anwendung des Disparitätsfilters für die Segmentierung der Instrumente als nicht zwingend erforderlich. Die Kombination aus Farbwertfilter, Sättigungsfilter und Bayes-Klassifikation lieferte robuste Segmentierungsergebnisse, der Disparitätsfilter ist in diesem Fall optional.

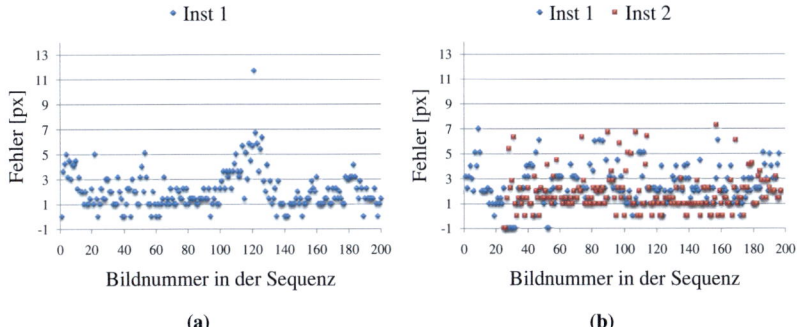

Abb. 8.8: Ergebnis der Verfolgung: (a) Einzelnes Instrument. (b) Zwei Instrumente.

Dreidimensionale Positionsbestimmung

Nach der Detektion der Instrumentenspitze erfolgt die dreidimensionale Positionsbestimmung mithilfe der rektifizierten Stereobilder. Für eine Triangulation wird
der korrespondierende Punkt der detektierten Spitze im rechten Bild des Stereopaares gesucht. Aufgrund der homogenen Texturen der Instrumente muss die Größe
des Suchfensters für einen korrelationsbasierten Blockvergleich optimal gewählt
werden. Dafür wurden unterschiedliche Fenstergrößen evaluiert und der gefundene
korrespondierende Punkt mit einer manuellen Detektion verglichen.
Eine Fenstergröße zwischen 12 und 17 Pixel hat sich als am geeignetsten erwiesen.
Bei zu kleinen Fenstern (3–7 Pixel) beinhaltet der Blockvergleich nicht genügend
Information für eine robuste Korrespondenzsuche. Falls das Fenster zu groß gewählt
wird, dominiert der homogene Hintergrund und liefert falsche Korrespondenzen.
Die 3D-Position wird über eine Triangulation berechnet und mittels der Hand-
Auge Kalibrierung in das WKS transformiert. Die Genauigkeit der 3D-Position ist
dabei abhängig von der Stereokalibrierung, der Hand-Auge Kalibrierung und der
Korrespondenzsuche. Der durchschnittliche Fehler der 3D-Position im WKS betrug
1 mm in X und Y Richtung und bis zu 3 mm in der Tiefe.

Verfolgung der Spitze

Die Robustheit der Instrumentenverfolgung wurde anhand unterschiedlicher Bild-
sequenzen mit wechselnden Beleuchtungsverhältnissen und Strukturen evaluiert.
Zusätzlich wurden Ausnahmen, wie bspw. kreuzende Instrumente oder schnelle
Bewegungen, betrachtet. Ähnlich wie bei den Einzelbildern wird das Ergebnis der
Instrumentendetektion für jedes Bild der Sequenz mit einer manuellen Segmentie-
rung verglichen. Abbildung 8.8 visualisiert ein Beispiel für eine Sequenz mit 200

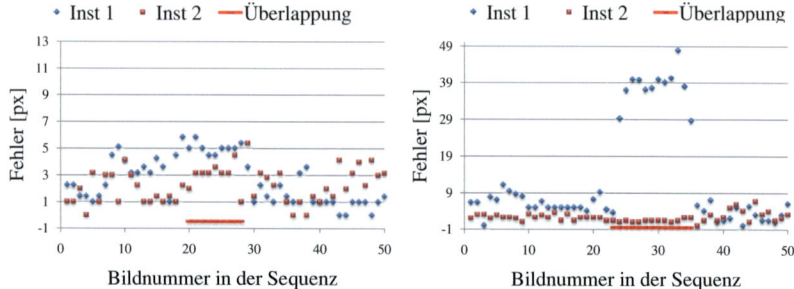

Abb. 8.9: Ergebnis der Verfolgung bei Überlappung.

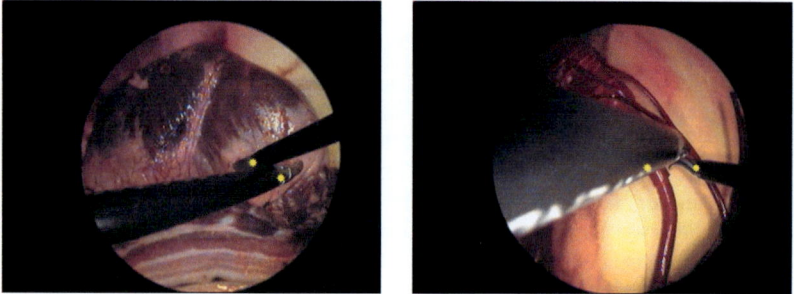

Abb. 8.10: Beispielbilder der Segmentierung bei Überlappung.

Bildern für ein einzelnes und für zwei Instrumente. Der durchschnittliche Fehler des einzelnen Instruments betrug 2,08 Pixel und bestätigt die Resultate der Einzelbilder. Wie aus der Abbildung ersichtlich, wird der Fehler zwischen Bildnummer 100 und 140 größer aufgrund der schlechten Sichtbarkeit der Spitze in diesem Abschnitt. Bei der Sequenz mit zwei Instrumenten betrug der durchschnittliche Fehler 2,33 Pixel für Instrument 1 und 1,82 Pixel für Instrument 2. Bei allen getesteten Sequenzen ohne Ausnahmesituationen wurden ähnliche Fehlerwerte erzielt, im Falle einer nicht detektierten Spitze (-1) wurde diese nach höchstens 10 Bildern wiedergefunden.
Bei einer Überlappung der Instrumente ist eine genaue Segmentierung nur gewährleistet, sofern die Spitze beider Instrumente sichtbar ist. Abbildung 8.9 veranschaulicht zwei Sequenzen mit kreuzenden Instrumenten. In der ersten Sequenz erfolgt trotz Überlappung der Instrumente eine stabile Verfolgung der Spitze (Abb. 8.10). Der durchschnittliche Fehler betrug dort 2,61 und 2,24 Pixel für die jeweiligen Instrumente. Die Segmentierung ist in der zweiten Sequenz nicht mehr zuverlässig

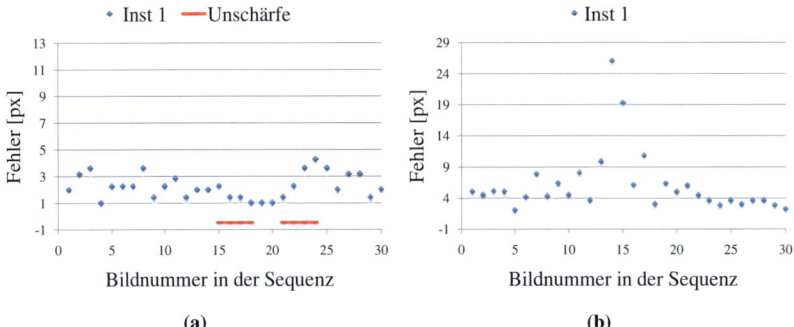

(a)   (b)

Abb. 8.11: Ergebnis der Verfolgung bei Ausnahmefällen: (a) Schnelle Bewegungen. (b) Schlechte Sichtbarkeit der Spitze.

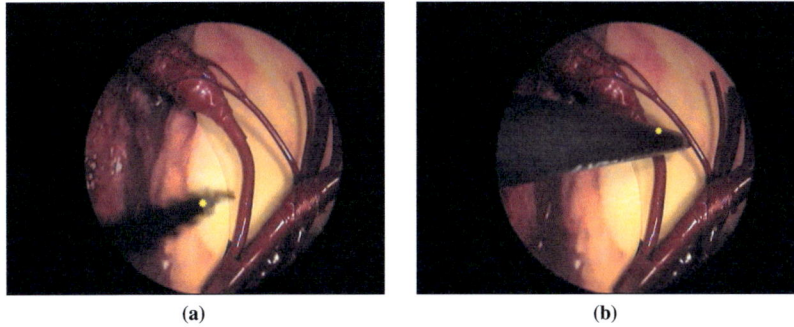

(a)   (b)

Abb. 8.12: Beispielbilder der Segmentierung bei Ausnahmen: (a) Schnelle Bewegungen. (b) Spitze nicht sichtbar.

im Überlappungsbereich (Abb. 8.10). Bei einem detektierten Kontakt wird zeitliche Information aus den vorigen Bildern miteinbezogen, um den Suchraum einzuschränken solange die Instrumente sich kreuzen. In diesem Fall ist die Segmentierung der Spitze für das erste Instrument ungenau, sodass sich dieser Fehler in die Überlappung fortpflanzt und ein falsches Suchfenster ergibt.

In Abbildung 8.11 sind zwei Ausnahmefälle veranschaulicht. Die linke Abbildung zeigt das Ergebnis bei schnellen Bewegungen des Instruments und der daraus resultierenden Unschärfe. Trotz undeutlicher Konturen wird der Endpunkt der Spitze zuverlässig detektiert (Abb. 8.12), der durchschnittliche Fehler betrug 2,2 Pixel. Die Robustheit ist im rechten Bild allerdings nicht mehr gegeben, hier betrug der durchschnittliche Fehler 5,94 Pixel. In diesem Fall nahm das Instrument über die Bildsequenz hinweg einen steileren Winkel ein, sodass der Übergang zwischen Schaft und Spitze nicht mehr zu erkennen war (Abb. 8.12).

Die entwickelte Methode ist bei Ausschluss des optionalen Disparitätsfilters für alle Bildauflösungen echtzeitfähig (20 fps) und hatte eine durchschnittliche Laufzeit von 50,4 ms inklusive der Rektifizierung und Entzerrung des Stereobildpaares. Am Anfang erfolgt jedoch eine einmalige Initialisierung, die eine Laufzeit von 810 ms benötigt. Die Lokalisierung der Instrumente erwies sich in den durchgeführten Experimenten als robust und echtzeitfähig, solange die Spitze der im Bild befindlichen Instrumente sichtbar war.

8.3 Analyse der chirurgischen Handlung

Die Handlungsanalyse detektiert Situationsmerkmale wie den ausgeführten Skill des Chirurgen, die eingesetzten Instrumente und die verwendeten chirurgischen Materialien. Im Folgenden werden die einzelnen Methoden, die in Kapitel 7 vorgestellt wurden, evaluiert und die Ergebnisse diskutiert.

8.3.1 Klassifikation chirurgischer Skills

Für die Klassifikation chirurgischer Skills wird das Bewegungsmuster der Instrumente verwendet. In einer isolierten Trainingsphase wurden die relevanten Skills von erfahrenen Chirurgen vorgeführt und die Trajektorie der Instrumente aufgenommen. Die Modellierung und letztendliche Klassifikation erfolgt auf Basis von *Hidden Markov Modellen* (HMM), zusätzlich erfolgt eine Bewertung mithilfe trainierter Expertenmodelle.

Chirurgische Skills

Im Hinblick auf die Klassifikation chirurgischer Skills wurde das laparoskopische Nähen und Knoten näher untersucht. Für die Evaluation der Skills wurde die Pose der Instrumentenspitze mithilfe des Polaris Trackingsystems aufgezeichnet. Dabei waren Polaris Trackingkörper am Griff der eingesetzten Instrumente angebracht. Die Skills wurden von insgesamt vier Chirurgen in der Testumgebung ausgeführt und aufgezeichnet. Für die Modellierung wurden 80 Datensätze pro Skill verwendet, wobei auch unregelmäßige Daten benutzt wurden, um Variabilität bei der Erkennung zu ermöglichen.

Ein Datensatz setzt sich aus der Pose des linken und rechten Instruments zusammen und beschreibt eine komplette Ausführung. Die Ausführungen hatten unterschiedliche Längen und Variationen aufgrund eines Nachgreifens der Nadel oder des Fadens für einen optimalen Winkel. Bei der Modellierung der HMMs wurden unter-

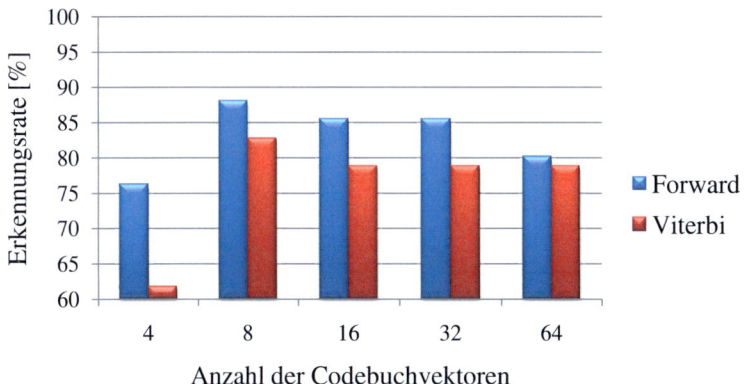

Abb. 8.13: Erkennungsrate der Skills in Abhängigkeit der Codebuchgröße.

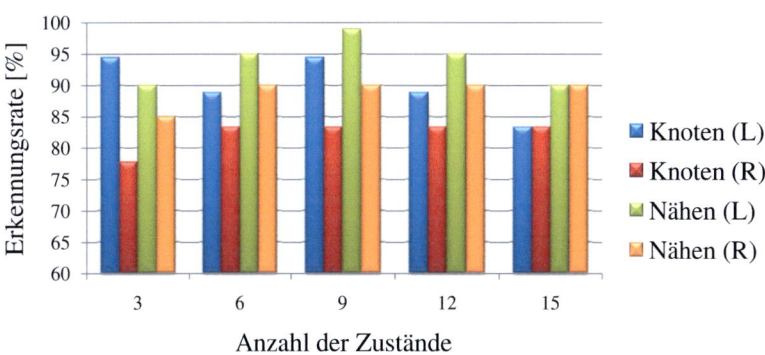

Abb. 8.14: Erkennungsrate des *Forward*-Algorithmus in Abhängigkeit der versteckten Zustände.

schiedliche Codebuchgrößen und versteckte Zustände verwendet. Dabei wurde jedes
Instrument einzeln betrachtet.
Für die Evaluation der Erkennungsrate wurden 18 Datensätze pro Skill verwendet.
Abbildung 8.13 visualisiert die Erkennungsraten in Abhängigkeit der Codebuchgröße
mithilfe des *Forward*- und *Viterbi*-Algorithmus. Die beste Erkennungsrate von 88 %
wurde mit dem *Forward*-Algorithmus bei einer Codebuchgröße von 8 erzielt. Im
Gegensatz dazu erreicht der *Viterbi*-Algorithmus nur 82 %.

Daten	Rauschen		
	10 %	20 %	30 %
Knoten(L)	77 %	77 %	83 %
Knoten(R)	60 %	70 %	70 %
Nähen(L)	65 %	80 %	70 %
Nähen(R)	90 %	90 %	90 %

Tab. 8.7: Ergebnisse der Metrik: Prozentsatz der schlechter klassifizierten, verrauschten Daten im Vergleich zu den Originaldaten.

Die Erkennungsrate mit dem *Forward*-Algorithmus konnte durch eine Anpassung der versteckten Zustände im HMM optimiert werden. Das Ergebnis ist in Abbildung 8.14 veranschaulicht. Dabei wurde mit einer Codebuchgröße von 8 und 9 versteckten Zuständen eine durchschnittliche Rate von 92 % erreicht.

Bewertung

Für die Evaluation der Bewertungsmetrik wurde ein Expertenmodell mit einer Codebuchgröße von 8 und 6 versteckten Zuständen trainiert. Die Testdaten wurden verrauscht und mit den Originaldaten verglichen. Die Pose der Instrumententrajektorie wurde mit einer Abweichung von 10, 20 und 30 Prozent gegenüber den Originaldaten verfälscht. Tabelle 8.7 veranschaulicht den Prozentsatz der schlechter bewerteten, verrauschten Daten im Vergleich zu den Originaldaten. In den meisten Fällen bewertet die Metrik die verrauschte Sequenz schlechter als die Originaldaten.

8.3.2   Erkennung der Instrumente

Für die Erkennung minimalinvasiver Instrumente wurde eine erscheinungsbasierte Methode gewählt, bei der die Instrumente in einer isolierten Trainingsphase mithilfe von 3D-Modellen eingelernt werden. Während der eigentlichen Erkennungsphase werden basierend auf der segmentierten Instrumentenkontur im Bild und der eingelernten Modelle der Instrumententyp und die Orientierung berechnet. Die Erkennungsrate wurde anhand unterschiedlicher Bildsequenzen mit wechselnden Beleuchtungsverhältnissen und Strukturen in der Testumgebung evaluiert. Insgesamt wurden der Greifer, der Koagulator, die Schere, der Clipapplikator und das Skalpell betrachtet, die in Abschnitt 4.2 dargestellt sind.

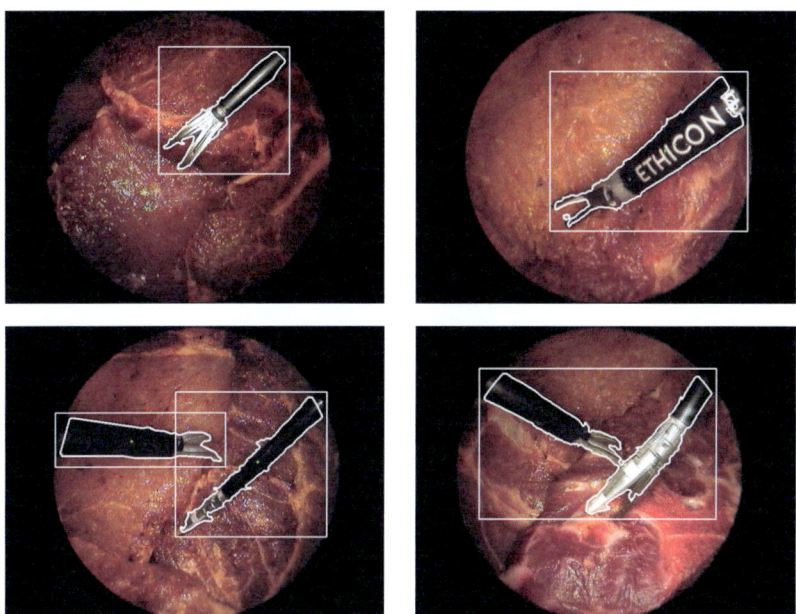

Abb. 8.15: Beispiele der Segmentierung.

Segmentierung

Die Segmentierung der Instrumentenkontur ist zufriedenstellend, wenn sie für eine robuste Erkennung genutzt werden kann. Die Erkennungsrate der einzelnen Instrumente spiegelt daher die Güte der Segmentierung. Abbildung 8.15 stellt beispielhaft Ergebnisse der Segmentierung für die eingelernten Instrumente dar. Die normalisierte Instrumentenkontur dient als Eingabe für die Erkennung.

Erkennung

Die Erkennung der Orientierung und des Instrumententyps wurde mit simulierten Ansichten und mit unterschiedlichen Bildsequenzen evaluiert. Die simulierten Ansichten wurden auf Basis der 3D-Modelle generiert, segmentiert und normalisiert, sodass Kantenbilder als Eingabe zur Verfügung standen.

Orientierung   Es wurden insgesamt 100 simulierte Ansichten der fünf unterschiedlichen Instrumente getestet. Für die einzelnen Ansichten wurde der zugehörige Richtungsvektor der Instrumentenachse in 3D und 2D abgespeichert. Die zweidi-

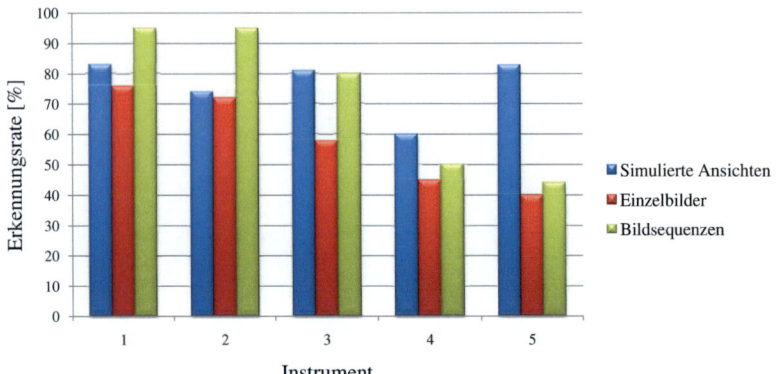

Abb. 8.16: Erkennungsrate der Instrumente Skalpell (1), Koagulator (2), Schere (3), Clipapplikator (4) und Greifer (5).

mensionalen Richtungsvektoren wurden hierbei durch Projektion in die Bildebene akquiriert. Die Differenz zwischen abgespeicherten ($\vec{p}$) und erkanntem ($\vec{q}$) Richtungsvektor ergibt sich folgendermaßen:

$$\cos\alpha = \frac{\vec{p}\vec{q}}{|\vec{p}|\,|\vec{q}|}.$$

Die Erkennungsrate der Orientierung bei den simulierten Ansichten war sowohl in 2D als auch in 3D sehr gut. Der durchschnittliche Fehler in 2D lag bei 0,22° und in 3D bei 0,26°; nur drei Ansichten hatten jeweils eine Abweichung größer als 1°. Die Evaluation der Orientierung auf Basis der Endoskopbilder erfolgte in 2D, indem der Winkel zwischen der Achse des segmentierten Instruments im Bild und des erkannten Instruments in der Datenbank verglichen wurde. Insgesamt wurden 100 Bilder der unterschiedlichen Instrumente getestet, die Erkennungsrate betrug 97 % falls eine Abweichung von bis zu 3° als korrekt klassifiziert wurde.

Instrumententyp Für die Evaluation des Instrumententyps auf Basis simulierter Ansichten wurden 550 Ansichten pro Instrument erzeugt, wobei unplausible Aufnahmen vorab ausgeschlossen wurden. Bei den Endoskopbildern wurden 100 Einzelbilder pro Instrument evaluiert. Abbildung 8.16 veranschaulicht die Erkennungsraten. Die Erkennungsrate des Clipapplikators ist verglichen mit den anderen Instrumenten sowohl bei den simulierten Ansichten als auch bei den Bildern geringer. Die Spitze des Applikators ist sehr klein und dünn, vor allem bei einer steilen Blickrichtung ist sie nur schwer zu erkennen.

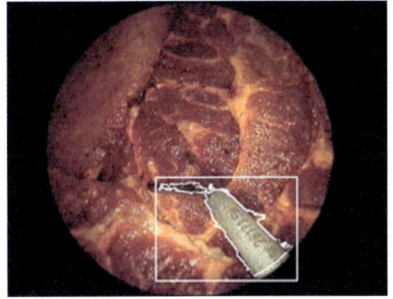
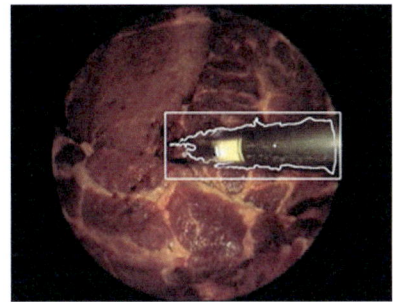

Abb. 8.17: Fehlerhafte Segmentierung bei Greifer und Applikator.

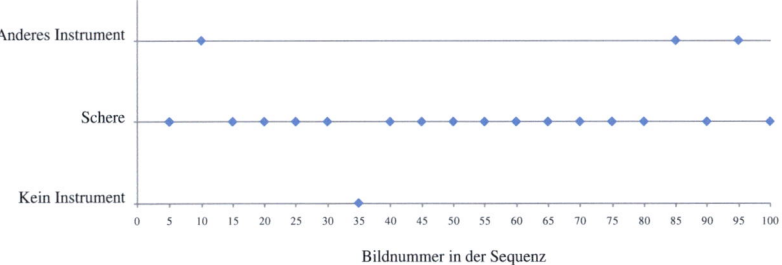

Abb. 8.18: Erkennung der Schere basierend auf Bildsequenzen. Mittelung über 5 Bilder.

Die Erkennungsrate bei Koagulator und Skalpell ist bei den simulierten Ansichten verglichen mit den Bildern ähnlich, jedoch sind die Erkennungsraten der restlichen Instrumente geringer. Aufgrund von Spiegelungen des Gewebes in der metallischen Spitze, wechselnden Beleuchtungen und schnellen Bewegungen der Instrumente ist eine genaue Segmentierung der Spitze in den Endoskopbildern sehr komplex. Vor allem bei Greifer und Applikator kommt es zu falschen Segmentierungsergebnissen (Abb. 8.17). Zusätzlich unterscheiden sich manche Instrumente in ihrer Kontur nur geringfügig, sodass beispielsweise bei Greifer und Schere das jeweils andere Instrument am häufigsten bei den Falschklassifikationen vorkam.

In Anbetracht der Tatsache, dass das Instrument beim Einbringen und Wechseln erkannt werden soll und nicht in jedem Bild, können Bildsequenzen anstelle von Einzelbildern betrachtet werden. Dabei wird das Ergebnis einer bestimmten Bildanzahl in der Sequenz gemittelt. Die Erkennungsrate von Skalpell, Greifer und Koagulator wird dadurch beträchtlich erhöht (Abb. 8.16). Diese Instrumente werden bei den evaluierten Bildsequenzen nach höchstens 16 Bildern erkannt (Abb. 8.18). Jedoch ist die Rate bei Applikator und Greifer aufgrund der komplexen Segmentierung dieser Instrumente vergleichbar mit den Einzelbildern. Das Verfahren erkennt ein Wechsel der Instrumente, zusätzlich können auch überlappende Instrumente klassifiziert werden, solange die Spitze nicht verdeckt ist.

Die entwickelte Methode hatte in den durchgeführten Experimenten eine durchschnittliche Laufzeit von 90 ms (11 fps). Dabei nahm die Segmentierung der Instrumentenkontur einen Großteil der Laufzeit in Anspruch, die Erkennung benötigt nur 28 ms (35 fps). Zusätzlich wird am Anfang eine einmalige Initialisierung durchgeführt, die 22 ms benötigt. Aufgrund der Tatsache, dass das Instrument nur beim Einbringen und Wechseln erkannt werden soll, ist die nahezu Echtzeitfähigkeit in diesem Kontext ausreichend.

8.3.3 Lokalisierung chirurgischer Materialien

Die bildbasierte Lokalisierung chirurgischer Materialien umfasst die Erkennung der Objekte im Bild und eine anschließende Positionsbestimmung. Aufgrund der Komplexität der Materialien und ihrer unterschiedlichen Erscheinungsformen wurden geometrie- und erscheinungsbasierte Detektoren für jede einzelne Objektkategorie entwickelt. Die Erkennungsraten wurden anhand unterschiedlicher Bildsequenzen mit wechselnden Beleuchtungsverhältnissen und Strukturen in der Testumgebung evaluiert. Die Ergebnisse werden in Form einer Konfusionsmatrix präsentiert, die die Klassifikationsergebnisse mit den Referenzdaten vergleicht und ein Qualitätsmaß für den jeweiligen Detektor darstellt. Die Einträge der Matrix werden als *True Positive* (TP), *False Positive* (FP), *True Negative* (TN) und *False Negative* (FN) bezeichnet. Eine detailliertere Einführung ist in [CT01] dokumentiert. Für jeden Detektor wurden insgesamt 100 Einzelbilder evaluiert, wobei die Testsets 90 % positive und 10 % negative Ereignisse umfassten. Zusätzlich beinhaltete ein Großteil der Bilder nicht nur das gesuchte Objekt, sondern auch Instrumente oder andere chirurgische Materialien.

Chirurgisches Netz

Die Netzdetektion erfolgt auf Basis der geometrischen Form, indem zuerst die Netzlinien und anschließend die netztypische Struktur extrahiert werden. Die Liniendetektion ist abhängig von der Skalierung, dem Blickwinkel und der Netzverformung. Abbildung 8.19 visualisiert das Ergebnis der Liniendetektion in Abhängigkeit der Maschengröße. Bei einer Größe zwischen 17 und 38 Pixeln wurden die besten Ergebnisse erzielt.

Tabelle 8.8 präsentiert die erzielten Klassifikationsergebnisse. Der Netzdetektor erkannte 83 von insgesamt 90 positiven Ereignissen, gleichzeitig wurden alle bis auf ein Negativereignis detektiert. Die Ergebnisse belegen die Robustheit des Detektors, die durch Anwendung von Bildsequenzen noch erhöht werden kann. Aufgrund

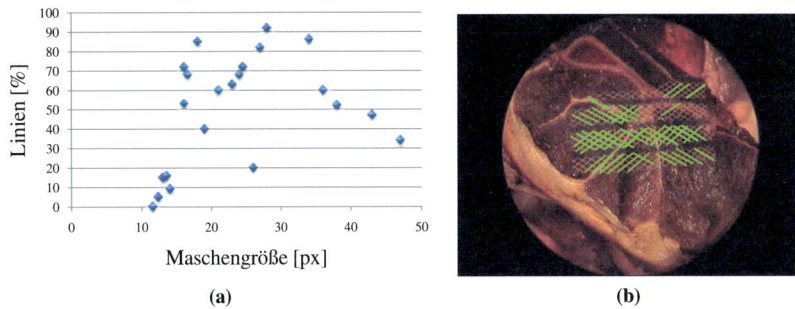

(a)   (b)

Abb. 8.19: (a) Liniendetektion in Abhängigkeit der Maschengröße. (b) Ergebnis bei kleiner Maschengröße.

		Referenz	
		Positiv	Negativ
Klassifikation	Positiv	TP: 83 %	FP: 1 %
	Negativ	FN: 7 %	TN: 9 %

Tab. 8.8: Konfusionsmatrix der Netzklassifikation.

der repetitiven Struktur erwies sich eine Blockgröße von 49 Pixeln als optimal bei der Suche nach korrespondierenden Netzkreuzpunkten für die anschließende 3D-Rekonstruktion.

Chirurgische Nadeln

Chirurgische Nadeln eignen sich aufgrund ihrer Halbkreisform für ein geometriebasiertes Verfahren. Für die Detektion wird basierend auf einer Linienerkennung eine zirkuläre *Hough*-Transformation durchgeführt und falsche Kandidaten ausgeschlossen.

		Referenz	
		Positiv	Negativ
Klassifikation	Positiv	TP: 70 %	FP: 1 %
	Negativ	FN: 20 %	TN: 9 %

Tab. 8.9: Konfusionsmatrix der Nadelklassifikation.

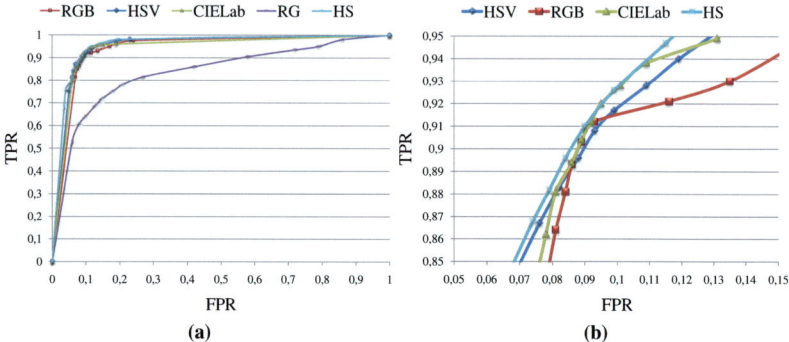

Abb. 8.20: (a) ROC-Kurve der Farbklassifikation für unterschiedliche Farbräume
und Parameter. (b) Vergrößerung.

Die Erkennungsrate hängt von der Skalierung und perspektivischen Verzerrung der
Nadel ab, Tabelle 8.9 veranschaulicht die Ergebnisse. Aufgrund der unterschiedlichen
Blickwinkel wurden von 90 positiven Beispielen nur 70 erkannt, allerdings wurden
alle negativen Ereignisse bis auf eines detektiert. Durch Einsatz von Bildsequenzen
kann die *True Positive* Rate jedoch erhöht werden. Bei der Stereokorrespondenzsuche
hat sich eine Fenstergröße von 60 Pixeln für die einzelnen Punkte der Nadel als am
zuverlässigsten erwiesen.

Chirurgisches Nahtmaterial

Für die Detektion des Nahmaterials wurde eine farbbasierte Segmentierung mit
einer anschließenden Regionenanalyse entwickelt. Um den besten Farbraum und die
optimalen Parameter für die Farbklassifikation auf Basis vorab trainierter Modelle zu
ermitteln, wurde eine sogenannte ROC[1]-Kurve [CT01] erstellt (Abb. 8.20). Bei einer
ROC-Kurve ist auf der x-Achse die *False Positive Rate* (FPR) und auf der y-Achse
die *True Positive Rate* (TPR) aufgetragen. Der Punkt, der die größte TPR und die
kleinste FPR aufweist, kennzeichnet den besten Klassifikator. Wie aus Abbildung
8.20 ersichtlich, erzielte der HS-Farbraum mit einem Schwellwert von 0,3 für die
Farbklassifikation die besten Ergebnisse.
Die Klassifikationsergebnisse sind in Tabelle 8.10 veranschaulicht. Von insgesamt
90 positiven Ereignissen wurden nur 4 inkorrekt klassifiziert, zusätzlich erkannte
der Detektor 8 negative Ereignisse von 10. Aufgrund der erzielten Raten lässt sich
der Detektor zuverlässig für eine Nahtklassifikation einsetzten. Allerdings wurde
aufgrund variierender Beleuchtungsverhältnisse nicht immer der gesamte Faden

---

[1]engl. Receiver Operating Characteristics.

		Referenz	
		Positiv	Negativ
Klassifikation	Positiv	TP: 86 %	FP: 2 %
	Negativ	FN: 4 %	TN: 8 %

Tab. 8.10: Konfusionsmatrix der Nahtklassifikation.

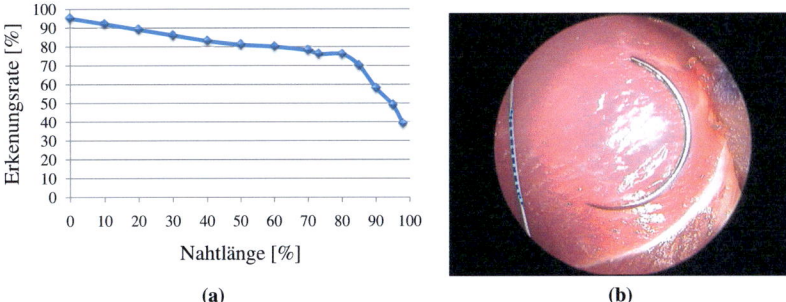

(a)   (b)

Abb. 8.21: (a) Erkennungsrate der Nahtlänge. (b) Beispiele für eine unvollständige Detektion.

segmentiert. Abbildung 8.21 visualisiert die Erkennungsrate der Nahtlänge; in mehr als 80 % der Fälle wurde eine Länge von 77 % der Gesamtnahtlänge detektiert. Für die Korrespondenzsuche hat sich eine Blockgröße von 25 Pixeln für die einzelnen Pixel der Naht als am besten erwiesen.

Chirurgischer Clip

Die Clipdetektion benutzt einen Farbklassifikator mit einer anschließenden Regionenanalyse. Ähnlich wie beim Nahtmaterial wurde auch für die Clipdetektion eine ROC-Kurve erstellt (Abb. 8.22). Dabei erwies sich der HSV-Farbraum mit einem Schwellwert von 0,7 für die Farbklassifikation als am zuverlässigsten. Weiterhin sind in Tabelle 8.11 die erzielten Klassifikationsergebnisse illustriert. Die Anzahl der korrekt klassifizierten positiven Ereignisse ist mit 63 von insgesamt 90 im Vergleich zu den anderen Detektoren am geringsten, allerdings wurden bei den negativen Ereignissen 9 von 10 erkannt. Die Erkennungsrate kann durch den Einsatz von Bildsequenzen erhöht werden. Für die Korrespondenzsuche wurde der Zentroid des erkannten Clips verwendet, der bei einer Fenstergröße von 40 Pixeln robust im rechten Bild detektiert werden konnte. Alle entwickelten Detektoren hatten einen Laufzeit von durchschnittlich 3 fps. Aufgrund der Tatsache, dass das Objekt nicht in

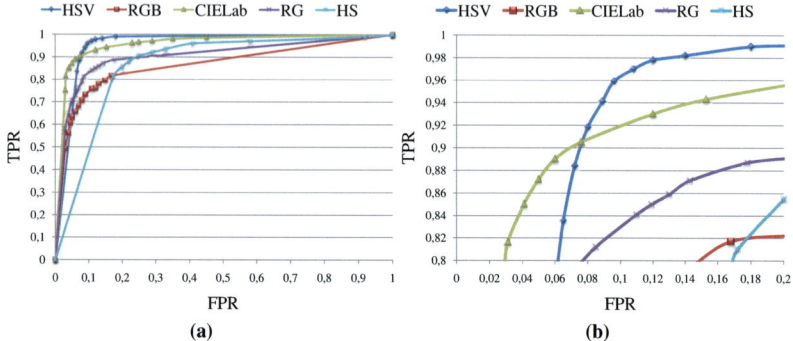

Abb. 8.22: (a) ROC-Kurve der Farbklassifikation für unterschiedliche Farbräume und Parameter. (b) Vergrößerung.

		Referenz	
		Positiv	Negativ
Klassifikation	Positiv	TP: 63 %	FP: 1 %
	Negativ	FN: 27 %	TN: 9 %

Tab. 8.11: Konfusionsmatrix der Clipklassifikation.

jedem Bild erkannt werden soll, sondern nur in bestimmten Situationen, bspw. beim Einbringen, ist die Laufzeit in diesem Kontext ausreichend.

8.4   Zusammenfassung

Die entwickelten Methoden wurden in umfangreichen Experimenten evaluiert und deren Leistungsfähigkeit aufgezeigt. Im Rahmen der Bildakquisition wurde die Kalibrierung des Gesamtsystems untersucht. Für eine ausreichend genaue Kalibrierung werden mindestens 70 Bilder des Schachbretts benötigt, die sowohl für die Hand-Auge Kalibrierung als auch für die Endoskopkalibrierung verwendet werden. Die Glanzlichtdetektion erkennt einen Großteil der in den Bildern vorkommenden Glanzlichter, eine Rekonstruktion erfolgt allerdings nur optional, da große Glanzlichter nicht zuverlässig rekonstruiert werden können.
Für die 3D-Analyse wurden die Oberflächenrekonstruktion von Weichgewebe und die Lokalisierung der Instrumente evaluiert. Der merkmalsbasierte Ansatz eignete sich für eine vollständige Oberflächenrekonstruktion nicht, allerdings können solche

Verfahren für eine Deformationsschätzung anhand der Verfolgung einiger weniger stabiler Punkte eingesetzt werden. Diese Möglichkeit ist auch im Hinblick auf eine intraoperative Registrierung zur Ergänzung des pixelbasierten Verfahrens ein wichtiger Aspekt.

Aufgrund der Limitationen des merkmalsbasierten Verfahrens wurde eine pixelbasierte Rekonstruktion realisiert, die sich auch für bewegte Weichgewebeoberflächen eignet. Das Verfahren hat sich als robust und ausreichend genau für eine anschließende Registrierung erwiesen. Des Weiteren ist die Lokalisierung der Instrumente zuverlässig, solange die Spitze der im Bild befindlichen Instrumente sichtbar ist.

Im Rahmen der Handlungsanalyse wurde die Klassifikation chirurgischer Skills, minimalinvasiver Instrumente und chirurgischer Materialien untersucht. Die Klassifikation der Skills erwies sich in den durchgeführten Experimenten als robust. Die Erkennungsrate der Instrumente und Materialien war bis auf wenige Ausnahmen zuverlässig. Aufgrund der Besonderheiten endoskopischer Bilder, perspektivischer Verzerrungen oder ungünstiger Blickwinkel war die Erkennungsrate bei Greifer, Applikator und Clip geringer. Prinzipiell kann die Rate durch den Einsatz von Bildsequenzen erhöht werden, indem das Ergebnis einer bestimmten Bildanzahl gemittelt wird.

Bezüglich der Laufzeit wurden die vorgestellten Komponenten einzeln evaluiert, da sich bei gleichzeitigem Einsatz im Gesamtsystem erhebliche Geschwindigkeitseinbußen bedingt durch die verwendete Hardware ergeben.

Kapitel 9

Schlussbetrachtung

In der vorliegenden Arbeit wurde die Analyse endoskopischer Bildsequenzen für ein kontextbezogenes Assistenzsystem in der Laparoskopie untersucht. Das folgende Kapitel fasst die wesentlichen Beiträge zusammen und diskutiert die erzielten Ergebnisse. Des Weiteren wird ein Ausblick auf mögliche Erweiterungen und zukünftige Entwicklungen gegeben.

9.1 Zusammenfassung und Diskussion

Das Anliegen der vorliegenden Arbeit war, die Nutzung von Stereoendoskopbildern für die Analyse der Operationssituation zu untersuchen. Ausgangspunkt war die Beobachtung, dass im Rahmen eines minimalinvasiven Assistenzsystems das Endoskop als bildgebendes System eine tragende Rolle spielt und als intelligentes Bildverarbeitungssystem eingesetzt werden kann.

Dieser Erkenntnis folgend wurden Situationsmerkmale definiert, die auf Basis der stereoskopischen Bilder detektiert werden können und unterschiedliche Operationssituationen charakterisieren. Nach einer umfassenden Literaturrecherche über aktuelle Forschungsansätze wurde eine Prozesskette erstellt, die aus intraoperativer Bildakquisition, anschließender dreidimensionaler Analyse der Sequenzen und Handlungsanalyse besteht. Ergebnis der Bildanalyse sind Situationsmerkmale wie Position und Typ der Instrumente und der chirurgischen Materialen, ein dreidimensionales Oberflächenmodell und die ausgeführte Tätigkeit des Chirurgen. Die Analyse der Bildsequenzen fügt sich in die gesamte Prozesskette des kontextbezogenen Assistenzsystems ein und ist Basis für eine anschließende Situationsinterpretation. Die entwickelten Methoden wurden in Bezug auf Robustheit, Genauigkeit und Laufzeit anhand unterschiedlicher Szenarien evaluiert. Zusammenfassend wurden folgende Aspekte näher untersucht:

- Im Rahmen der Bildakquisition wurde eine Kalibrierung des Gesamtsystems realisiert, die sich aus der Kalibrierung des Stereoendoskops und einer Hand-Auge Kalibrierung zusammensetzt. Hierbei wurden unterschiedliche Algorithmen evaluiert und der zuverlässigste im Hinblick auf verrauschte Daten ausgewählt. Für die anschließende 3D-Analyse ist eine genaue Kalibrierung äußerst wichtig. Kleine Ungenauigkeiten in der Schätzung der stereoskopischen Basis, der Verzerrungsparameter oder der Hand-Auge-Transformation können in einem großen Fehler der 3D-Position resultieren. Für eine möglichst genaue Kalibrierung werden daher mindestens 70 Aufnahmen des Kalibrierobjektes verwendet.

  Für die Verbesserung der Bildqualität im Hinblick auf eine rechnergestützte Analyse der Sequenzen wurden verschiedene Methoden vorgestellt. Insbesondere wurde auf die Detektion von Glanzlichtern fokussiert, die die nachfolgende 3D-Analyse erheblich erschweren. Ergebnis der Detektion ist eine Glanzlichtmaske, die für die anschließende 3D-Analyse verwendet wird, um kritische Bereiche auszuschließen. Die Rekonstruktion der Glanzlichter kann optional erfolgen, ist aber für die 3D-Analyse nicht erforderlich, insbesondere weil große Glanzlichter nicht zuverlässig rekonstruiert werden können.

- Im Rahmen der quantitativen 3D-Analyse der Bildsequenzen wurde eine Rekonstruktion rigider und dynamischer Weichgewebeoberflächen im Hinblick auf eine intraoperative Registrierung untersucht. Des Weiteren können daraus Situationsmerkmale wie ein dreidimensionales Oberflächmodell und die Position der Instrumente abgeleitet werden, die auf den Operationskontext schließen lassen.

  Für die Rekonstruktion rigider Oberflächen wurde ein merkmalsbasiertes Verfahren entwickelt, das charakteristische Punktmerkmale in der Sequenz verfolgt und daraus sukzessiv ein Modell erstellt. Dafür wurden verschiedene Merkmalstypen untersucht und auf die Eignung in endoskopischen Bildfolgen getestet. Bedingt durch die Besonderheiten endoskopischer Bilder lassen sich bei homogenen und periodischen Strukturen oft nicht genügend Merkmale verfolgen, sodass eine robuste und vollständige Oberflächenrekonstruktion u. U. nicht möglich ist.

  Aufgrund der Beschränkungen des merkmalsbasierten Verfahrens wurde eine pixelbasierte Rekonstruktion realisiert, die sich auch für bewegte Weichgewebeoberflächen eignet. Die Methode basiert auf dem Prinzip der hybridenrekursiven Korrespondenzanalyse und erstellt eine vollständige, zeitlich konsistente Tiefenkarte der Szene in Echtzeit. In unterschiedlichen Evaluationen hat sich das Verfahren bei Endoskopbildern als robust und ausreichend genau für eine anschließende Registrierung erwiesen.

  Des Weiteren wurde eine markerlose, dreidimensionale Lokalisierung der Instrumentenspitze entwickelt. Die implementierte Methode detektiert die Instrumentenspitze anhand unterschiedlicher visueller Merkmale und Eigenschaften der Instrumente und verfolgt diese in der Sequenz. Das Verfahren wurde anhand unterschiedlicher Szenarien evaluiert und hat sich als robust und echtzeitfähig erwiesen.

- Im Rahmen der Handlungsanalyse wurden unterschiedliche Situationsmerkmale wie der ausgeführte Skill, die eingesetzten Instrumente und die verwendeten chirurgischen Materialien detektiert. Die Klassifikation chirurgischer Skills wurde auf Basis der Instrumentenbewegung untersucht. Für die Modellierung und Klassifikation wurde ein *Hidden Markov* basierter Ansatz implementiert und evaluiert, der sich als zuverlässig erwies. Zusätzlich wurde eine Metrik auf Basis von Expertenmodellen definiert, die die Qualität der Ausführung anhand der erkannten Trajektorie bewertet.

  Für die automatische Erkennung der minimalinvasiven Instrumente wurde eine erscheinungsbasierte Methode gewählt, wobei die Instrumente in einer Trainingsphase mithilfe von 3D-Modellen eingelernt wurden. In unterschiedlichen Experimenten hat sich die Schätzung der Orientierung als genau erwiesen. Die Erkennungsrate des Instrumententyps ist abhängig vom jeweiligen Instrument und war bei der Betrachtung von Bildsequenzen bei einer Mehrzahl der untersuchten Instrumente robust. Die restlichen Instrumente hatten eine ungünstige Erscheinungsform und waren aufgrund zu kleiner Spitze, Spiegelungen des Gewebes, wechselnden Beleuchtungen und schnellen Bewegungen für eine formbasierte Erkennung nicht geeignet.

  Für die Lokalisierung der chirurgischen Materialien wurden unterschiedliche Detektoren implementiert und evaluiert. Die Komplexität der Materialien und der Bildsequenzen erforderte einen speziellen Detektor für jede einzelne Objektkategorie. Die entwickelten Detektoren konnten Nahtmaterial, Netz und Nadel robust lokalisieren, die Erkennungsrate des Clips war allerdings geringer. Prinzipiell können die Erkennungsraten durch den Einsatz von Bildsequenzen erhöht werden.

Erstmals wurde das Endoskop für eine bildbasierte Analyse im Rahmen eines kontextbezogenen Assistenzsystems eingesetzt. Es konnte gezeigt werden, dass mit den realisierten Methoden charakteristische Situationsmerkmale, die die Basis für eine anschließende Interpretation bilden, detektiert werden können.

9.2 Ausblick

Die präsentierten Methoden eröffnen das Potenzial der Analyse endoskopischer Bildsequenzen und lassen sich auf vielfältige Weise ergänzen und erweitern.
Im Hinblick auf einen intraoperativen Einsatz empfehlen sich zunächst Geschwindigkeitsoptimierungen der einzelnen Verfahren an. Bei gleichzeitigem Einsatz der einzelnen Komponenten im Gesamtsystem ergeben sich erhebliche Geschwindigkeitseinbußen aufgrund der verwendeten Hardware. Eine Optimierung der Laufzeit

über die Struktur des Programmcodes hinaus kann bspw. durch die Ausnutzung paralleler Prozessoren oder des Grafikkartenprozessors speziell bei der bildbasierten Analyse erreicht werden.

Die Zuverlässigkeit der bildbasierten Analyse kann durch eine stärkere Verknüpfung der einzelnen Methoden mit der im Gesamtsystem integrierten Wissensbasis erhöht werden. Dadurch wird die Robustheit der Detektion der Situationsmerkmale durch eine sogenannte erwartungsgesteuerte Analyse, bei der mithilfe der Wissensbasis gezielt nach der Anwesenheit bestimmter Merkmale gesucht wird, erhöht.

Des Weiteren bieten sich neue Möglichkeiten, auf Basis der vorgestellten Komponenten zusätzliche Funktionalität zu entwickeln und in das Gesamtsystem zu integrieren. Die Berücksichtigung von Gewebedeformationen bei der Einblendung präoperativ gewonnener Daten in die chirurgische Szene erfordert eine Registrierung mit einem aktuellen Modell. Die Rekonstruktion der Weichgewebeoberfläche eignet sich als intraoperatives Modell und kann für eine Registrierung mit präoperativen Daten eingesetzt werden. Zusätzlich ist eine Verbesserung der Darstellungsqualität für den Chirurgen oder die automatische Endoskopnachführung auf Basis der Instrumentenlokalisierung denkbar.

Die einzelnen Komponenten belegen die zahlreichen Möglichkeiten der Bildanalyse, allerdings sind für eine robuste kontextbezogene Unterstützung die Endoskopbilder alleine nicht ausreichend. Das Gesamtsystem muss daher um weitere intraoperative Sensoren, die zusätzliche Situationsmerkmale detektieren und bestehende ergänzen, erweitert werden. Dafür eignen sich bspw. Kraftsensoren in den minimalinvasiven Instrumente, die die auf das Gewebe einwirkenden Kräfte messen. Des Weiteren können intraoperative Bildgebungssysteme wie Ultraschall oder ein C-Bogen dazu benutzt werden, das aktuelle, intraoperative Modell zu ergänzen. Zusätzlich können weitere Kameras an der OP-Decke angebracht werden, um das Gesamtszenario zu beobachten und daraus weitere Merkmale abzuleiten.

Schließlich können die einzelnen Komponenten auch für weitere Assistenzfunktionen eingesetzt werden, bspw. im Rahmen einer robotergestützten Assistenz mithilfe des *da Vinci* Systems, dessen Potenzial damit erweitert werden könnte.

Die in dieser Arbeit präsentierten Verfahren leisten einen Beitrag dazu, besonders im Hinblick auf eine kognitionsgesteuerte Chirurgie.

Anhang A

Technische Daten der verwendeten Sensorik

A.1 Stereoendoskop

Typbezeichnung	Stereoendoskop 8934.501
Durchmesser	10 mm
Nutzlänge	301 mm
Blickrichtung	25°
Bildwinkel	75°

Tab. A.1: Technische Daten des Stereoendoskops (©Richard Wolf GmbH).

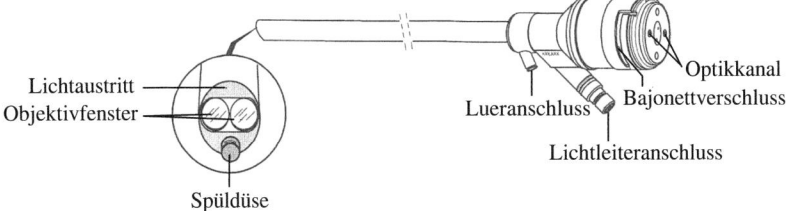

Abb. A.1: Stereoendoskop (©Richard Wolf GmbH).

A.2 Kamerasystem

Typbezeichnung	3D Endocam 5535.901
TV-Norm	PAL
Frequenz	50/60 Hz
Abmessungen B × H × T	457 mm × 127 mm × 493 mm
Bildwandler	2 × 1/2" Interline Transfer
Bildpunkte pro Bildwandler	752(H) × 582(V)
Farbregelung	Automatischer Weißabgleich
Shutter control	Automatische Blendenregelung 1/50–1/1000
Abmessungen Kamerakopf L ×∅	92 × 50 mm
Video (BNC)	2 × 1,0 V_{p-p}/75 Ohm Composite
S-Video (Mini DIN)	2 × Y:1,0 V_{p-p}/75 Ohm 2 × C:0,3 V_{p-p}/75 Ohm

Tab. A.2: Technische Daten des Kamerasystems (©Richard Wolf GmbH).

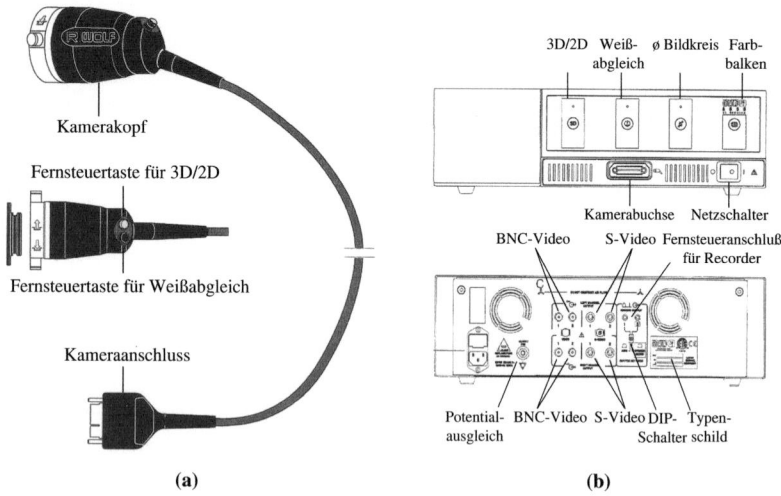

(a)   (b)

Abb. A.2: Kamerasystem (©Richard Wolf GmbH): (a) Kamerakopf. (b) Kamera-controller.

A.3 Lichtquelle

Typbezeichnung	Lichtprojektor
Abmessung B × H × T	320 mm × 120 mm × 255 mm
Farbtemperatur im Maximum	3200 K
Lichtleiter ⌀; Nutzlänge	3,5 mm; 2,3 m

Tab. A.3: Technische Daten der Lichtquelle (©Richard Wolf GmbH).

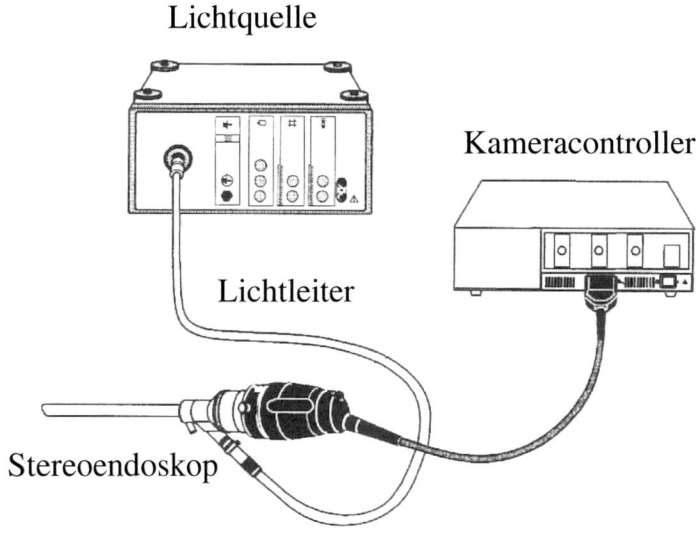

(a)

Abb. A.3: Lichtquelle, Stereoendoskop und Kamerasystem (©Richard Wolf GmbH).

A.4 Konverter

Typbezeichnung	Video-to-Firewire Konverter DFG/1394-1e
Videoformate	PAL/NTSC, RS-170/CCIR
Max. Auflösung	PAL: 768 × 576 bei 25 fps NTSC: 640 × 480 bei 30 fps
Analog-Eingänge	2 × RCA (cinch) 1 × Y/C (S-Video) Gemultiplexed
Bus-Interface	IEEE 1394-1995/1394a, 6-pin, 400 Mb/s
Farbformate	UYVY, RGB 32, RGB 24, RGB 8

Tab. A.4: Technische Daten des Konverters (The Imaging Source GmbH).

A.5 Trackingsystem

Typbezeichnung	NDI Polaris
Kameratyp	P4 (hybrid)
Trackingkörper	12
Datenübertragungsrate	115 kBaud NTSC: 640 × 480 bei 30 fps
Schnittstellen	RS–232 / RS–422
Abmessung B × H × T	7,6 cm × 58,5 cm × 11,5 cm

Tab. A.5: Technische Daten des Trackingsystems (Northern Digital Inc.).

Abbildungsverzeichnis

Tabellenverzeichnis

Abkürzungsverzeichnis

BKS	Bildkoordinatensystem
CCD	Charge-coupled device
DLR	Deutsches Zentrum für Luft- und Raumfahrt
ER	Erweiterte Realität
FN	False Negatives
FP	False Positives
FPR	False Positive Rate
fps	frames per second
GIH	Geodesic-Intensity Histogram
GLOH	Gradient Location Orientation Histogram
HD	High Definition
HMD	Head-Mounted Display
HMM	Hidden Markov Modelle
ICP	Iterative Closest Point
KKS	Kamerakoordinatensystem
LBG	Linde-Buzo-Gray
MSER	Maximally Stable Extremal Regions
NOTES	Natural Orifice Transluminal Endoscopic Surgery
PCA	Principal Component Analysis
QMW	Quadratischer Mittelwert
ROC	Receiver Operating Characteristics
ROI	Region of Interest
SfM	Structure from Motion
SIFT	Scale Invariant Feature Transform
SKS	Schachbrettkoordinatensystem
SLAM	Simultane Lokalisierung und Kartierung
SURF	Speeded Up Robust Features
SVD	Singular Value Decomposition
TN	True Negatives
TP	True Positives
TPR	True Positive Rate
WKS	Weltkoordinatensystem
ZSSD	Zero Mean Sum of Squared Differences

Literaturverzeichnis

[ABB+01]   AZUMA, R. ; BAILLOT, Y. ; BEHRINGER, R. ; FEINER, S. ; JULIER, S. ; MACINTYRE, B.: Recent advances in augmented reality. In: *IEEE Journal of Computer Graphics & Applications* 21(6) (2001), S. 34–47

[AFK+95]   ARREGUI, M. ; FITZGIBBONS, R. ; KATKHOUDA, N. ; MCKERNAN, J. ; REICH, H.: *Principles of laparoscopic surgery.* Springer, 1995

[AGD07]   AZAD, P. ; GOCKEL, T. ; DILLMANN, R.: *Computer Vision - Das Praxisbuch.* Elektor Verlag, 2007

[AGS+02]   AIONO, S. ; GILBERT, J. ; SOIN, B. ; FINLAY, P. ; GORDON, A.: Controlled Trial of the Introduction of a Robotic Camera Assistant (EndoAssist) for Laparoscopic Cholectystectomy. In: *Surgical Endoscopy* 16 (2002), S. 1267–70

[AKS04]   ATZPADIN, N. ; KAUFF, P. ; SCHREER, O.: Stereo analysis by hybrid recursive matching for real-time immersive video conferencing. In: *IEEE Transactions on Circuits and Systems for Video Technology* 14 (3) (2004), S. 321– 334

[ARS+06]   AKINBIYI, T. ; REILEY, C. E. ; SAHA, S. ; BURSCHKA, D. ; HASSER, C. J. ; YUH, D. D. ; OKAMURA, A. M.: Dynamic Augmented Reality for Sensory Substitution in Robot-Assisted Surgical Systems. In: *Proceedings IEEE Engineering in Medicine and Biology Society*, 2006

[Bar07]   BARON, T. H.: Natural orifice transluminal endoscopic surgery. In: *British Journal of Surgery* 94 (2007), S. 1–2

[Bau72]   BAUM, L.E.: An inequality and associated maximization technique in statistical estimation for probabilistic in statistical estimation for probabilistic functions of markov processes. In: *Inequalities* (1972)

[BB88]   BRELSTAFF, G. ; BLAKE, A.: Detecting specular reflections using lambertian constraints. In: *Proceedings Computer Vision*, 1988

[BBH03]   BROWN, M. Z. ; BURSCHKA, D. ; HAGER, G. D.: Advances in Computational Stereo. In: *IEEE Transactions on Pattern Analysis and Machine Intelligence* 25(8) (2003), S. 993–1008

[BBS01]   BERTALMIO, M. ; BERTOZZI, A.L. ; SAPIRO, G.: Navier-stokes, fluid dynamics, and image and video inpainting. In: *Proceedings CVPR*, 2001

[BCD+05]   BURSCHKA, D. ; CORSO, J. J. ; DEWAN, M. ; LAU, W. ; LI, M. ; LIN, H. ; MARAYONG, P. ; RAMEY, N. ; HAGER, G. D. ; HOFFMAN, B. ; LARKIN, D. ; HASSER, C.: Navigating inner space: 3-D assistance for minimally invasive surgery. In: *Journal of Robotics and Autonomous Systems* 52(1) (2005), S. 5–26

[BCG+01]   BUCK, S. D. ; CLEYNENBREUGEL, J. V. ; GEYS, I. ; KONINCKX, T. ; KONINCK, P. R. ; SUETENS, P.: A System to Support Laparoscopic Surgery by Augmented Reality Visualization. In: *Proceedings MICCAI*, 2001

[Ben08]   BENZKO, J.: *Erkennung minimal-invasiver Instrumente basierend auf Endoskopbildern*, Universität Karlsruhe, Institut für Technische Informatik, Lehrstuhl Prof. Dillmann, Diplomarbeit, 2008

[Ber99]   BERGEN, P. van: *Vergleichsstudie endoskopischer 2-D- und 3-D-Videosysteme*, Universität Tübingen, Sektion für Minimal-Invasive Chirurgie, Diss., 1999

[BKM07]   BADANI, K. ; KAUL, S. ; MENON, M.: Evolution of robotic radical prostatectomy: assessment after 2766 procedures. In: *Journal of Cancer* 110(9) (2007), S. 1951–8

[BM92]   BESL, P.J. ; MCKAY, H.D.: A method for registration of 3-D shapes. In: *IEEE Transactions on Pattern Analysis and Machine Intelligence* 14(2) (1992), S. 239–256

[BSMS+08]   BAUMHAUER, M. ; SIMPFENDÖRFER, T. ; MÜLLER-STICH, B. P. ; TEBER, D. ; GUTT, C. ; RASSWEILER, J. ; MEINZER, H. ; WOLF, I.: Soft tissue navigation for laparoscopic partial nephrectomy. In: *International Journal of Computer Assisted Radiology and Surgery* 3 (2008), S. 307–314

[CAL96]   CASALS, A. ; AMAT, J. ; LAPORTE, E.: Automatic Guidance of an Assistant Robot in Laparoscopic Surgery. In: *Proceedings IEEE Robotics and Automation*, 1996

[Car06]   CARUS, T.: *Atlas der laparoskopischen Chirurgie.* Springer, 2006

[CM04] CLIMENT, J. ; MARÉS, P.: Automatic instrument localization in laparoscopic surgery. In: *Electronic Letters on Computer Vision and Image Analysis* 4(1) (2004)

[CMS+06] CAVALLO, F. ; MEGALI, G. ; SINIGAGLIA, S. ; O.TONET ; P.DARIO: A Biomechanical Analysis of surgeons gesture in a laparoscopic virtual scenario. In: *Proceedings MMVR*, 2006

[Coi09] *Coin3D - 3D Graphics Developer Kit.* http://www.coin3d.org, 2009

[CSO+02] COTIN, S. ; STYLOPOULOS, N. ; OTTENSMEYER, M. ; NEUMANN, P. ; RATTNER, D. ; DAWSON, S.: Metrics for Laparoscopic Skills Trainers: The Weakest Link! In: *Proceedings MICCAI*, 2002

[CT01] COURTNEY, P. ; THACKER, N.A.: Performance Characterisation in Computer Vision: The Role of Statistics in Testing and Design. In: *Imaging and Vision Systems: Theory, Assessment and Applications*, 2001

[CTM+04] C.N.GUTT ; T.ONIU ; MEHRABI, A. ; KASHFI, A. ; SCHEMMER, P. ; BÜCHLER, M.W.: Robot-assisted abdominal surgery. In: *British Journal of Surgery* 91 (2004), S. 1390–1397

[CWTS01] CAVUSOGLU, M. C. ; WILLIAMS, W. ; TENDICK, F. ; SASTRY, S.: Robotics for Telesurgery: Second Generation Berkeley/UCSF Laparoscopic Telesurgical Workstation and Looking towards the Future Applications. In: *Proceedings Communication, Control and Computing*, 2001

[Dan99] DANIILIDIS, K.: Hand-Eye Calibration Using Dual Quaternions. In: *Journal of Robotics Research* 18 (1999), S. 286–298

[DBG+05] DOSIS, A. ; BELLO, F. ; GILLIES, D. ; UNDRE, S. ; AGGARWAL, R. ; DARZI, A.: Laparoscopic Task Recognition Using Hidden Markov Models. In: *MMVR*, 2005

[DCY03] DELIGIANNI, F. ; CHUNG, A. ; YANG, G.: pq-Space Based 2D/3D Registration for Endoscope Tracking. In: *Proceedings MICCAI*, 2003

[DKK04] DUTKIEWICZ, P. ; KIEKZEWSKI, M. ; KOWALSKI, M.: Visual Tracking of Surgical Tools for Laparoscopic Surgery. In: *Workshop on Robot Motion and Control*, 2004

[DLR77] DEMPSTER, A. P. ; LAIRD, N. M. ; RUBIN, D. B.: Maximum Likelihood from Incomplete Data via the EM Algorithm. In: *Journal of the Royal Statistical Society. Series B (Methodological)* 39(1) (1977), S. 1–38

[DMCM01]   DEVERNAY, F. ; MOURGUES, F. ; COSTE-MANIÈRE, E.: Towards endoscopic augmented reality for robotically assisted minimally invasive cardiac surgery. In: *Proceedings MIAR*, 2001

[DNM07]   DOIGNON, C. ; NAGEOTTE, F. ; MATHELIN, M. de: Segmentation and Guidance of Multiple Rigid Objects for Intra-operative Endoscopic Vision. In: *Workshop on Dynamical Vision*, 2007

[DO96]   DEGUCHI, K. ; OKATANI, T.: Shape Reconstruction from an Endoscope Image by Shape-from-Shading Technique for a Point Light Source at the Projection Center. In: *Proceedings MMBIA*, 1996

[DPB91]   DENT, T. ; PONSKY, J. ; BERCI, G.: Minimal access general surgery: the dawn of a new era. In: *American Journal of Surgery* 161 (1991), S. 323

[Fin03]   FINK, G.A.: *Mustererkennung mit Markov-Modellen.* Teubner, 2003

[FKW+05]   F.VOGT ; KRÄGER, S. ; WINTER, M. ; NIEMANN, H. ; HOHENBERGER, W. ; GREINER, G. ; SCHICK, C. H.: Erweiterte Realität und 3-D Visualisierung für minimal-invasive Operationen durch Einsatz eines optischen Trackingsystems. In: *Proceedings BVM*, 2005

[Flo62]   FLOYD, R.: Algorithm 97: Shortest Path. In: *Communications of the ACM* 5(6) (1962), S. 345

[FLR+98]   FUCHS, H. ; LIVINGSTON, M. A. ; RASKAR, R. ; COLUCCI, D. ; KELLER, K. ; STATE, A. ; CRAWFORD, J. ; RADEMACHER, P. ; DRAKE, S. H. ; MEYER, A. A.: Augmented Reality Visualization for Laparoscopic Surgery. In: *Proceedings MICCAI*, 1998

[FMHN08]   FEUERSTEIN, M. ; MUSSACK, T. ; HEINING, S. M. ; NAVAB, N.: Intraoperative Laparoscope Augmentation for Port Placement and Resection Planning in Minimally Invasive Liver Resection. In: *IEEE Transactions on Medical Imaging* 27(3) (2008), S. 355 – 369

[Fra03]   FRANZINO, R.: The Laprotek surgical system and the next generation of robotics. In: *Surgical Clinics of North America* 83:6 (2003), S. 1317 – 1320

[FSS+08]   FÜRST, A. ; SCHWANDNER, O. ; STADLER, F. ; LIEBIG, G. ; GOETZE, J. ; WIRSCHING, R.: *Soloassist - ein innovatives Kameraführungssystem für laparoskopische Operationen.* 2008

[FT00]   FORSTER, C.H.Q. ; TOZZI, C.L.: Towards 3D Reconstruction of
            Endoscope Images Using Shape from Shading. In: *Proceedings Com-
            puter Graphics and Image Processing*, 2000

[FTV00]   FUSIELLO, A. ; TRUCCO, E. ; VERRI, A.: A compact algorithm for
            rectification of stereo pairs. In: *Machine Vision and Applications* 12(1)
            (2000), S. 16–22

[GBW02]   GHODOUSSI, M. ; BUTNER, S.E. ; WANG, Y.: Robotic surgery - the
            transatlantic case. In: *Proceedings IEEE ICRA*, 2002

[GH06]   GRÖGER, M. ; HIRZINGER, G.: Image stabilisation of the beating
            heart by local linear interpolation. In: *SPIE Medical Imaging*, 2006

[GQAH97]   GUO-QING, W. ; ARBTER, K. ; HIRZINGER, K. G.: Real-time visual
            servoing for laparoscopic surgery. Controllingrobot motion with color
            image segmentation. In: *IEEE Engineering in Medicine and Biology
            Magazine* 16(1) (1997), S. 40–45

[GS00]   GUTHART, G. S. ; SALISBURY, J. K.: The Intuitive Telesurgery
            System: Overview and Application. In: *Proceedings IEEE ICRA*,
            2000

[GSOH01]   GRÖGER, M. ; SEPP, W. ; ORTMAIER, T. ; HIRZINGER, G.: Recon-
            struction of Image Structure in Presence of Specular Reflections. In:
            Proceedings Pattern Recognition: 23rd DAGM Symposium, 2001

[Han05]   HANSON, A. J.: *Visualizing Quaternions*. Morgan Kaufmann, 2005

[HD95]   HORAUD, R. ; DORNAIKA, F.: Hand-Eye Calibration. In: *Journal of
            Robotics Research* 14(3) (1995), S. 195–210

[HL01]   HALL, D. ; LLINAS, J.: *Handbook of Multisensor Data Fusion*. CRC
            Press, 2001

[HNJ+08]   HAGN, U. ; NICKL, M. ; JÖRG, S. ; TOBERGTE, A. ; KÜBLER, B.
            ; PASSIG, G. ; GRÖGER, M. ; FRÖHLICH, F. ; SEIBOLD, U. ; KO-
            NIETSCHKE, R. ; LE-TIEN, L. ; ALBU-SCHÄFFER, A. ; GREBEN-
            STEIN, M. ; ORTMAIER, T. ; HIRZINGER, G.: DLR MiroSurge -
            towards versatility in surgical robotics. In: *Proceedings CURAC*, 2008

[HPE+07]   HU, M. ; PENNEY, G. ; EDWARDS, P. ; FIGL, M. ; HAWKES, D.:
            3D Reconstruction of Internal Organ Surfaces for Minimal Invasive
            Surgery. In: *Proceedings MICCAI*, 2007

[HS97]   HEIKKILÄ, J. ; SILVEN, O.: A Four-step Camera Calibration Procedure with Implicit Image Correction. In: *Proceedings of IEEE CVPR*, 1997

[HSH⁺03]   HATTORI, A. ; SUZUKI, N. ; HASHIZUME, M. ; AKAHOSHI, T. ; KONISHI, K. ; YAMAGUCHI, S. ; SHIMADA, M. ; HAYASHIBE, M.: A robotic surgery system (da Vinci) with image-guided function. In: *Proceedings MMVR*, 2003

[HSN⁺02]   HAYASHIBE, M. ; SUZUKI, N. ; NAKAMURA, Y. ; HATTORI, A. ; SUZUKI, S.: Intraoperative 3D Shape Recovery of Abdominal Organs for Laparoscopic Data Fusion. In: *Proceedings MICCAI*, 2002

[Hu62]   HU, M.: Visual Pattern Recognition by Moment Invariants. In: *IEEE Transactions on Information Theory* 8(2) (1962), S. 179–187

[HZ00]   HARTLEY, R. ; ZISSERMAN, A.: *Multiple View Geometry*. Cambridge University Press, 2000

[IB98]   ISARD, M.l ; BLAKE, A.: Condensation - conditional density propagation for visual tracking. In: *International Journal of Computer Vision* 29(1) (1998), S. 5–28

[IVT09]   *IVT - Integration Vision Toolkit*. http://sourceforge.net/projects/ivt/, 2009

[JT94]   J.SHI ; TOMASI, C.: Good Features to Track. In: *Proceedings IEEE CVPR*, 1994

[KGD⁺03]   KRUPA, A. ; GANGLOFF, J. ; DOIGNON, C. ; MATHELIN, M. de ; MOREL, G. ; LEROY, J. ; SOLER, L. ; MARESCAUX, J.: Autonomous 3-D positioning of surgical instruments in robotized laparoscopic surgery using visual servoing. In: *IEEE Transactions on Robotics and Automation* 19(5) (2003), S. 842 – 853

[KH98]   KÖCKERLING, F. ; HOHENBERGER, W.: *Video-endoskopische Chirurgie*. Johann Ambrosius Barth Verlag, 1998

[KHL04]   KIM, M. ; HEO, J. ; LEE, J.: Real-time Visual Tracking for Laparoscopic Surgery. In: *International Journal of Human-Friendly Welfare Robotic Systems* (2004)

[KHL05]   KIM, M. ; HEO, J. ; LEE, J.: Visual Tracking Algorithm for Laparoscopic Robot Surgery. In: *Proceedings Fuzzy Systems and Knowledge Discovery*, 2005

[KK04]   KO, S. ; KWON, D.: A Surgical Knowledge Based Interaction Method
            for a Laparoscopic Assistant Robot. In: *Proceedings IEEE Robot and
            Human Interactive Communication*, 2004

[Kle08]   KLEINERT, M.: *3D-Rekonstruktion aus endoskopischen Stereobildfol-
            gen für die intraoperative Patientenregistrierung*, Universität Karls-
            ruhe, Institut für Technische Informatik, Lehrstuhl Prof. Dillmann,
            Diplomarbeit, 2008

[KPSS01]   KREMER, K. ; PLATZER, W. ; SCHREIBER, H. ; STEICHEN, F.: *Mini-
            mally Invasive Abdominal Surgery*. Thieme, 2001

[KSK88]   KLINKER, G. ; SHAFER, S.A. ; KANADE, T.: The measurement of
            highlights in color images. In: *International Journal of Computer
            Vision* 2 (1988), S. 7–32

[LBG80]   LINDE, Y. ; BUZO, A. ; GRAY, R.: An Algorithm for Vector Quantizer
            Design. In: *IEEE Transaction on Communications* 28(1) (1980), S.
            84–95

[LBK+05]   LEVEN, J. ; BURSCHKA, D. ; KUMAR, R. ; ZHANG, G. ; BLUMEN-
            KRANZ, S. ; DAI, X. ; AWAD, M. ; HAGER, G. D. ; MAROHN, M.
            ; CHOTI, M. ; HASSER, C. ; TAYLOR, R.l H.: DaVinci Canvas: A
            Telerobotic Surgical System with Integrated, Robot-Assisted, Lapa-
            roscopic Ultrasound Capability. In: *Proceedings MICCAI*, 2005

[LCDM04]   LANFRANCO, A. R. ; CASTELLANOS, A. E. ; DESAI, J. P. ; MEYERS,
            W. C.: Robotic Surgery: A Current Perspective. In: *Annals of Surgery*
            239 (2004), S. 14–21

[LCS+08]   LO, B. ; CHUNG, A. J. ; STOYANOV, D. ; MYLONAS, G. ; YANG, G.:
            Real-time intraoperative 3D Tissue Deformation Recovery. In: *Inter-
            national Symposium on Biomedical Imaging: From Nano to Macro*,
            2008

[LCT+07]   LONG, J. ; CINQUIN, P. ; TROCCAZ, J. ; VOROS, S. ; DESCOTES, J. ;
            BERKELMAN, P. ; LETOUBLON, C. ; RAMBEAUD, J.: Development
            of the Miniaturised Endoscope Holder LER (Light Endoscope Robot)
            for Laparoscopic Surgery. In: *Journal of Endourology* 21:8 (2007), S.
            911–4

[LDY03]   LO, B.P. ; DARZI, A. ; YANG, G.: Episode Classification for the
            Analysis of Tissue/Instrument Interaction with Multiple Visual Cues.
            In: *Proceedings MICCAI*, 2003

[LK81]   LUCAS, B.D. ; KANADE, T.: An iterative image registration technique
            with an application to stereo vision. In: *Proceedings of Imaging
            Understanding Workshop*, 1981

[Llo82]   LLOYD, S.: Least squares quantization in PCM. In: *IEEE Transactions
            on Information Theory* (1982)

[Low04]   LOWE, D.: Distinctive Image Features from Scale-Invariant Keypoints.
            In: *International Journal of Computer Vision* 60(2) (2004), S. 91–110

[LRC+04]   LAU, W. W. ; RAMEY, N. A. ; CORSO, J. J. ; THAKOR, N. V. ;
            HAGER, G. D.: Stereo-Based Endoscopic Tracking of Cardiac Surface
            Deformation. In: *Proceedings MICCAI*, 2004

[LSSY08]   LO, B. ; SCARZANELLA, M. V. ; STOYANOV, D.l ; YANG, G.: Belief
            Propagation for Depth Cue Fusion in Minimally Invasive Surgery. In:
            Proceedings MICCAI, 2008

[LSYH06]   LIN, H. C. ; SHAFRAN, I. ; YUH, D. ; HAGER, G. D.: Towards auto-
            matic skill evaluation: Detection and segmentation of robot-assisted
            surgical motions. In: *Journal Computer Aided Surgery* 11(5) (2006),
            S. 220–230

[LUWW94]   LEE, C. ; UECKER, D. R. ; WANG, Y. F. ; WANG, Y.: Image Analysis
            for Automated Tracking in Robot-Assisted Endoscopic Surgery. In:
            Proceedings Pattern Recognition, 1994

[MAK03]   MAYER, H. ; A. KNOLL, I. N.: Skill Transfer and Learning by
            Demonstration in a Realistic Scenario of Laparoscopic Surgery. In:
            IEEE International Conference on Humanoids, 2003

[May08]   MAYER, H.: *Human-Machine Skill Transfer in Robot Assisted, Mini-
            mally Invasive Surgery*, TU München, Diss., 2008

[MCF05]   MCKENNA, S. J. ; CHARIF, H. N. ; FRANK, T.: Towards Video
            Understanding of Laparoscopic Surgery: Instrument Tracking. In:
            Image and Vision Computing New Zealand, 2005

[MCMP02]   MATAS, J. ; CHUM, O. ; M.URBAN ; PAJDLA, T.: Robust Wide Base-
            line Stereo from Maximally Stable Extremal Regions. In: *Proceedings
            British Machine Vision Conference*, 2002

[MDCM01]   MOURGUES, F. ; DEVERNAY, F. ; COSTE-MANIÈRE, E.: 3D recon-
            struction of the operating field for image overlay in 3D-endoscopic
            surgery. In: *Proceedings IEEE ISAR*, 2001

[Mea05]   MEADOWS, M.: Computer-Assisted Surgery: An Update. In: *FDA Consumer magazine* (2005)

[MEGG04]   MEER, F. V. ; ESTÈVE, D. ; GIRAUD, A. ; GUÉ, A. M.: 2D silicon macro-force sensor for a tele-operated surgical instrument. In: *Proceedings of MEMS, NANO and Smart Systems*, 2004

[MFV⁺07]   MARTÍNEZ, A. ; FLORES, R. ; VERA, M. ; SALAZAR, R. ; LUIS, M. ; DANIEL, L.: Tonatiuh II: Assisting manipulator for laparoscopic surgery. In: *Journal of Minimally Invasive Therapy and Allied Technologies* 16:5 (2007), S. 310–313

[MGFL⁺01]   MUÑOZ, V. F. ; GABRIEL, J. G. ; FERNÁNDEZ-LOZANO, J. ; GARCÍA-MORALES, I. ; MOLINA-MESA, R. ; PÉREZDEL-PULGAR, C. ; SERÓN-BARBA, J. ; AZOUAGHE, M.: Design and control of a robotic assistant for laparoscopic surgery. In: *Proceedings SIRS*, 2001

[Müh85]   MÜHE, E.: Die erste Cholezystektomie durch das Laparoskop. In: *Langenbecks Archiv für Chirurgie* 369 (1985), S. 804

[MLT⁺07]   MOUNTNEY, P. ; LO, B. ; THIEMJARUS, S. ; STOYANOV, D. ; YANG, G.: A Probabilistic Framework for Tracking Deformable Soft Tissue in Minimally Invasive Surgery. In: *Proceedings MICCAI*, 2007

[MMD⁺03]   MOORTHY, K. ; MUNZ, Y. ; DOSIS, A. ; BELLO, F. ; DARZI, A.: Motion analysis in the training and assessment of minimally invasive surgery. In: *Minimally Invasive Therapy and Allied Technologies* 12(3) (2003), S. 137–142

[MN95]   MURASE, H. ; NAYAR, S.: Visual learning and recognition of 3-d objects from appearance. In: *International Journal of Computer Vision* 14(1) (1995), S. 5–24

[MNK⁺07]   MAYER, H. ; NAGY, I. ; KNOLL, A. ; BRAUN, E. U. ; BAUERNSCH-MITT, R. ; LANGE, R.: Haptic Feedback in a Telepresence System for Endoscopic Heart Surgery. In: *Presence: Teleoperators and Virtual Environments* 16(5) (2007), S. 459–470

[MSDY06]   MOUNTNEY, P. ; STOYANOV, D. ; DAVISON, A. ; YANG, G.: Simultaneous Stereoscope Localization and Soft-Tissue Mapping for Minimal Invasive Surgery. In: *Proceedings MICCAI*, 2006

[MSRW⁺07]   MÜLLER-STICH, B. P. ; REITER, M. A. ; WENTE, M. N. ; BIN-TINTAN, V. V. ; KÖNINGER, J. ; BÜCHLER, M. W. ; GUTT, C. N.:

Robot-assisted versus conventional laparoscopic fundoplication: short-term outcome of a pilot randomized controlled trial. In: *Journal of Surgical Endoscopy* 21 (2007), S. 1800–1805

[MSTD06] MEGALI, G. ; SINIGAGLIA, S. ; TONET, O. ; DARIO, P.: Modelling and Evaluation of Surgical Performance Using Hidden Markov Models. In: *IEEE Transactions on Biomedical Engineering* 53(10) (2006), S. 1911–1919

[MSWO03] MIYAMOTO, S. ; SUGIURA, M. ; WATANABE, S. ; OYAMA, K.: Development of Minimally Invasive Surgery Systems / Hitachi. 2003. – Forschungsbericht

[MVYO03] MURPHY, T.E. ; VIGNES, C.M. ; YUH, D. D. ; OKAMURA, A.M.: Automatic Motion Recognition and Skill Evaluation for Dynamic Tasks. In: *Proceedings Eurohaptics*, 2003

[NSM+02] NAKAMOTO, M. ; SATO, Y. ; MIYAMOTO, M. ; NAKAMJIMA, Y. ; KONISHI, K. ; SHIMADA, M. ; HASHIZUME, M. ; TAMURA, S.: 3D Ultrasound System Using a Magneto-optic Hybrid Tracker for Augmented Reality Visualization in Laparoscopic Liver Surgery. In: *Proceedings MICCAI*, 2002

[OBMC01] OLIVEIRA, M. ; BOWEN, B. ; MCKENNA, R. ; CHANG, Y.: Fast digital image inpainting. In: *International Conference on Visualization, Imaging and Image Processing*, 2001

[Ope09] *OpenCV - Open Computer Vision Library*. http://sourceforge.net/projects/opencvlibrary/, 2009

[Ots79] OTSU, N.: A threshold selection method from gray level histograms. In: *IEEE Transactions on Systems, Man and Cybernetics* 9 (1979), S. 62 – 66

[Pac08] PACCAULT, F.: *Robust detection of surgical objects in endoscopic images*, Universität Karlsruhe, Institut für Technische Informatik, Lehrstuhl Prof. Dillmann, Diplomarbeit, 2008

[PBC05] PHUNG, S. ; BOUZERDOUM, A. ; CHAI, D.: Skin Segmentation Using Color Pixel Classification: Analysis and Comparison. In: *IEEE Transactions on Pattern Analysis and Machine Intelligence* 27(1) (2005), S. 148–154

[PD04] POLET, R. ; DONNEZ, J.: Gynecologic Laparoscopic Surgery Holder with a Palm-Controlled Laparoscope Holder. In: *Journal of the*

American Association of Gynecologic Laparoscopists 11(1) (2004), S. 73–78

[PLD⁺02] PAYANDEH, S. ; LOMAX, A. ; DILL, J. ; MACKENZIE, C. ; CAO, C.: On defining metrics for assessing laparoscopic surgical skills in a virtual training environment. In: *Proceedings MMVR*, 2002

[PM94] PARK, F.C. ; MARTIN, B.J.: Robot sensor calibration: solving AX=XB on the Euclidean group. In: *IEEE Transactions on Robotics and Automation* 10(5) (1994), S. 717–721

[PR01] PATANÉ, G. ; RUSSO, M.: The enhanced LBG algorithm. In: *Neural Networks* 14(9) (2001), S. 1219–1237

[PS95] PIER, A. ; SCHIPPERS, E.: *Minimal invasive Chirurgie*. Thieme, 1995

[PSLS98] PALM, C. ; SCHOLL, I. ; LEHMANN, T. ; SPITZER, K.: Nutzung eines Farbkonstanz-Algorithmus zur Entfernung von Glanzlichtern in laryngoskopischen Bildern. In: *Methoden der Medizinischen Informatik, Biometrie und Epidemiologie in der modernen Informationsgesellschaft*, 1998

[PSS05] POTT, P. ; SCHARF, H. ; SCHWARZ, M.: Today's state of the art in surgical robotics. In: *Journal of Computer Aided Surgery* 10(2) (2005), S. 101–132

[PT97] PENNEC, X. ; THIRION, J.: A Framework for Uncertainty and Validation of 3D Registration Methods based on Points and Frames. In: *International Journal of Computer Vision* 25(3) (1997), S. 203 – 229

[Qt09] *Qt*. http://www.qtsoftware.com, 2009

[RBC⁺02] ROSEN, J. ; BROWN, J.D. ; CHANG, L. ; BARRECA, M. ; SINANAN, M. ; HANNAFORD, B.: The BlueDRAGON-a system for measuring the kinematics and the dynamics of minimally invasive surgical tools in-vivo. In: *Proceedings IEEE Robotics and Automation*, 2002

[RBC⁺06] ROSEN, J. ; BROWN, J. D. ; CHANG, L. ; SINANAN, M. ; HANNAFORD, B.: Generalized Approach for Modeling Minimally Invasive Surgery as a Stochastic Process Using a Discrete Markov Model. In: *IEEE Transactions on Biomedical Engineering* 53(3) (2006), S. 399–413

[Röh08] RÖHL, S.: *Dynamische Stereorekonstruktion endoskopischer Bildfolgen*, Universität Karlsruhe, Institut für Technische Informatik, Lehrstuhl Prof. Dillmann, Diplomarbeit, 2008

[RHRS01]   ROSEN, J. ; HANNAFORD, B. ; RICHARDS, C. G. ; SINANAN,
            M. N.: Markov Modeling of Minimally Invasive Surgery Based on
            Tool/Tissue Interaction and Force/Torque Signatures for Evaluating
            Surgical Skills. In: *IEEE Transactions on Biomedical Engineering*
            48(5) (2001), S. 579–591

[RLV+08]   REILEY, C. ; LIN, H. ; VARADARAJAN, B. ; VAGVOLVGYI, B. ;
            KHUDANPUR, S. ; YUH, D. ; HAGER, G.: Automatic Recontition of
            Surgical Motions using statistical modeling for capturing variability.
            In: *Proceedings MMVR*, 2008

[RSS+08]   RÖHL, S. ; SPEIDEL, S. ; SUDRA, G. ; MÜLLER-STICH, B.P. ; GUTT,
            C. ; DILLMANN, R.: Dynamic 3D-Reconstruction of Endoscopic
            Image Sequences. In: *Proceedings Curac*, 2008

[SBAK01]   SCHREER, O. ; BRANDENBURG, N. ; ASKAR, S. ; KAUFF, P.: Hybrid
            Recursive Matching and Segmentation-Based Postprocessing in Real-
            Time Immersive Video Conferencing. In: *Proceedingsl Workshop
            Vision, Modeling and Visualization*, 2001

[SBB+09]   SUDRA, G. ; BECKER, A. ; BRAUN, M. ; SPEIDEL, S. ; MÜLLER-
            STICH, B. ; DILLMANN, R.: Estimating Similarity of Surgical Situati-
            ons with Case-Retrieval-Nets. In: *Proceedings MMVR*, 2009

[SBNV00]   SCHURR, M. O. ; BUESS, G. ; NEISIUS, B. ; VOGES, U.: Robotics and
            telemanipulation technologies for endoscopic surgery - A review of
            the ARTEMIS project. In: *Journal of Surgical Endoscopy* 14 (2000),
            S. 375 – 381

[SBS+07]   SUDRA, G. ; BECKER, A. ; SPEIDEL, S. ; MAKADSI, G. al ; MÜLLER-
            STICH, B. P. ; DILLMANN, R.: Modellierung des Operationsablaufs
            für ein situationsbezogenes Assistenzsystem der Erweiterten Realität.
            In: *Proceedings Curac*, 2007

[SBS+09]   SPEIDEL, S. ; BENZKO, J. ; SUDRA, G. ; AZAD, P. ; MÜLLER-STICH,
            B.P. ; GUTT, C. ; DILLMANN, R.: Automatic classification of mini-
            mally invasive instruments based on endoscopic image sequences. In:
            Proceedings SPIE Medical Imaging, 2009

[SCH03]   SATAVA, R. M. ; CUSCHIERI, A. ; HAMDORF, J.: Metrics for objective
            assessment. In: *Journal of Surgical Endoscopy* 17(2) (2003), S. 220–
            226

[Sch05]   SCHREER, O.: *Stereoanalyse und Bildsynthese*. Springer, 2005

[SDY05]   STOYANOV, D. ; DARZI, A. ; YANG, G.: A practical approach towards
            accurate dense 3D depth recovery for robotic laparoscopic surgery. In:
            Journal of Computer Aided Surgery 10(4) (2005), S. 199–208

[Sen08]   SENEMAUD, J.: *3D-Tracking of minimal invasive instruments with a
            stereoendoscope*, Universität Karlsruhe, Institut für Technische Infor-
            matik, Lehrstuhl Prof. Dillmann, Diplomarbeit, 2008

[SHB99]   SONKA, M. ; HLAVAC, V. ; BOYLE, R.: *Image Processing, Analysis
            and Machine Vision*. Brooks/Cole, 1999

[SKS+08]   SPEIDEL, S. ; KLEINERT, M. ; SUDRA, G. ; S.SCHALCK ; MÜLLER-
            STICH, B. P. ; GUTT, C. ; DILLMANN, R.: 3D-Reconstruction from
            endoscopic image sequences for intraoperative assistance. In: *Procee-
            dings CARS*, 2008

[SMD+05]   STOYANOV, D.l ; MYLONAS, G. P. ; DELIGIANNI, F. ; DARZI, A. ;
            YANG, G.: Soft-Tissue Motion Tracking and Structure Estimation for
            Robotic Assisted MIS Procedures. In: *Proceedings MICCAI*, 2005

[SMS+05]   SUDRA, G. ; MARMULLA, R. ; SALB, T. ; GHANAI, S. ; EGGERS,
            G. ; GIESLER, B. ; HASSFELD, S. ; MUEHLING, J. ; DILLMANN, R.:
            First Clinical Tests with the Augmented Reality System INPRES. In:
            Proceedings MMVR, 2005

[SPBGC07]   SAINT-PIERRE, C. ; BOISVERT, J. ; GRIMARD, G. ; CHERIET, F.:
            Detection and correction of specular reflections for automatic surgical
            tool segmentation in thoracoscopic images. In: *Machine Vision and
            Applications* (2007)

[SSF+07]   SUDRA, G. ; SPEIDEL, S. ; FRITZ, D. ; MÜLLER-STICH, B. P. ;
            GUTT, C. ; DILLMANN, R.: MEDIASSIST: MEDIcal ASSistance
            for Intraoperative Skill Transfer in Minimally Invasive Surgery Using
            Augmented Reality. In: *Proceedings SPIE Medical Imaging*, 2007

[SSMS+07]   SUDRA, G. ; SPEIDEL, S. ; MÜLLER-STICH, B. ; BECKER, A. ; OTT,
            M. ; DILLMANN, R.: Situation modelling and situation recognition
            for a context-aware augmented reality system. In: *Proceedings CARS*,
            2007

[SSP+08]   SUDRA, G. ; SPEIDEL, S. ; PLATZEK, S. ; MÜLLER-STICH, B. ;
            DILLMANN, R.: Augmented Reality Assistance for Realization of
            Incision Planning and Model-based Analysis of the Modified Surface
            Model. In: *Proceedings MMVR*, 2008

[SSS+03]   SCHEUERING, M. ; SCHENK, A. ; SCHNEIDER, A. ; PREIM, B. ;
           GREINER, G.: Intraoperative Augmented Reality for Minimally In-
           vasive Liver Interventions. In: *Proceedings Spie Medical Imaging*,
           2003

[SSS+07]   SPEIDEL, S. ; SUDRA, G. ; SCHALCK, S. ; MÜLLER-STICH, B. P.
           ; GUTT, C. ; DILLMANN, R.: Automatic Image-Based Analysis
           for Context-Aware Assistance in Minimally Invasive Surgery. In:
           Proceedings Surgetica, 2007

[SSS+08]   SPEIDEL, S. ; SUDRA, G. ; SENEMAUD, J. ; DRENTSCHEW, M. ;
           MÜLLER-STICH, B.P. ; GUTT, C. ; DILLMANN, R.: Recognition
           of Risk Situations Based on Endoscopic Instrument Tracking and
           Knowledge Based Situation Modeling. In: *Proceedings SPIE Medical
           Imaging*, 2008

[Ste00]   STEGER, C.: Subpixel-precise extraction of lines and edges. In:
           Proceedings ISPRS, 2000

[SVA+09]   SU, L. ; VAGVOLGYI, B. ; AGARWAL, R. ; REILEY, C. ; TAYLOR, R.
           ; HAGER, G.: Augmented Reality During Robot-assisted Laparosco-
           pic Partial Nephrectomy: Toward Real-Time 3D-CT to Stereoscopic
           Video Registration. In: *Urology - Volume 73, Issue 4* 73(4) (2009), S.
           896–900

[SVN03]   SCHMIDT, J. ; VOGT, F. ; NIEMANN, H.: Robust Hand-Eye Cali-
           bration of an Endoscopic Surgery Robot Using Dual Quaternions.
           In: *Pattern Recognition, Proceedings of the 25th DAGM Symposium*,
           2003

[SVN04]   SCHMIDT, J. ; VOGT, F. ; NIEMANN, H.: Vector Quantization Based
           Data Selection for Hand-Eye Calibration. In: *Proceedings Vision,
           Modeling, and Visualization*, 2004

[SY05]   STOYANOV, D. ; YANG, G.: Removing specular reflection components
           for robotic assisted laparoscopic surgery. In: *Proceedings IEEE ICIP*,
           2005

[SY07]   STOYANOV, D. ; YANG, G.: Stabilization of Image Motion for Robotic
           Assisted Beating Heart Surgery. In: *Proceedings MICCAI*, 2007

[SZS+07]   SPEIDEL, S. ; ZENS, M. ; SUDRA, G. ; WELKE, K. ; MÜLLER-
           STICH, B. P. ; GUTT, C. ; DILLMAN, R.: Bildbasierte Erkennung
           chirurgischer Materialien für ein situationsbezogenes Assistenzsystem
           in der minimal-invasiven Chirurgie. In: *Proceedings Curac*, 2007

[SZS+09]   SPEIDEL, S. ; ZENTEK, T. ; SUDRA, G. ; MÜLLER-STICH, B.P. ;
             GUTT, C. ; DILLMANN, R.: Recognition of surgical skills using
             Hidden Markov Models. In: *Proceedings SPIE Medical Imaging*,
             2009

[TBM02]   THORMÄHLEN, T. ; BROSZIO, H. ; MEIER, P. N.: Three-Dimensional
             Endoscopy. In: *Medical Imaging in Gastroenterology and Hepatology*,
             2002

[TFE+95]   TAYLOR, R. ; FUNDA, J. ; ELDRIDGE, B. ; GOMORY, S. ; GRUBEN,
             K. ; LAROSE, D. ; TALAMINI, M. ; KAVOUSSI, L. ; ANDERSON, J.: A
             Telerobotic Assistant for Laparoscopic Surgery. In: *IEEE Engineering
             in Medicine and Biology Magazine* 14(3) (1995), S. 279 – 288

[TGS+09]   TEBER, D. ; GUVEN, S. ; SIMPFENDÖRFER, T. ; BAUMHAUER, M.
             ; GÜVEN, E. ; YENCILEK, F. ; GÖZEN, A. ; RASSWEILER, J.: Aug-
             mented Reality: A New Tool To Improve Surgical Accuracy during
             Laparoscopic Partial Nephrectomy. In: *European Urology* 56 (2009),
             S. 332–338

[TL89]   TSAI, R. ; LENZ, R.: A new technique for fully autonomous and
             efficient 3D robotics hand/eye calibration. In: *IEEE Transactions on
             Robotics and Automation* 5(3) (1989), S. 345–358

[TTMD07]   TONET, O. ; THORANAGHATTE, R. U. ; MEGALI, G. ; DARIO,
             P.: Tracking endoscopic instruments without a localizer: A shape-
             analysis-based approach. In: *Journal of Computer Aided Surgery*
             12(1) (2007), S. 35–42

[TV98]   TRUCCO, E. ; VERRI, A.: *Introductory Techniques for 3D Computer
             Vision*. Prentice Hall, 1998

[VDD+08]   VAGVOLGYI, B. ; DIMAIO, S. ; DEGUET, A. ; KAZANZIDES, P. ;
             KUMAR, R. ; HASSER, C. ; TAYLOR, R.: The Surgical Assistant
             Workstation. In: *The MIDAS Journal - Systems and Architectures for
             Computer Assisted Interventions* (2008)

[VHTS08]   VAGVOLGYI, B. ; HAGER, G. ; TAYLOR, R. ; SU, L.: Video to CT
             Registration for Image Overlay on Solid Organs. In: *AMI-ARCS
             Workshop MICCAI*, 2008

[VKNS03]   VOGT, F. ; KRÜGER, S. ; NIEMANN, H. ; SCHICK, C.: A System
             for Real-Time Endoscopic Image Enhancement. In: *Medical Image
             Computing & Computer Assisted Intervention (MICCAI 2003)*, 2003

[VKZ+04]   VOGT, F. ; KRÜGER, S. ; ZINER, T. ; MAIER, T. ; NIEMANN, H. ; HOHENBERGER, W. ; SCHICK, C.: Fusion von Lichtfeldern und CT-Daten für minimal-invasive Operationen. In: *Proceedings BVM*, 2004

[VOC06]   VOROS, S. ; ORVAIN, E. ; CINQUIN, P.: Automatic detection of instruments in laparoscopic images: a first step towards high level command of robotized endoscopic holders. In: *The International Journal of Robotics Research* 26(11) (2006), S. 1173–1190

[VOH+03]   VERNER, L. ; OLEYNIKOV, D. ; HOLTMANN, S. ; HAIDER, H. ; ZHUKOV, L.: Measurements of the Level of Surgical Expertise Using Flight Path Analysis from da Vinci Robotic Surgical System. In: *Proceedings MMVR*, 2003

[Vor05]   VOROS, S.: *Tracking of surgical instruments for laparoscopic surgery.* Surgical Robotics, 2nd Summer European University, 2005

[VPH+02]   VOGT, F. ; PAULUS, D. ; HEIGL, B. ; VOGELGSANG, C. ; NIEMANN, H. ; GREINER, G. ; SCHICK, C.: Making the Invisible Visible: Highlight Substitution by Color Light Fields. In: *Proceedings Color Graphics, Imaging and Vision,*, 2002

[VPS+02]   VOGT, F. ; PAULUS, D. ; SCHOLZ, I. ; NIEMANN, H. ; SCHICK, C.: Glanzlichtsubstitution durch Lichtfelder. In: *Proceedings BVM*, 2002

[WB95]   WELCH, G. ; BISHOP, G.: An Introduction to the Kalman Filter / University of North Carolina at Chapel Hill. 1995. – Forschungsbericht

[WCD+06]   WENGERT, C. ; CATTIN, P. ; DUFF, J. M. ; BAUR, C. ; SZÉKELY, G.: Markerless Endoscopic Registration and Referencing. In: *Proceedings MICCAI 2006*, 2006

[WCG05]   WINDISCH, L. ; CHERIET, F. ; GRIMARD, G.: Bayesian Differentiation of Multi-scale Line-Structures for Model-Free Instrument Segmentation in Thoracoscopic Images. In: *Proceedings ICIAR*, 2005

[WDB+07]   WENGERT, C. ; DUFF, J. M. ; BAUR, C. ; SZÉKELY, G. ; CATTIN, P. C.: Fiducial-free Endoscopic Vertebra Referencing. In: *Proceedings CAOS*, 2007

[Wen09]   WENGERT, Christian: *Fully automatic camera and hand to eye calibration toolbox.* http://www.vision.ee.ethz.ch/cwengert/calibrationtoolbox.php, 2009

[WMIH08]   WANG, H. ; MIROTA, D. ; ISHII, M. ; HAGER, G.: Robust motion
            estimation and structure recovery from endoscopic image sequences
            with an Adaptive Scale Kernel Consensus estimator. In: *Proceedings
            IEEE CVPR*, 2008

[Zen08]   ZENTEK, T.: *Erkennung und Bewertung minimalinvasiver Skills ba-
            sierend auf Hidden Markov Modellen*, Universität Karlsruhe, Institut
            für Technische Informatik, Lehrstuhl Prof. Dillmann, Diplomarbeit,
            2008

[Zha00]   ZHANG, Z.: A flexible new technique for camera calibration. In: *IEEE
            Transactions on Pattern Analysis and Machine Intelligence* 22(11)
            (2000), S. 1330 – 1334

[ZMG06]   ZIMMERMAN-MORENO, G. ; GREENSPAN, H.: Automatic Detection
            of Specular Reflections in Uterine Cervix Images. In: *Proceedings
            SPIE Medical Imaging*, 2006

[ZP02]   ZHANG, X. ; PAYANDEH, S.: Application of Visual Tracking for
            Robot-Assisted Laparoscopic Surgery. In: *Journal of Robotic Systems*
            19(7) (2002), S. 315–328

[ZS84]   ZHANG, T.Y. ; SUEN, C.Y.: A fast parallel algorithm for thinning
            digital patterns. In: *Communications of the ACM* 27(3) (1984), S. 236
            – 239

[ZW94]   ZABIH, R. ; WOODFILL, J.: Non-parametric local transforms for com-
            puting visual correspondence. In: *Proceedings European Conference
            on Computer Vision*, 1994